一段历史,述说着京津冀城市群的成长过程

一篇乐章,弹奏出燕南赵北之地的美妙旋律

# 幽燕六百年

## 京津冀城市群的前世今生

彭秀良　魏占杰 / 著

北京大学出版社
PEKING UNIVERSITY PRESS

图书在版编目(CIP)数据

幽燕六百年:京津冀城市群的前世今生/彭秀良,魏占杰著.—北京:北京大学出版社,2017.3
ISBN 978-7-301-27590-0

Ⅰ.①幽… Ⅱ.①彭… ②魏… Ⅲ.①城市群—研究—华北地区 Ⅳ.①F299.272

中国版本图书馆 CIP 数据核字(2016)第 229936 号

| | |
|---|---|
| 书　　　名 | 幽燕六百年:京津冀城市群的前世今生<br>YOUYAN LIUBAI NIAN： JINGJINJI CHENGSHIQUN DE QIANSHIJINSHENG |
| 著作责任者 | 彭秀良　魏占杰　著 |
| 责任编辑 | 董郑芳(dzfpku@163.com) |
| 标准书号 | ISBN 978-7-301-27590-0 |
| 出版发行 | 北京大学出版社 |
| 地　　　址 | 北京市海淀区成府路 205 号　100871 |
| 网　　　址 | http://www.pup.cn |
| 新浪微博 | @北京大学出版社　　@未名社科-北大图书 |
| 电子信箱 | ss@pup.pku.edu.cn |
| 电　　　话 | 邮购部 62752015　发行部 62750672　编辑部 62753121 |
| 印刷者 | 北京大学印刷厂 |
| 经销者 | 新华书店 |
| | 650 毫米×980 毫米　16 开本　21.75 印张　208 千字<br>2017 年 3 月第 1 版　2019 年 5 月第 3 次印刷 |
| 定　　　价 | 55.00 元 |

未经许可,不得以任何方式复制或抄袭本书之部分或全部内容。
**版权所有,侵权必究**
举报电话:010-62752024　电子信箱:fd@pup.pku.edu.cn
图书如有印装质量问题,请与出版部联系,电话:010-62756370

# 目 录
CONTENTS

绪　论　　　　　　　　　　　　　　　　　　　　001

第一章　帝都与卫所　　　　　　　　　　　　　　009

　　北京成为帝都　　　　　　　　　　　　　　　011

　　明代的卫所制度　　　　　　　　　　　　　　022

　　天津卫的设立与初期发展　　　　　　　　　　027

　　北京周边的其他卫所　　　　　　　　　　　　036

　　畿辅地区的府城　　　　　　　　　　　　　　045

第二章　边疆与中心　　　　　　　　　　　　　　055

　　北京真正成为"天下之中"　　　　　　　　　057

　　"夏都"承德的兴起　　　　　　　　　　　　064

　　商贸城市的兴盛　　　　　　　　　　　　　　071

　　区域中心城市的转移　　　　　　　　　　　　086

## 第三章　沿海与内陆　　　　　　　　　　093

　　天津开埠　　　　　　　　　　　　　095

　　开平煤矿开办与矿区经济发展　　　　102

　　秦皇岛开埠的早期情形　　　　　　　106

　　交通方式的巨大变化　　　　　　　　111

　　北京—天津城市关系的变化　　　　　117

　　北京周围其他城市的地位变化　　　　123

## 第四章　传统与西化　　　　　　　　　　133

　　清末北洋新政　　　　　　　　　　　135

　　社会控制手段的创新　　　　　　　　144

　　新式学堂的兴办　　　　　　　　　　151

　　地方自治的探索　　　　　　　　　　157

　　城市功能的变化　　　　　　　　　　162

## 第五章　城市与乡村　　　　　　　　　　171

　　铁路沿线城市的兴起　　　　　　　　173

　　中国市制的发展　　　　　　　　　　188

　　北京城市地位的变化　　　　　　　　193

　　北京周边城市的地位变化　　　　　　199

　　城乡关系的崭新特点　　　　　　　　209

## 第六章　政治与文化　　217

首都城市的功能定位与城市建设　　219
"一五"计划实施与京津冀城市群格局的形成　　230
河北省省会的数次迁移　　236
京津冀城市功能的趋同化　　245

## 第七章　集聚与扩散　　255

从各自为政到协同发展　　257
北京城市性质的重新定位与非首都功能疏解　　261
滨海新区开发与海上国际门户的构筑　　270
城市行政区划调整与小城市的渐次崛起　　284

## 第八章　人力与自然　　291

京津冀城市聚落的出现　　293
北京成为都城后对自然的掠夺　　301
工业化时代人与自然关系的变化　　306
城市规划产生的"阴影"　　312

## 结　语　走向世界级的城市群　　319

## 附　录　参考文献　　329

## 后　记　　337

# 绪 论

绪 论

城市群已经成为推进中国区域经济一体化发展的主体形态，更是中国未来经济发展中最具活力和潜力的核心增长极，主宰着国家经济发展的命脉。

关于城市群的定义，姚士谋等人是这样给出的："在特定的地域范围内具有相当数量的不同性质、类型和等级规模的城市，依托一定的自然环境条件，以一个或两个超大或特大城市作为地区经济的核心，借助于现代化的交通工具和综合运输网的通达性，以及高度发达的信息网络，发生与发展着城市个体之间的内在联系，共同构成一个相对完整的城市'集合体'。这种集合体可称之为城市群。"[①] 整个城市群就是一个大系统，城市群内部各个相对独立的城市是一个个子系统，城市群的形成过程也就是各个城市相互作用的过程，在这个过程中存在比较严格的等级规模。当然，城市群都是由原先单个的城市发展而来的。

城市是相对乡村而言的，是非农产业和非农业人口的聚集地。城市一般都是从村庄、集镇等逐步发展起来的，还有一些是从交通枢纽、水利工程和矿业镇等发展起来的，也有一些是这两种模式兼而有之。随着城市规模的扩大，城市与其近腹地之间的市场逐步一体化，分工与协作关系不断加深，从而形成两者有机结合的新的区

---

① 姚士谋等：《中国城市群（第3版）》，中国科学技术大学出版社2006年版，第5页。

域形态——城市圈。随着城市和区域经济的进一步发展，当城市与其近腹地的贸易一体化和生产分工关系超越了城市圈的范围，与其他一个和几个类似的城市圈产生了一体化和分工要求的时候，又一个新的更高层次的区域形态——城市群便诞生了。

2011年6月出台的《全国主体功能区规划》，基本勾勒出了中国城市群的发展版图。《2013中国区域经济发展报告》又根据《全国主体功能区规划》对国土开发空间的划分，以及各个地区所出台的区域或城市群发展规划，界定出了24个城市群。我们可以根据城市群的组合特征、城市规模、经济基础和自然环境特性，将我国的这24个城市群划分为三个等级：第一等级是成熟型城市群，包括珠三角、长三角和京津冀城市群；第二等级是准成熟型城市群，包括山东半岛、辽中南、海峡西岸、武汉、环长株潭、成渝、中原、哈长、江淮、东陇海、关中—天水、太原等12个城市群；第三等级是发展型城市群，包括天山北坡、北部湾、兰州—西宁、滇中、黔中、呼包鄂榆、宁夏沿黄、鄱阳湖、藏中南等9个城市群。

在这24个城市群当中，珠江三角洲城市群是第一个发展起来的城市群。它借助于改革开放的春风和毗邻香港地区的优越地理位置，最先实行对外开放，引进海外的资金、技术和企业管理模式，从而获得了超常规的经济增长。它的投资最初来自于港台地区，而后几乎世界上每一个主要经济体都参与进来，将该地区的农业产地转变成工业城镇区。

长江三角洲城市群虽然比珠江三角洲城市群发育得晚一些，但因作为城市群首位城市的上海有着雄厚的经济实力和工业基础，以

## 绪 论

及拥有中国最大的港口,再加上与之毗邻的江苏省和浙江省经济实力也不弱,所以在很短的时期内迅速崛起,超越珠江三角洲城市群而成为中国规模和实力最大的城市群。

相比于珠江三角洲城市群和长江三角洲城市群,京津冀城市群发育得要更晚一些,但以北京为首位城市的京津冀城市群有深厚的历史底蕴和丰富的文化资源,同时北京作为国家首都,在区位、政策、人才、资金、市场等方面有得天独厚的优势,这使得京津冀城市群具有了后发优势。并且,作为全国四个直辖市之一的天津,经济实力和交通区位优势也很明显,与北京构成推动京津冀城市群发展的"双核心"。

京津冀城市群的提法出现较晚,一度非常混乱,有京津冀环渤海城市经济区、京津冀城市经济区域、京津唐地区城市群、京津冀都市圈、首都都市圈、首都经济圈、"大北京"等多种表述方式。根据著名建筑学家吴良镛的说法,"京津冀"的提法最先是俞正声给出的。1999年,国际建协在北京开会的时候,吴良镛提出了《北京宪章》,并在区域讨论组将"大北京"规划提出来。时任建设部部长的俞正声表示赞同,但他提议将这个规划的名字改一改,因为"大北京"是一般的学术叫法,不如改为"京津冀"。[①] 似乎从那时起,京津冀城市群的概念才慢慢建立起来。

至于京津冀城市群包括哪些城市,也是各有各的说法,莫衷一

---

[①] 刘玉海、叶一剑、李博:《困境——京津冀调查实录》,社会科学文献出版社2012年版,第182页。

是。对于较早出现的京津冀城市经济区域这个说法，有的学者认为，以京津为核心的城市圈域，其经济空间的辐射半径应为150千米左右，主要包含北京、天津、保定、张家口、唐山以及廊坊、涿州等城市。① 在交通运输比较差的条件下，150千米左右的辐射半径应该是比较经济的，但高速公路和高速铁路的发展已经使其突破了150千米的经济距离。

李国平等人则区分了京津冀区域和京津冀都市圈，他们认为："京津冀区域包括天津、北京两个直辖市，以及河北省全省"，理由是"京津冀区域内部，各省市之间在地理空间上相互连接，长期的经济活动和社会交往使得该区域客观上形成了一个经济统一体"②。而"京津冀都市圈是京津冀的主体部分，包括北京市、天津市两个直辖市和河北省的石家庄、保定、唐山、秦皇岛、廊坊、沧州、张家口、承德8个地级市所属区域"③。这一区分是很有科学价值的，也很符合城市地理学的基本原理。

著名城市地理学家周一星认为："城市地理研究一般在两个空间层次上进行，一种是把单个城市地域当作一个系统来研究，即研究它的内部结构；另一种是把多个城市地域当作一个系统来研究，即研究城市体系。"④ 城市体系必定在地理空间联系上很紧密，又有

---

① 陆军：《论京津冀城市经济区域的空间扩散运动》，《经济地理》2002年第5期。
② 李国平、陈红霞等：《协调发展与区域治理：京津冀地区的实践》，北京大学出版社2012年版，第1页。
③ 同上书，第1—2页。
④ 周一星、史育龙：《建立中国城市的实体地域概念》，《地理学报》1995年第4期。

着紧密的经济联系，这种经济联系是基于市场机制形成的，而不是人为制造的。

以城市群研究见长的方创琳等人认为，京津冀城市群以北京、天津为核心城市，包括河北省的唐山、廊坊、保定、秦皇岛、石家庄、张家口、承德、沧州等8座城市。① 河北学者孙桂平等人也认为，京津冀都市圈的地域范围涉及两市一省，即北京市、天津市和河北省的部分地区，包括北京市、天津市两个直辖市，河北省中北部的石家庄市、保定市、廊坊市、唐山市、秦皇岛市、沧州市、承德市、张家口市等8个地级市，共计10个城市。②《2013中国区域经济发展报告》对京津冀城市群范围的界定也是这样的，包括北京、天津、石家庄、秦皇岛、唐山、廊坊、保定、沧州、张家口、承德等10座城市。③

经过多方面的比较和研究，我们给出京津冀城市群的具体城市数目，包括北京、天津这两个超大城市，石家庄、唐山两座特大城市，保定、张家口、秦皇岛等三个大城市，沧州、承德、廊坊等三个中等城市，以及迁安、遵化、三河、涿州、高碑店、安国、定州、新乐、霸州、任丘、河间、黄骅、深州、晋州等14个小城市，总共24个城市。

---

① 方创琳等：《中国城市群可持续发展理论与实践》，科学出版社2010年版，第41页。

② 孙桂平主编：《河北省城市空间结构演变研究》，河北科学技术出版社2006年版，第213页。

③ 顾海兵、张敏：《中国城市群渐次崛起》，《中国经济报告》2015年第2期。

尽管从城市地理学的角度分析，京津冀城市群发育得比较晚，但从城市历史学的角度分析，它也有很长的发展前史。有研究者认为，在人口集聚和城市发展的基础上，19世纪中国初步形成了以上海为代表的长江三角洲，以北京、天津为代表的华北地区，以广州、香港为代表的珠江三角洲三大城市群雏形。[①] 其实，对于中国城市群的历史长度还可以拉得更长一些，至少京津冀城市群的前史就可以从明永乐十九年（1421年）明成祖朱棣迁都北京写起。本书的内容就要叙述六百年来京津冀城市群的演进过程，至于写得水平如何，期待读者评判吧。

---

① 杨荣庆：《19世纪中国城市群的初显》，《人间》2015年第24期。

第一章

帝都与卫所

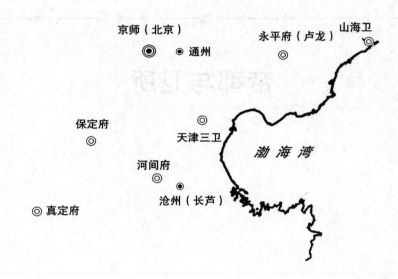

第一章　帝都与卫所

京津冀地区最早形成规模的城市是北京。元代,北京被称为大都,但未能带动周边城镇群的兴起。明永乐十九年(1421年)正月,明成祖朱棣正式迁都北京,自此拉开了京津冀城市群崛起的序幕。有明一代,北京几乎是这一地区唯一一座有规模的城市,保定府、永平府、真定府、河间府等虽也是次一级的政治中心,但对后世城市发展的影响却严重不足。反而是为卫护帝都而建立的数量不菲的卫所,后来有一些发展为区域中心城市,其中以天津卫的演进最为典型。

## 北京成为帝都

北京曾有过蓟、幽州、析津等名字,是我国七大古都之一。辽代以之为陪都,名南京,又名燕京;金代正式在此建都,称为金中都,但这都是北中国的政治中心。元朝亦在此建都,名大都,北京开始成为全国的政治中心。那么,我们为什么要从明成祖正式迁都北京写起,而不再往前追溯了呢?

这是因为只有从明成祖正式迁都北京始,北京才正式确定了京师的地位,也才真正成为全国的政治中心,并带动了周边城市群的兴起。元代以大都为都城,存在的时间较短。元至元九年(1272年)二月,忽必烈定大都为元朝的都城,但直到元至元十一年(1274年)正月,宫阙才建造告竣,忽必烈才始御正殿。等迁旧城居民住居京城，已在元至元二十二年（1285年）二月间。明洪武元年（1368年）八月，明军攻入大都。这期间，大都作为元朝的都城仅仅一百年，而大都完全建成为城市尚只有八十年的时间。如此短暂的时间，很难发挥中心城市的作用。

元朝还有一个上都，位置在内蒙古草原的南缘开平（今内蒙古自治区锡林郭勒盟正蓝旗东二十千米闪电河北岸）。每年夏天，皇帝都要到上都处理政务，上都也就成为元帝国的另一个政治中心，这就在无形中减弱了大都的地位。终元一代，两个政治中心并存的状况一直存在，尽管上都的地位远没有大都重要。有这些因素的影响，大都未能带动周边城市的规模化兴起。因而，我们将京津冀城市群兴起的原始起点定在明成祖正式迁都北京这个时间节点上，应该是符合历史事实的。

接下来的一个问题是，明成祖朱棣为什么要将都城从南京迁到北京呢？这需要从当时的政治环境说起。

以北京史研究知名的历史学者王玲曾指出，历史的都城应具备四个条件：第一，它应是全国的政治、经济、文化中心；第二，它应处于能够号令全国，控制全局的枢纽位置，必须有十分便利的交通；第三，在军事上应有险可恃，有比较有利的地理形势；第四，要适应当时的社会发展阶段，即全国在一定历史时期内的政治要求、经济发展、民族斗争情况等。① 但是，北京并不能够完全满足上述四个条件，比如说，它的地理位置偏北，经济上也远不能满足

---

① 王玲：《北京与周围城市关系史》，北京燕山出版社1988年版，第60页。

自给的要求。

然而，北京也有自身的优势，它三面环山，南向平原，关隘险要，高山耸立，攻守有据，具有军事防御上的天然条件；从交通条件上看，它是由中原与西北草原和东北地区相沟通的枢纽之地，从隋朝直到元朝屡次开凿的大运河，又给南北货物流通创造了后发优势。虽然有着如此多样的有利条件，北京被选定为帝都，却主要还是社会历史条件所造成的。

### 一、明成祖朱棣的个人感情因素占据了上风

明太祖朱元璋夺取天下后，选定的都城是应天（今江苏省南京市），称为京师。为了确保明王朝能够千秋万代地统治下去，明太祖一方面加强君主专制统治，把军政大权牢牢地掌握在皇帝一人手中；另一方面，想方设法加强皇室本身的力量，具体办法就是分封诸王。他把宗室25人（24个儿子和1个从孙）封为藩王，分驻全国各战略要地，想通过他们来屏藩皇室。皇四子朱棣被封为燕王，封地就在北平（明太祖灭元后改大都为北平）。明洪武三十一年（1398年），明太祖崩，以皇太孙朱允炆承继帝位，是为建文帝。

明建文元年（1399年），燕王朱棣起兵反叛，战争持续了三年。明建文四年（1402年），燕王朱棣攻下帝都应天，建文帝不知所踪。燕王朱棣随即登上帝位，是为明成祖，改元永乐。这段历史被称为"靖难之役"，是明朝初期的一个大事件。明成祖是在明洪武三年（1370年）被封为燕王的，此后二十多年的时间里，他以北平为基地节制沿边诸军，实力大张。北平实为他的大本营，发动"靖难之

役"也是从北平出发的，北平或可说是"龙兴之地"。因而，明成祖对北平的感情非同一般，即帝位后马上将北平升格为北京，并改北平府为顺天府，以象征成祖的统治乃顺应天命。等各方面的条件都准备得差不多了，北京城的营建也接近完成，明成祖便决定迁都北京。他在迁都北京的诏书中说：

> 眷兹北京，实为都会，惟天意之所属，实卜筮之攸同。乃仿古制，徇舆情，立两京，置郊社宗庙，创建宫室，上以绍皇考太祖高皇帝之先志，下以治子孙万世之弘规。①

你看，他给出的理由多么充分，其重点在于"天意之所属"，强调迁都北京是顺从天意的安排。明成祖迁都北京后，改京师为南京，改北京为京师。有明一代，除去短暂几十年的时间以外，北京一直作为中国的首都发挥着全国政治、文化中心的作用。但明代的京师并非单指北京城，也是对畿辅地区的称谓，也叫北直隶，以与南京所在的南直隶相对应。

著名历史地理学家侯仁之指出：明成祖迁都北京有很强的个人因素在内，"这里是其个人权威最先确立的地方"②。对中国边疆史素有研究的美国著名人类学家巴菲尔德对明成祖迁都北京的个人因素也有过精辟的分析："作为一位军事家，永乐帝知道他无法从一个南部的都城去有效攻击快速运动的游牧力量。对于这位雄心勃勃

---

① 《明太宗实录》卷一一八，永乐十八年九月。
② 侯仁之：《北平历史地理》，外语教学与研究出版社2014年版，第119页。

的皇帝来说，北京成了一座执行扰乱游牧力量的长期政策的完美堡垒。"①

明成祖迁都北京还有一个意图，就是将明太祖分封在北方边地的其他五位藩王迁往内地。与他同被封为边地藩王的还有谷王，封地在宣府（今河北省张家口市宣化区）；宁王，封地在大宁（今内蒙古自治区宁城县）；辽王，封地在广宁（今辽宁省北镇市）；韩王，封地在开原（今辽宁省开原市老城区）；沈王，封地在沈阳（今辽宁省沈阳市）。著名明清史专家孟森评论说："成祖以燕藩起兵，以后唯恐强藩在边，兵力难制，尽徙五王于内地，以北平为京师而已填之。"② 这一做法尽管加强了中央集权，但也削弱了对东北地区的控制，为满族政权的兴起创造了条件。

## 二、退往塞外的蒙古族人仍然威胁着明帝国的边境地区，这也是明成祖迁都北京的现实考量

明军攻入大都，元帝国覆亡，但逃到应昌（今内蒙古自治区达来诺尔附近）的蒙古贵族还时刻想夺回北平，与明政权抗衡。明帝国的最高统治者逐渐看出，如果以北平为首都，把北平作为最高统帅部的驻地，就可以更及时地掌握情况的变化，更及时地部署和调配军事力量。所以说，明成祖迁都北京也有抵御外敌入侵的现实考量。

从历史上看，自南北朝（420—589年）以降，中国中央政府的

---

① 〔美〕巴菲尔德：《危险的边疆：游牧帝国与中国》，袁剑译，江苏人民出版社2011年版，第301页。

② 孟森：《明史讲义》，中华书局2009年版，第93页。

主要外敌转移为在东北的蒙古族与满族。因此，从国防的需要考虑，由唐代开始，一直在北京驻有重兵。在这里设立国都，可对驻军加以有效的管辖，以及降低分别供给国都与驻屯大军的成本。连接江南与大都的大运河，亦提供了粮食供应的便利。①

从地理形势上看，由中国东北和蒙古草原进入北京平原主要经过三个山口。它们是南部的南口、北部的古北口和东部的山海关。因此，由华北进入中国这两个边区，北京便成为节点。自此，可以穿越西部和北部的山区。相反，由这两个边区经北京亦可进入华北，即中原，甚或南下南中国。因此当中国的经济重心东及南移时，北京在战略上不但更加重要，而其地理形势以及对这些关键通道之控制，更使它在外敌来自这两个边区时，成为全国的军事核心。② 当然，明代北京城防御的主要对象是来自西北草原的蒙古人，后期才有东北边患的出现。

### 三、明太祖曾有建都北平的打算，明成祖迁都北京也是继承太祖先志

前引明成祖迁都北京的诏书中，有"以绍皇考太祖高皇帝之先志"的词句，意思是说继承太祖的先志。明太祖究竟有没有建都北平的打算呢？已有研究者给出了明确的答案："洪武初，明政府就曾经有过建都北平的打算。但是，由于北方在元末遭受了很大破

---

① 薛凤旋、刘欣葵：《北京：由传统国都到中国式世界城市》，社会科学文献出版社 2014 年版，第 35 页。

② 同上书，第 39 页。

坏，地旷人稀，经济凋残；运河也未及时修复，江南的粮食和物资无法大量北运，只得把首都建在南京。"① "洪武"是明太祖的年号。既然洪武初年就有建都北平的打算，明成祖迁都北京就有了道义上的依据。

我们考察过影响明成祖迁都北京的各种因素，下一步就要分析北京成为帝都对周边城市发展的影响了。这种影响主要体现在经济、文化、军事等方面，我们的叙述先从经济方面开始，最后再看军事方面的影响。

**第一，北京城居民和附近驻军人数增多，需要解决粮食与其他生活用品的供应问题。**

经历了元朝末年的连年征战之后，北京的人口一度锐减。明成祖即位后，为充实北京人口，下令"发流罪垦北京田"。明永乐元年（1403年），"令选浙江、江西、湖广、福建、四川、广东、陕西、河南及直隶苏、松、常、镇、扬州、淮安、庐州、太平、宁国、安庆、徽州等府无田粮并有田粮不及五石殷实大户，充北京富户。附顺天府籍，优免差役五年"。永乐二年，又"徙山西太原、泽、潞、辽、沁、汾民一万户实北京"②。经过不断的努力，到明成化五年（1469年）时，"京师居民，不下数十百万"③。

京师居民而外，北京城还驻有大量的军队。为了防御北方的蒙

---

① 北京大学历史系《北京史》编辑组：《北京史（增订版）》，北京出版社1999年版，第157页。

② 韩大成：《明代城市研究（修订本）》，中华书局2009年版，第46页。

③ 《明宪宗实录》卷七四，成化五年十二月。

古族人，明政府在北方沿边一线设立了九个军事要塞，即所谓"九边"。"九边"是逐步发展起来的。开始只建立了四个镇（"镇"是军事据点的名称），即辽东、宣府、大同、延绥。跟着又增加了三个镇：宁夏、甘肃、蓟州。以后又加上太原、固原二镇。每一个军事中心都有很多军队。

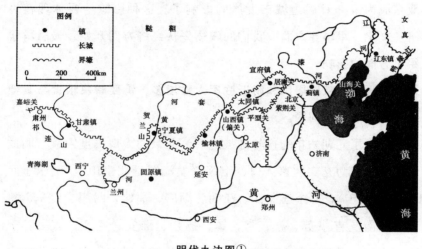

**明代九边图①**

这些居民和军队吃什么呢？光依靠河北、山东、山西这几个地区的粮食是不够的，必须要从南边运粮食来。要运粮食，就要有一条运输线。当时没有公路、铁路，只能通过运河水运，把东南地区的粮食集中在南京，通过运河北上。运河在当时是一条经济命脉。这种运输方法，当时叫作漕运。为了保护这条运输线的安全，明政府专门建立一个机构，派了十几万军队保护运河沿线，运河沿线也

---

① 杨润平、杨申茂、颜诚：《京师北门宣府镇》，科学出版社2004年版，附录四。

第一章　帝都与卫所

因此产生了一些城市。

另外，北京城里还有数量不菲的达官贵人，他们还要消耗大量的奢侈品，普通居民也会需要一定数量的生活必需品，这些东西的数量也是不小的。根据刘若愚的回忆，从明嘉靖到天启年间（1521—1627年），每年客商贩卖到宝和等皇店（皇店是指皇室开设的店铺）的货物，皮货中貂皮约1万张，狐皮约6万张，杂皮约3万张。布类中，平机布约80万疋，粗布约40万疋，夏布约20万疋，串布10万筒。油类中，定油、河油约4.5万篓，荆油约3.5万篓，草油约2000篓，四直河油5000篓。此外，棉花约6000包，烧酒约4万篓（京师自烧者，不在此数），芝麻4万石，南丝约500驮，榆皮（供各香铺做香之用）约3000驮，北丝约3万斤，江米约3.5万石，瓜子约1万石，腌肉约200车，绍兴茶1万箱，松萝茶约2000驮，玉约5000斤，猪50万口，羊约30万只，马、牛、驴还不计在内。① 如此大数量的货物，必定需要相匹配的运输力量，这也会拉动京畿地区城镇的发展。

**第二，北京城发达的手工业和匠户制度，在繁荣北京经济的同时，也产生了扩散效应。**

城市生活缺少不了手工业。明初，把匠户分成轮班、坐班两种。匠户们除去定期为皇家服务以外，还可以自由从事一些小手艺谋取营生，这一举措促进了城市手工业的发展。

明成祖迁都北京，规定要有18万户轮班匠定期分批来北京服

---

① 韩大成：《明代城市研究（修订本）》，第48页。

役，每隔三年或四年为一轮，每户出工匠一人，估计每年来京的工匠有4.5万人之多，每季有1.1万余人。此外，还有2.7万户住坐匠从南京搬来，这些人以后就附籍大兴、宛平两县，长期留住北京了。① 全国各地的工匠来到北京，把全国各种各样的手工业技术也带到了北京，北京的手工工场和作坊遍布城内外。

北京城发达的手工业和匠户制度，不仅繁荣了北京经济，而且还产生了扩散效应。有些匠户搬到城郊或附近城镇从业，带动了周边地区手工业的发展，间接推动了周边城市的发展。以保定"三宝"之一的铁球（另两宝是面酱和春不老）来说，它起源于元代，本是实心铁球。明代，有一位宫廷巧匠把实心球改装成有音响的空心球，拿在手中旋转，不仅可以活动经络，还会发出悦耳的声音，于是轰动宫室，皇帝便命他做铁球供宫内玩耍。后来，这位匠人告老还乡，落籍保定南郊西马池村，仍以造铁球为生，数年间生意大盛，保定铁球风靡全国。慢慢地，制造铁球的铁匠铺在保定多了起来，成为一种特色产业。②

第三，为加强防御的需要，北京城及周边地区设立了大量的卫所。

有明一代，蒙古族人势力一直很强大，北京直接处于战争前沿，蒙古军队兵临城下的事经常发生。为了确保京师的安全，除了

---

① 北京大学历史系《北京史》编辑组：《北京史（增订版）》，第166页。
② 《历史文化名城保定》编委会：《历史文化名城保定》，书目文献出版社1989年版，第430—431页。

设立"九边"以外,在北京的周边又筑起一道坚强的防御体系,这就是大量卫所的设立。这样一来,在北京原有城市圈的外围,便又兴起一批新的重要军镇,其中有一些后来发展成为京津冀地区的重要城市。关于明代设立卫所的情况,下一节专门进行讨论。

**第四,北京城频繁的战事使其文化中心作用经常遭到破坏,这就要求在周围城市中有文人的退避之所。**

北京城频繁的战事又带来一个新的问题,这就是都城的文化中心作用经常遭到破坏。自隋唐以来,北京就是文化比较发达的地方,成为国都后文化上的优势地位更加突出。但是,由于明代北京经常受到攻击,文化发展的连续性遭到破坏,这就要求在周围城市中有一个文人的退避之所。

南距北京140千米的保定,因其有利的地理位置,很适宜扮演这样的角色。"保定虽也是一个重要军事城市,但不像北京那样首当其冲受到北方民族的干扰。"[1] 明代,保定建有两座书院。明嘉靖十年(1531年),保定知府徐嵩创办了二程书院,当时举行过祭孔祀典之后,更名为"金台书院"(因保定府又称"金台郡")。明万历三十四年(1606年),另一位保定知府王国桢创建了上谷书院(保定古时曾隶上谷郡)。[2] 书院不同于官办的府学、县学,带有明显的民间色彩,要延宿儒,集众生。因而,书院会聚集一批饱学之士,讲学兼著述。保定扮演文人退避之所这一角色,对于后来的城

---

[1] 王玲:《北京与周围城市关系史》,第77页。
[2] 保定市教育局史志办公室:《保定教育史料类编》,河北人民出版社1990年版,第4页。

市发展影响深远。

## 明代的卫所制度

已故著名明清史专家顾诚对明政府的管理体制进行了深入研究，他发现明帝国的整个版图是分别由行政系统的布政司（直隶府州）—府（州）—县（州）和军事系统的都指挥使司（行部司、直隶卫）—卫（直属都司的守御千户所）—千户所所管辖的，构成"有司、军卫"两种不同性质的地理单位，督察院及其派出的巡按御史和提刑按察司则负责对行政、军事两大系统实行监督。①

顾诚的研究超越前人的最重要一点，是明确指出了明代并行着管理疆域的两个独立系统，即行政系统和军事系统。明代的行政系统沿袭了以前朝代的行政单位设置，最高级是中央政府的六部（吏、户、礼、兵、刑、工），其下是省一级的布政司衙门，再其下是府和直隶布政司的州（俗称"直隶州"），最底下是县和府属州（俗称"散州"）。

但明代军事系统的设置就有了自己独特的特点，也可说是历朝历代所没有的，这就是卫所制度。"明以武功定天下，革元旧制，自京师达于郡县，皆立卫所"②。这句话是说明代凭借武力取得天

---

① 顾诚：《隐匿的疆土——卫所制度与明帝国》，光明日报出版社 2012 年版，第 192 页。

② 《明史》卷八九，《兵志一》。

## 第一章　帝都与卫所

下，马上改革元代的旧制，从京师到地方，都设立卫所。那么，卫所又是如何设置的呢？

"天下既定，度要害地，系一郡者设所，连郡者设卫，大率五千六百人为卫，千一百二十人为千户所，百十有二为百户所，所设总旗二，小旗十，大小连比以成军。其取兵，有从征，有归附，有谪发。从征者，诸将所部兵，既定其地，因以留戍；归附，则胜国及僭伪诸降卒；谪发，以罪迁为兵者。其军皆世籍。"① 卫所都设立在"要害地"，卫的编制为5600人，属都司或行都司管辖；卫领5个左右的千户所（也有多达7个或10个的），还有直属都司的千户所，千户所的编制为1200人；千户所领10个百户所，编制为112人，所下面设总旗、小旗，50人为总旗，10人为小旗。都司、行都司属五军都督府统领，五军都督府是指前、后、左、右、中等5个都督府，皆设在北京城内。都司、行都司的首脑称都指挥使，与各省的布政史、提刑按察使并称三司，同为封疆大吏。

明代的卫所并不是设立于行政系统的州县辖区之内、类似于近代兵营的军事组织，而是与行政系统的州县并存的军事性质的地理单位，与当代中国生产建设兵团的性质相仿。明初建立卫所时，往往是在具有战略意义的边远或内地空闲地区划出一块地方设立某某卫、所。卫、所有的与州、府、县同城分治，但相当数量的卫所是在自己管辖的地面上择地另筑城堡，称为"卫城""所城""堡"。

对于边远或内地空闲地区划出一块地方设立的卫、所来说，都

---

① 《明史》卷九〇，《兵志二》。

要掌管一块类似府、州、县管辖的地盘，成为一个明显的地理单位，说这样的卫所是一个明显的地理单位很容易理解。比如，今河北省张家口地区，"至元三年以地震改顺宁府，领三县二州。本朝洪武四年，州县俱废。二十六年置万全都指挥使司在宣府，领卫十五、守御千户所三、堡五，隶口北道"①。也就是说，明代张家口地区根本没有行政系统的设置，以纯军事系统的万全都指挥使司行使管辖权。

即使是与州、府、县同城分治的卫所，它们也有一块不属府、州、县管辖的屯田，只是因为占地较小，容易被认为是府、州、县管辖的地方，但严格地讲，也是一个独立的地理单位。比如，今河北省正定县在明洪武元年（1368年）设真定府，府治在真定城内；明洪武三年（1370年），设真定卫，卫治亦在真定城内②，属于府、卫同城分治的情形。但是，真定卫有自己的实土，而不是真定府管辖内的一个兵营。明成祖迁都北京以后，京师里面设立了几十个卫所，它们确实没有自己的地盘，只是屯兵的所在，但这是京师的特殊情形，不能与遍布全国的其他卫所混为一谈。

卫所军户实行严格的世袭制度，"其军皆世籍"。明朝继承前朝"以籍定役"和"役皆永充"的思想，分户列等以定差役。户籍不同，隶属关系有别。民籍隶属户部等行政系统，卫籍隶属都督府等军事系统，军民互不统属。军户世袭，卫所军的身份一旦确立，除

---

① 王圻：《续文献通考》卷二二五，《舆地考·北直隶》。
② 正定县政协文史委：《千年正定城》，人民日报出版社2014年版，第69—70页。

## 第一章　帝都与卫所

非特别规定，世代为军。卫所军户以旗军家庭为服役单位，一户出一正军，军家其余男性为军余，属正军的预备人员，一旦正军亡故或年老、逃亡等项开除之后，余丁替役。如果卫所旗军因故没有成丁应替入役，则需要到其所对应的州县军户（即原籍军户）去"清勾"成丁应役。

"清勾"是指在出现军、旗逃亡、死绝时从原籍军户下按亲疏次序勾补，据顾诚研究，这只是为保持军额的一种补充措施。他指出，明太祖在确立卫所制度时，有一个非常重要的立足点，即卫所自身的延绵体制。这种延绵体制体现在两个方面：（1）在卫所的军官和旗、军都要把妻、子等家属迁来合聚，即以家庭为单位；（2）划出一定地区归卫所管辖，其中按各地不同情况拨给亩数不等的屯田、马场、桑枣园或菜果园。① 这两项措施为保证卫所军人的自然繁衍承袭提供了条件。开国之初，兵戈未息，卫所主要由军官率领的旗军（即正军）组成。等到卫所创建就绪，屯田所获自食有余时，就要通过一定的申报程序由旗军的原籍州县把他们的妻子等亲属送到卫所。

卫所制度赖以存在的经济基础是屯田制度。卫所屯田在明代是一项普遍制度，由于各地人口密度不同，荒闲土地的多少不一以及水田和旱地需要的劳动力不同，拨给卫所屯种的田地数也不一致。明洪武二十五年（1392年）二月，"命天下卫所军卒，自今以十之

---

① 顾诚：《隐匿的疆土——卫所制度与明帝国》，第78页。

七屯种，十之三城守，务尽力开垦，以足军食"①。这便是后人广为引征的"屯七守三"的则例。实际上，这仅仅是原则性规定，随时变更的例子不胜枚举，内地卫所防御事务较轻，则屯七守三，边地卫所防守较重，则有屯三戍七，或屯四戍六之别。比例虽定，各地执行起来又有所不同，有的可能是抽调十分之三的人专职戍守，有的则是每一军户有十分之三的时间用来戍守。屯田制度对于卫所的重要性在于：第一，它是解决军饷供给的一种重要方法，尽管即便在屯田最为发达的永乐年间，军队都没有实现完全自给自足，但永乐初屯田籽粒数几乎与户部年收入大体持平，可见屯粮的重大意义。第二，明初军屯是与卫所设置相配而行的，卫所对辖区内屯田和军户的管理，实际上起到经营疆域的职能。②

接下来，我们要考察卫所制度对于城市兴起的影响。卫所的设立尽管是出于军事防御目的，但由于卫所集中了大量的军人及其家属，必定要发展出与军事防御设施相配套的生活设施和商业设施，这些生活设施和商业设施就构成了城市兴起的必要条件。再则，既然卫所官员（指挥使、千户、百户以及他们的副职）和旗（总旗、小旗）、军是以家庭形式世代居住于卫所的，他们的后代人口就必然要随着时间的推移而增长。卫、所官员的家称为官户，旗、军的家称为军家。卫所官军生育了两名以上的儿子，官的长子称为应袭

---

① 《明太祖实录》卷二一六，洪武二十六年庚辰。
② 彭勇：《明代卫所制度流变论略》，载中央民族大学历史系编：《民族史研究》第 7 辑，民族出版社 2007 年版，第 156 页。

舍人，次子以下称舍余；军的长子称军牙，次子以下称军余。中国自古以来喜欢"多男子"，必然导致居住于卫所的祖军后裔数量越来越多，超过正军很多倍。明中期以后，正军缺额很多，而卫籍人口却多得很，从事各行各业的都有，卫所辖地的行业也越来越齐全。人口的增加、行业的兴盛，这些都给城市的兴起创造了条件。虽然有些卫所后来由于不同原因被撤销或迁址，但还有很多卫所辖地逐渐变得繁华起来，最终发展成为地区中心城市。

明中期以后，卫所的行政化趋势有所加强，但卫所制度在清代仍存在了八十多年的时间，直到清雍正年间才彻底废除。清代裁撤卫所的途径，一是在人口稠密、州县行政机构密集的地区，一般是将卫所辖地并入附近州县；一是在原来不设州县、卫所辖区较大的地方，直接将卫所改为州县。① 第二种途径的最好实例是天津卫的裁撤，天津卫于清雍正三年（1725年）改为天津州，雍正九年（1731年）又升为天津府，同时把梁城千户所改为宁河县。

## 天津卫的设立与初期发展

明代在京畿地区设立的数以百计的卫所当中，天津卫的设立最具历史价值。正是因为天津卫的设立，才带动了周边地区经济的快速发展和人口的增加，也使得这座卫城在两三百年的时间里成长为北方的经济中心。为什么要在这里设卫呢？这需要从天津独特的历

---

① 顾诚：《隐匿的疆土——卫所制度与明帝国》，第40页。

史地理位置说起。

古老天成的海河，孕育了天津的城市生命。隋朝开通了大运河，把海河与黄河、淮河、长江连接起来，这样就使地处运河北端，兼有河海运输之便的天津一带的地位重要起来。从唐朝时起，这里开始有了正式的名字，叫"三会海口"，也就是指海河、运河与渤海交汇的地方。① 但三会海口的区位优势只是为天津城市聚落的形成提供了基础条件，等明太祖攻下大都后在此设卫，才有了城市的雏形。明成祖迁都北京后，天津因为兼具河海运输之便，才有了进一步发展的空间。

选定在天津这个地方设卫，是多种因素促成的，天津地方志专家郭凤岐将其概括为五个方面：第一，是漕运的地位。早在金元时期，海河的三岔河口（北运河、南运河与滹沱河的交汇处）就成为漕运的重要转运枢纽，并形成了聚落。到元大德三年（1299年），每年漕粮运量增至三百万石。第二，是盐业的发达。元初，就在此处设立三叉沽盐场，设灶煮盐；又设立三叉沽司，管理盐场事务。第三，是军事的要地。这里既是海防前线，又是京畿门户，宋辽对峙时还是边防要地。所以，宋政权在界河（当时对海河的称呼）南由东至西设了多个寨铺，金政权则设立了直沽寨，"寨"也是一种防御设施。第四，是寨、镇、城的逐步发展。金政权设立的直沽寨有驻军7200人，元政权在延祐三年（1316年）设立海津镇，到明永乐二年（1404年）天津卫城筑建时，距海津镇建立只有78年。

---

① 罗澍伟：《沽上春秋》，天津教育出版社1994年版，第2页。

第五，是地理优势。①

郭凤岐的概括比较全面，但我们觉得还有一个因素促成了天津卫的设立。"靖难之役"中，明成祖朱棣在直沽率兵渡河，夺得天下。朱棣久居北平，深知直沽作为"海运商舶往来之冲"，地位十分重要，因此决定在直沽设卫筑城，分兵把守。他考虑到直沽是自己当年率兵渡河的地方，因此把在直沽所设之卫，赐名"天津"，意为"天子的渡口"。②

根据明成祖朱棣的旨意，明永乐二年十一月二十一日（1404年12月23日），在直沽设立了天津卫；永乐二年十二月九日（1405年1月9日），添设天津左卫，同时在此筑城浚池③；明永乐五年（1406年），改青州右卫为天津右卫。④ 这就是天津卫、天津三卫和三津的由来。

天津三卫都由后军都督府管辖，三卫足额兵士16800人，管辖南运河以南至今山东德州以东地区。三卫衙门均设在天津卫城内，天津卫署坐落在北门内大街大仪门西，天津右卫署坐落在北门西三官庙前，天津左卫署坐落在东门里大街北侧。卫的指挥机构均为卫指挥使，所设官吏有指挥使1人，正三品；指挥同知2人，从三品；

---

① 郭凤岐：《天津的城市发展》，天津古籍出版社2004年版，第46—50页。
② 罗澍伟：《天津设卫史话》，《天津日报》2004年12月23日；郭凤岐：《天津的城市发展》，第41页。
③ 罗澍伟：《天津设卫史话》。
④ 黄克力：《〈明实录〉中的天津史料（1368—1627）》，天津人民出版社2011年版，第10页。

指挥佥事4人，正四品；镇抚司镇抚2人，从五品。千户所的官吏有正千户1人，正五品；副千户2人，从五品；镇抚2人，从六品。百户所官员为百户，正六品。你看，天津三卫的各级官吏就有这么多人，再加上那些兵士，也够规模的了。

天津三卫的屯田亩数也不少，总共设立了143个屯堡，分散在静海（今天津市静海区）、兴济（县治在今河北省沧县兴济镇）、南皮、青县、沧州等州县境内。① 面积如此广阔的田地，数量一定不小。卫所军士的屯田，加上不断加入的民间屯田，以及开渠灌田、治水垦田、南稻北植等农业生产条件的改善和技术引进，改变了天津周围的经济环境，提升了天津的经济实力。

天津卫设立之初，只是出于屯兵和军事防御的目的，但后来天津卫的经济却获得了迅速发展。促进天津卫经济迅速发展的原因是多方面的，我们归纳为如下几项：

### 一、明成祖迁都北京后，天津卫的军事地位进一步强化

天津卫的设立与明代其他卫所的设立目的是一样的，职能范围仅限于与军事有关的方面，如筑建城垣、戍守卫城、屯田、军事训练等，但由于天津卫的特殊地理位置，又增加了监督保护漕运、修建和保卫粮仓等方面的职能。明成祖迁都北京后，天津作为拱卫首都的门户，军事和政治地位凸显，衔接了南方、首都和辽东前线之间粮饷、军队和装备的供应。明万历二十年（1590年），日本军队

---

① 郭凤岐：《天津的城市发展》，第56页。

第一章　帝都与卫所

攻陷朝鲜意欲进犯中国时,天津是从海上援助军队和物资的输送中心,以及后金政权(即后来的清政权)发兵攻明,天津遂成为调兵、筹粮、运饷乃至打制兵器、筹备物资等的军事基地。军事地位的进一步强化,必定要带动地方经济的发展。

**二、明代漕运的兴盛,带动了仓储业和其他行业的发展**

明代天津是南北方海运和运河的交通枢纽。明永乐十三年(1415年),南到钱塘江口,北至大通桥,全长1700余千米的南北大运河全线贯通,河运大便,从里河运粮的比重大大上升。据著名历史学家白寿彝研究,明代也有海运,"海道之可考者有二,一为自淮安至天津卫的海道,一为自天津至辽东的海道"。并说:"明的海运,永乐间最盛时,北京辽东二处每岁约共一百石。"① 但在当时,江南地区才是征收漕粮的主要地区,江南数省民运粮至淮安等4仓,然后分遣官军就近挽运,接力搬输,每年4次,约在200万—300万石之间,以后增至近五六百万石。② 大量的漕粮汇聚储存在天津,促使天津及附近囤积粮食的仓廒迅速增加,这些仓廒既有露天的,也有永久性的,从15世纪中叶的不足百间,到17世纪初增加到300余座。为了加强对漕运的管理,天津卫还设立了户部分司。到正统年间,各仓所贮水次官粮"动称万计",天津成为明代重要

---

① 白寿彝:《中国交通史》,武汉大学出版社2012年版,第119页。
② 罗澍伟:《天津史话》,社会科学文献出版社2011年版,第6页。

的漕粮储屯所之一。①

漕运的兴盛，在带动仓储业发展的同时，也带动了其他行业的发展。明成祖迁都北京后，天津随之成为重要转漕中心，那些承担运输漕粮、从事工役的卫所军士，后来逐渐成为从事造船、修船、驾船、搬运、治河的居民，与漕运、仓储相关的行业获得了发展。

明弘治三年（1490年），设整饬天津按察司副使一员，以统率天津三卫军兵，"操练军马，修浚城池，禁革奸弊，兼理词讼，监管运河事"②。这样，就改变了过去"三卫势均，纷无统纪""同处一城，不相统属"的局面，加强了对天津三卫的统一管理。明弘治六年（1493年），天津卫城颓圮，明政府乃命副使刘福监督重修。重修后的天津卫城"四围九里，高三丈五尺，广二丈五尺，门四，临河无池"。这次重修天津卫城完成了从卫军屯田、戍守据点向新型经济、商业城市的过渡，这对天津地方经济的发展和商业中心城市的形成，起了一定的促进作用。

### 三、明代漕运的发达，推动了商业的发展与繁荣

在天津交通枢纽功能不断提高的同时，必然也带来城市本身经济的发展。明政府准许运送漕粮的水手和商人夹带各种土特产品（"土宜"），每船夹带的"土宜"从最初的十石增加到八十石，这

---

① 林纯业：《明代漕运与天津商业城市的兴起》，《天津社会科学》1984年第5期。
② 天津社会科学院历史研究所《天津简史》编写组：《天津简史》，天津人民出版社1987年版，第32页。

第一章 帝都与卫所

些来自江南和闽粤的日用品、奢侈品在天津卸卖，带动了天津商业的发展。明代初期天津境内有盐场，明末时的产量仅次于两淮，居全国第二位。盐业是官府专卖垄断，其产销有严格的控制，长芦盐行销的地区是河南以北，天津盐商利用官府发放的盐引将盐运销各地，又带回土特产品，获利丰厚，是天津财力最雄厚的商人。

当时北方广种棉花，但因地土高燥，纺织技艺不精，故棉贱而布贵；南方地土卑湿，纺织技艺精良，却因地窄人稠，无法广种棉花，故布贱而棉贵。各地商人欲擅其利，乃借运河之便贩运，出现了北棉南运、南布北销的局面。天津就是北棉南运、南布北销的重要枢纽之一。那时，北河之棉，分别沿永平新河、白河运达天津；西河之棉，沿大清河、滹沱河、西河运至天津，转赁河、海船舶或漕船南下售卖。待船北返时，就载南布抵天津，或就地销售，或转车、船运往他处。

由于漕运的兴盛与发达，明中叶以后，"天津地区的商品经济有了一个较大的发展，由单纯的官运粮米及物资中转站发展成为各地商品及货物集散的北方商业中心城市"[①]。这样的判断有些误差，我们应清楚地看到，"明代天津的形成和初步发展仍然依附于首都北京，作为拱卫京师和保证北方粮饷通畅的军事重地，没有脱离开传统城市的发展轨迹"[②]。明代天津的经济功能虽然大大发展，但依

---

[①] 林纯业：《明代漕运与天津商业城市的兴起》，《天津社会科学》1984年第5期。
[②] 张利民：《从军事卫所到经济中心——天津城市主要功能的演变》，载刘海岩主编：《城市史研究》第22辑，天津社会科学院出版社2004年版，第22页。

然是以军事堡垒为主的城市，是北京的附属城市，是以保证北京的经济与军事安全为主要功能的城市。

但是，在当时天津经济发展和人口增加的形势下，一些新的问题出现了，这些问题不是天津三卫本身所能解决的。我们摘抄几则史料，借以窥见经济发展与行政官吏设置缺乏之间的矛盾：

> 明正统四年（1439年），天津卫上奏：本卫屯田皆在河间地方。比因夏秋雨多，冲决河岸百有余里，屯田淹没，请筑塞以免后患。①

这则史料表明军屯与地方州县管辖权之间的矛盾。尽管卫所的屯田属于卫所自己管辖权范围内的事情，但由于内地卫所的屯田多分布在州县辖区内，若需要建设大型的水利工程，没有州县的配合恐难以完成。而且，屯田军士的身份也在发生渐变。"这部分人口，虽在明初即已寓兵于农，军农兼顾，但当时侧重点仍在军，而后来由于繁重的屯务，使他们不得不把注意力更多地由军事转向农业，将农业渐渐当成了本业，军事则成末业。与其说他们是军人，毋宁说他们已渐渐变为农民。"②屯田军士的身份渐渐变为农民，肯定要追求经济利益上的最大化，他们面对水灾的威胁，怎会不着急呢？

> 明成化七年（1471年），兵科给事中秦崇上奏筹边四事，其第四事为：天津为南北要冲，有盐海之利，其民嗜利

---

① 黄克力：《〈明实录〉中的天津史料（1368—1627）》，第39页。
② 高艳林：《明代天津人口与城市性质的变化》，《南开学报（哲学社会科学版）》2002年第1期。

## 第一章 帝都与卫所

不畏刑法。且沿河军卫俱有府州县以相钤辖,而天津既无有司以控制,又无驿递以送迎。都督陈遂镇守而居于通州,未尝一至其地,所以恣肆尤甚。况今水旱相仍,倘有相聚为梗者,岂不深可虑乎?乞选都指挥一人守御,且设馆驿,以便往来,则积习之弊可以渐革矣。①

这则史料直接说明了天津没有州县"以相钤辖"的困境,不畏刑法的嗜利之民容易聚众闹事,必须要有地方官加以辖制。可都指挥仍属军职,他们怎么能够处理那么多的民事纠纷呢?

《明神宗实录》记载明万历二年(1574年)事情,有这样一条:天津三卫,原置河间府管马通判一员,专理兵备道公务,稽查三卫夫役钱粮,问理军民词讼。吏部谓,天津居河间之北,离所属州县太远,既管马政,马户赴验往还劳费,赴部掣批通经两三月,公务废阁,且官不系统辖,师生不遵提调,殊为窒碍。本府清军同知原辖军卫,堪以更置管马通判,掣回本府,从之。②

这则史料表明行政系统的官吏已经渗透进军事系统内部,此即河间府管马通判。以府管马通判"稽查三卫夫役钱粮,问理军民词讼",行政权已经凌驾于卫所权力之上,如何处理这种"不系统辖"的矛盾,是考验统治者政治智慧的绝佳案例。但是,卫所制度不取

---

① 黄克力:《〈明实录〉中的天津史料(1368—1627)》,第75页。
② 同上书,第247页。

035

消,这种矛盾就无法从根本上消除,而卫所制度的取消只有等待改朝换代以后了。

## 北京周边的其他卫所

明代,京师所设卫所有一百多个,但过半数都在北京城内。① 北京周边的卫所主要分布在今天的河北省范围内,根据河北省地方史研究专家梁勇的统计,永乐期间河北驻有八十多个卫和三十个左右的守御、牧马千户所,共约四十五万人。加上军户的增加,南方军匠、军夫的北调,总人数至少不下五十万。②

京畿地区的卫所大多分属于两个都指挥使司,一个是大宁都指挥使司,另一个是万全都指挥使司。大宁都指挥使司,明洪武二十年(1387年)九月置,治大宁卫(今内蒙古自治区宁城县)。洪武二十一年(1388年)七月,更名为北平行都指挥使司,领十卫。明永乐二年(1403年)三月,复故名,徙治保定府。内徙保定后,其所领卫所或早已废治,或迁治内地,都失去了原有的屯田,只剩下了纯粹的军营,故本书不再列出各个卫所的名称了。

万全都指挥使司,明宣德五年(1430年)六月置,治宣府镇城(今河北省张家口市宣化区),领十五卫、七守御千户所。关于万全

---

① 尹钧科主编:《北京建置沿革史》,人民出版社2008年版,第177页。
② 梁勇:《浅论明代河北的卫所和军屯》,《河北师范大学学报(哲学社会科学版)》1987年第2期。

第一章 帝都与卫所

都指挥使司所领卫所的具体情况，请看表1-1：

表1-1 万全都指挥使司所领卫所情况①

| 卫所名称 | 治所地点（现今地址） | 备注 |
| --- | --- | --- |
| 宣府左卫 | 河北省张家口市宣化区 | |
| 宣府右卫 | 河北省张家口市宣化区 | |
| 宣府前卫 | 河北省张家口市宣化区 | |
| 万全左卫 | 河北省怀安县左卫镇 | |
| 万全右卫 | 河北省万全县 | |
| 怀安卫 | 河北省怀安县旧怀安 | |
| 怀来卫 | 河北省怀来县 | 官厅水库北岸 |
| 保安卫 | 河北省保安县新保安镇 | 没有实土 |
| 保安右卫 | 河北省怀安县旧怀安 | |
| 开平卫 | 河北省赤城县北独石口 | |
| 龙门卫 | 河北省赤城县龙门所镇 | |
| 蔚州卫 | 河北省蔚县 | 没有实土 |
| 永宁卫 | 北京市延庆区 | 没有实土 |
| 延庆左卫 | 北京市昌平区 | 没有实土 |
| 延庆右卫 | 河北省怀来县 | |
| 四海冶千户所 | 北京市延庆区 | |
| 兴和千户所 | 河北省张北县 | |
| 美峪千户所 | 河北省保安县新保安镇 | 没有实土 |
| 长安千户所 | 河北省怀来县 | |
| 云州千户所 | 河北省赤城县云州乡 | |
| 龙门千户所 | 河北省赤城县龙门所镇 | |
| 广昌千户所 | 河北省涞源县 | 没有实土 |

① 本表根据以下两书提供的资料绘制，本书作者根据相关史料进行了核对：尹钧科主编：《北京建置沿革史》，第177—179页；杨润平、杨申茂、颜诚：《京师北门宣府镇》，第49—53页。

037

万全都指挥使司的治所宣府镇，是明代著名的边镇，系"九边"之一。宣府镇的设立经历了一个过程。元代，在此设宣德县。明洪武三年（1370年），明大将汤和至宣德，因宣德距离蒙古甚近，徙其民至居庸关，并更其名为宣府，且遣将兵守之；洪武二十七年（1394年）二月，明太祖发北平军士筑宣府城；洪武二十八年三月，明太祖第十九子朱橞受封谷王，就藩宣府，展筑城垣。至此，在明初藩王守边的政策下，宣府成为边防重地。

明永乐七年（1407年），在宣府置镇守总兵官，佩镇朔将军印，驻宣府，专总兵事，领宣府三卫，隶属北平都指挥使司。明成祖迁都北京后，宣府镇与北京城"譬则身之肩背，室之门户也，肩背实则腹心安，门户严则堂奥固"①。既然给予宣府镇如此高的地位，镇城的修建也就立即进行。明成祖将长城外三卫之一的大宁卫让给蒙古兀良哈部，将兴和守御所内迁至宣化城，弃地100余千米；明正统年间，开平卫内移到独石口，又失去了150千米的疆土。在丧失疆土的同时，也将防御蒙古人的防线南移，宣府镇因此成为边地重镇。

驻在宣府镇城的官府机构有23个之多，如谷王府、镇国府、万全都指挥使司、总督府、巡抚都察院、巡按察院、旧游击将军署、新游击将军署、宣府前卫指挥使司、宣府左卫指挥使司、宣府右卫指挥使司、兴和守御千户所、副总兵府、分守藩司、分巡臬司、安

---

① 于默颖、薄音湖：《明代蒙古汉籍史料汇编》第2辑，内蒙古大学出版社2007年版，第35页。

## 第一章 帝都与卫所

乐堂、镇朔府、户部行司、刑部行司、户部官厅、真定行府等。其中既有军事防御机构,又有行政管理机构,既有隶属于中央的治所,又有地方性的治所,可见宣府镇城兼有复合功能,既是军事中心,又是行政治所。① 而宣府镇既是军事重镇,驻军数量不在少数。镇城内稳定的驻军应在3万以上,连带家眷,至少是10万人口。② 这在当时已是一座不小的城市。

宣府镇城除去防御功能以外,还具有生活功能,因其有数量巨大的城市人口。据明史记载推断,当时宣府镇军费开支约占全国财政总支出的1/50。而且,随着人口增加和边疆贸易的发展,宣府镇城的经济规模也有大幅提高。明永乐年间,宣府镇城的税收超过2400两白银,涉及布缕、马骡、猪羊、米、菜果、皮袄、煤、柴等13个行业,表明宣府镇城已初具消费型经济的框架。军镇空间中出现官店、市坊,军镇周边出现市堡、市口,都是经济生活职能需求的物化。经济发展推动军镇成为市场聚落,但市的形态仍遵循军事城池的建置,开市时间和地点甚至参与交易的人员、人数、货品均受到严格规定,带有明显的军事、边疆色彩。③

宣府镇城出现的市堡、市口,主要是指与北方蒙古族人的互市贸易而开放的特定地点,其中最大的一处是张家口堡。明宣德四年(1429年),万全右卫指挥使张文选址东西太平山长城内约2.5千米

---

① 王琳峰、张玉坤:《明宣府镇城的建置及其演变》,《史学月刊》2010年第11期。
② 杨润平、杨申茂、颜诚:《京师北门宣府镇》,第100页。
③ 王琳峰、张玉坤:《明宣府镇城的建置及其演变》。

处的清水河西岸构筑成堡,是为张家口堡。"张家口"地名的来历,据说有一位张姓人家在明初洪武年间由外地迁来,在东、西隘口附近定居,久而久之,人们便称此处为"张家口"。①

张家口堡是一处极为重要的军事堡垒,明宣德年间的驻军"设守备一员,把总二员,存籍官军一千一百九十九员,实有官军一千七百零八员"②。以每个军士携带一妻一子计算,则张家口这一方圆两千米的城堡中,至少有军士及军属共约5000人居住,是一处不折不扣的军事聚落。此后的140多年间,张家口堡作为防御蒙古族人南下的重要据点,其修筑、展筑皆是以增强城堡的防御功能为主要目的,是一座职能单一的军事据点。

到明隆庆五年(1571年),发生了一个重大历史事件,既改变了明政权的边疆政策,也改变了张家口堡的历史命运,这个重大历史事件就是"隆庆和议"。隆庆五年,明穆宗下诏,封俺答(俺答是当时蒙古两大部落之一的鞑靼部的首领)为"顺义王",封俺答之弟昆都力哈和长子黄台吉为都督同知,其余子侄和部下63人分别为指挥使、指挥同知、指挥佥事等官,俺答每年向朝廷贡马一次,每次不超500匹,贡使人数不超150人,由朝廷给予马价,另加赏赐;在大同、宣府、山西3镇的长城附近开设互市市场,此即"隆庆和议"。③"隆庆和议"结束了明政权与北方蒙古族人长达两百年

---

① 王亮主编:《张家口历史文化读本》,中国文史出版社2008年版,第119页。
② (清·乾隆)《万全县志》卷四,《武备志》。
③ 杨润平、杨申茂、颜诚:《京师北门宣府镇》,第203—204页。

的战争状态，开启了蒙汉民族之间友好互市的新阶段，同时也开启了张家口历史发展的新阶段。

"隆庆和议"后，双方商定互市地点，整个长城防区共有11处马市。由于张家口堡所处的地理位置较为有利，贸易量很快超过了其他各镇的市口。第一次互市中，张家口堡易马1993匹，贸易额15277两；明万历元年（1573年），张家口堡官市市马7800匹，次年市马14500余匹。开市4年之内，市马总额增长了7倍以上。①

官方主导的马市不能满足全部贸易要求，所以在官市之后，还允许在同一地点进行民间交易，即民市。在和议后的第一次互市交易中，张家口堡民市马骡牛羊就超过了9000匹（头），这一年民市交易额应为官市交易的3倍以上。由于游牧民族对农耕民族手工业品的迫切需求，在民市交易中，汉族商民往往获利丰厚。特别是每年春季蒙古普通牧民正值缺粮之时，汉人获利，不啻数倍。② 随着民间贸易禁令的解除，民市的发展规模和意义都远远超过了官市。

随着互市贸易的发展，张家口堡贾店鳞次栉比，南京罗缎铺，苏杭绸缎铺，潞州绸铺，泽州帕铺，临清布帛铺、绒线铺，杂货铺等琳琅满目，呈现出一片繁荣景象。每遇开市，远商辐辏其间，楼台高耸，关防严密，巍然成为塞外重镇。明万历中期以后，堡内修筑了玉皇阁、文昌阁、千佛寺等一系列宗教文化性建筑。居民组成

---

① 王洪波、韩光辉：《从军事城堡到塞北都会——1429—1929年张家口城市性质的嬗变》，《经济地理》2013年第5期。

② 同上。

也发生了显著的变化，大量商人及手工业者纷纷涌入张家口堡，资财雄厚的富商巨贾还在堡内营建了众多精致华丽的住宅。这一切表明，张家口堡开始由军事城堡向社会性城镇过渡。

明万历四十一年（1613年），为了规范张家口堡的互市交易，宣府巡抚汪道亨主持修筑了来远堡（即张家口上堡，原张家口堡则被称为下堡，又称堡子里）。与张家口堡修筑之时单纯的军事防御目的有所不同，来远堡内除一般军事设施外，还设有抚赏厅、观市厅、司税房等行政设施。上下两堡的分立，可以看作是张家口城市功能分区的雏形：上堡为汉蒙贸易互市的主要场所，下堡为边地商贾主要居住地、张家口的政治与文化聚集区。至明末时，塞上地区民物阜安，商贾辐辏，几乎与中原地区没有什么差异。

汉蒙互市贸易的发展，使张家口由单纯的军事城堡，变为一个繁荣的边贸城市。在以后的发展中后来居上，不但超过了万全右卫城，并且逐步超过了宣府镇城。明代，是张家口城市发展史上最重要的时期之一。

在北京周边的卫所中，还有一处对后世的城市发展影响颇大，这就是山海卫。山海卫的设置，也是出于军事防御的需要，而且这种需要是根据山海关所处的地理位置和险峻地形来加以判断的。山海关地处辽西走廊中腰偏西地段，北是层峦叠嶂的燕山山脉，南为波涛万顷的渤海，山海之间相距仅7.5千米，地势险要，易守难攻。时人评论说："山海关东控辽阳，西护畿辅，防扼海泊倭番，验放高丽、女真进贡诸夷，本为重镇。譬人之身，京师则腹心也，蓟镇

## 第一章 帝都与卫所

则肩背也,辽阳则臂指也,山海关则节窍寂合之最紧要者也。"① 设卫于山海关,东可控数百里山海间东西通道,西可护地旷无险可守的冀东平原。在这样一个地方建关设卫、修筑长城,是一个事半功倍的最佳选择,是古代军事设防上充分利用地理形胜的突出范例。

明洪武十四年(1381年),镇守北平的大将军徐达奉旨发燕山等卫屯戍官军15100人,修永平、界岭等32处关隘,修筑整理长城以防御来自北方的蒙古骑兵。当年九月,山海卫设立。次年,将山海卫由榆关迁至迁民镇(今河北省秦皇岛市山海关区),并动工修筑山海卫城,即山海关关城。

山海关鸟瞰图②

---

① (明·嘉靖)《山海关志》卷十六。
② 长城小站"蟒蚁"主页,thegreatwall. com. cn。

山海卫设立之初，就设重兵驻守，原额正军及其家属共有30252人。到明中叶，蓟镇总兵戚继光又增筑敌台1017座，并修筑了"入海七丈"的老龙头，长城的防御功能进一步增强，山海关也成为一座坚固的军事防御堡垒。明代末期，由于东北女真政权的威胁，山海卫的军事地位更加重要，仅驻守在山海关城内外的官兵就有十三四万人，设总兵6员、副将12员、大小将领1500多人。①驻军人数的增加，还会带动其他行业的发展，尤其是商业的发展。明政府在此设立官市，售卖南货，军民称便，山海关逐渐从一个军事堡垒向地区军事、经济中心转化。

在修筑山海关设卫建关的过程中，徐达还开辟了山海关码头庄港。此港唐代以前曾是口岸，辽金荒废。徐达重开此港，起初是为了运输建筑材料和匠役粮秣，后来则是为了供给守卫官兵的粮饷军资。明万历以后，包括码头庄港在内的沿海主要港口如永平内河港口、洋河、戴河口的旧碣石海港湾泊区、秦皇岛港湾、卸粮口、止锚湾泊区等，均一度兴旺，转运粮豆每年在130万—150万石之间。② 为了加强海运特别是军资运输管理，明政府特在山海关设"海运厅"，负责港口管理，包括接卸、调拨、转运粮饷军资，兼管仓库、露囤及递运所等等。行政设施的设立，表明山海关已经具备城市的雏形。

---

① 徐纯性主编：《河北城市发展史》，河北教育出版社1991年版，第174—175页。
② 同上书，第175页。

第一章 帝都与卫所

## 畿辅地区的府城

第二节已经交代过，明帝国的整个版图是由两套系统进行管辖的，即行政系统和军事系统。对于军事系统的卫所制度，我们用了很大篇幅做描述，基本上已经交代清楚了。而对于行政系统，则前面涉及得很少，下面我们就用不太长的篇幅来考察一下明代畿辅地区的城市情况。

明初，取消了元代的行省制度，在全国设13个布政使司，相当于13个省级行政区域。明成祖迁都北京后，改北平为京师，再加上被称为"南直隶"的南京，共有15个省级行政区域，习称两京十三布政使司。"终明之世，为直隶者二：曰京师，曰南京。为布政使司者十三：曰山东，曰山西，曰河南，曰陕西，曰四川，曰湖广，曰浙江，曰江西，曰福建，曰广东，曰广西，曰云南，曰贵州。其分统之府百有四十，州百九十有三，县千一百三十有八。"① 这15个省级行政区域又管辖140个府，193个州，1138个县。明代的州分为两种，一种是直隶州，直属于布政使司，相当于府；另一种是散州，为府所管辖，介于府、县之间。

明代京师也被叫作北直隶，领8府、2直隶州、17属州、116县。所领8府，即顺天、保定、河间、真定、顺德、广平、大名、永平等8府；所领2直隶州，即延庆直隶州、保安直隶州；17属

---

① 《明史》卷四十，《地理志一》。

州,即顺天府属通州、昌平州、涿州、霸州、蓟州等 5 州,保定府属祁州、安州、易州等 3 州,河间府属景州、沧州等 2 州,真定府属定州、冀州、晋州、赵州、深州等 5 州,大名府属开州,永平府属滦州。① 与本书的写作主题相匹配,下面主要介绍保定府、河间府、真定府、永平府以及通州。

### 一、保定府沿革及其基本情况

保定府,元代称保定路,属中书省。明洪武元年(1368 年),改保定路为保定府,属河南分省。洪武二年(1369 年),改属北平行省。明永乐十九年(1421 年)属京师。明代,保定府治清苑县(今河北省保定市清苑区),领 3 州、12 县。所领 12 县分别是清苑县、满城县(今河北省保定市满城区)、安肃县(今河北省保定市徐水区)、定兴县(今河北省定兴县)、新城县(今河北省高碑店市)、雄县(今河北省雄县)、容城县(今河北省容城县)、唐县(今河北省唐县)、庆都县(今河北省望都县)、博野县(今河北省博野县)、蠡县(今河北省蠡县)、完县(今河北省顺平县);所领 3 州分别是祁州(今河北省安国市)、安州(今河北省安新县)、易州(今河北省易县)。其中,祁州领深泽(今河北省深泽县)、束鹿(今河北省辛集市)等 2 县;安州领新安(今河北省安新县)、高阳(今河北省高阳县)等 2 县;易州领涞水县(今河北省涞水县)。

保定原名保州,是随着军事重镇发展起来的地域性政治中心。

---

① 尹钧科主编:《北京建置沿革史》,人民出版社 2008 年版,第 170 页。

第一章 帝都与卫所

北宋太平兴国六年（918年），始设保州。元太宗十一年（1239年），改保州为顺天路，辖7州（14县）、8县，成为地区性的政治中心。① 此后，大兴土木，建衙署、民居、庙宇、道观、酒楼、园林、学校，成为燕南一大都会。元至元十二年（1276年），改为保定路，"保定"之名自此始，盖取"永保安定"之意也。

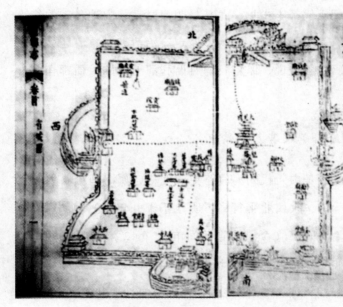

清同治年间《清苑县志》所载保定省城图②

明成祖迁都北京后，大宁都指挥使司迁至保定，保定的政治地位进一步提升。嗣后，明正德十年（1515年），设保定巡抚；明崇祯十一年（1638年），设保定总督，同时置保定总监军。明代中前

---

① 《历史文化名城保定》编委会：《历史文化名城保定》，第39页。
② 刘志琴：《近代保定城市功能变革研究》，人民出版社2015年版，第115页。

期，有蒙古族人的扰边之患；后期，又有农民起义军进犯京师之忧，保定的军事意义不言而喻。"拱卫神京，为天下第一要镇"，"保定"更加名副其实。① 但在明代，保定始终是一座府城。

这里要解释一个历史地理名词的含义，这个名词是"附郭县"。所谓"附郭县"，是指中国古代没有独立县城而将县治附设于府城、州城的县。历朝历代都不少见，尤其是明清时期，内地各省的绝大多数府城至少有一个附郭县。明代，保定府治清苑县，清苑就是保定府的附郭县。也就是说，保定府的府衙和清苑县的县衙都在同一座城里。

## 二、河间府沿革及其基本情况

明代的河间府是由元代的河间路更改而来，属河南分省。明洪武二年（1369年），改属北平行省。明永乐十九年（1421年），属京师。河间府治河间县（今河北省河间市），领2州、10县。所领10县分别是河间县、献县（今河北省献县）、阜城县（今河北省阜城县）、肃宁县（今河北省肃宁县）、任丘县（今河北省任丘市）、交河县（今河北省泊头市）、青县（今河北省青县）、兴济县（今河北省沧县兴济镇）、静海县（今天津市静海区）、宁津县（今山东省宁津县）；所领2州分别是景州（今河北省景县）、沧州（今河北省沧州市）。其中，景州领吴桥县、东光县（今河北省东光县）、故城

---

① 张慧芝：《天子脚下与殖民阴影：清代直隶地区的城市》，上海三联书店2013年版，第77页。

县（今河北省故城县）等3县，沧州领庆云县（今山东省庆云县）、南皮县（今河北省南皮县）、盐山县（今河北省盐山县）等3县。

河间，古称瀛州。宋大观二年（1108年），改瀛州为河间府，元至元二年（1265年）改府为路，属中书省。明代河间府是一个很繁华的城市，因为它是当时北方贩运贸易的一个中心。"河间行货之商，皆贩缯、贩粟、贩盐、铁、木植之人。贩缯者至自南京、苏州、临清；贩粟者至自卫辉、磁州并天津沿河一带，间以岁之丰歉，或籴之使来，粜之使去，皆辇致之；贩铁者，农具居多，至自临清、泊头，皆驾小车而来；贩盐者至自沧州、天津；贩木者至自真定；其诸贩瓷器、漆器之类，至自饶州、徽州。"① 可以看出，河间行商经营的大宗商货主要有6种，涉及13个地区，跨州连郡，畅通全国。因而，才有了河间的繁华。终明一代，河间始终是一座府城。

## 三、真定府沿革及其基本情况

元代，真定府称真定路，属中书省。明洪武元年（1368年），改真定路为真定府，属河南分省。洪武二年（1369年），改属北平行省。明永乐十九年（1421年），属京师。真定府治真定县（今河北省正定县），领5州、11县。所领11县分别是真定县、井陉县（今河北省井陉县）、获鹿县（今河北省石家庄市鹿泉区）、元氏县（今河北省元氏县）、灵寿县（今河北省灵寿县）、藁城县（今河北

---

① （明·嘉靖）《河间府志》卷七，《风土志·风俗》。

省石家庄市藁城区)、栾城县(今河北省石家庄市栾城区)、无极县(今河北省无极县)、平山县(今河北省平山县)、阜平县(今河北省阜平县)、行唐县(今河北省行唐县)。所领5州分别是定州(今河北省定州市)、冀州(今河北省衡水市冀州区)、晋州(今河北省晋州市)、赵州(今河北省赵县)、深州(今河北省深州市)。其中,定州领新乐县(今河北省新乐市)、曲阳县(今河北省曲阳县)等2县;冀州领南宫县(今河北省南宫市)、新河县(今河北省新河县)、枣强县(今河北省枣强县)、武邑县(今河北省武邑县)等4县;晋州领安平县(今河北省安平县)、饶阳县(今河北省饶阳县)、武强县(今河北省武强县)等3县;赵州领柏乡县(今河北省柏乡县)、隆平县(今河北省隆尧县)、高邑县(今河北省高邑县)、临城县(今河北省临城市)、赞皇县(今河北省赞皇县)、宁晋县(今河北省宁晋县)等6县;深州领衡水县(今河北省衡水市桃城区)。

真定之名,始于西汉,后虽多次更名,但真定这个名字使用的时间最长。明宣德五年(1430年),置真定卫,与真定府同城分治,驻军约七八千人。① 由于真定设府时间很长,再加上明代军卫的设置,真定的城市经济职能获得了很大发展,从集市的密集程度上可窥见一斑:"每月一日西关集、二日小十字街集、三日县前集、四日阳和楼前集、五日南关集、六日顺城关集、七日东关集、八日北关集、九日北门里集、十日龙兴寺前集,凡十集,每十日一轮,周

---

① 正定县政协文史委:《千年正定城》,第88页。

而复始。"① 真定城内一日一集，反映出真定城区域经济中心地位的提升。

## 四、永平府沿革及其基本情况

明洪武四年（1371 年），改元代的北平行省平滦府为永平府。明永乐十九年（1421 年），直隶京师。明代，永平府治卢龙县（今河北省卢龙县），领 4 县、1 州。所领 4 县分别是卢龙县、迁安县（今河北省迁安市）、抚宁县（今河北省秦皇岛市抚宁区）、昌黎县（今河北省昌黎县）；领 1 州，即滦州（今河北省滦县）；滦州又领乐亭县（今河北省乐亭县）。后来，永平府的辖域虽然屡有变化，但名称、建制至清末一直未改、撤，直到民国成立，改称"津永道"。

永平府"西接蓟门，东达渝关，负山阻海，四塞险固"②。因此，明初在这一地区设卫 8 个，合计军士有 44800 人。③ 山海卫即在其境内，永平卫、卢龙卫与永平府同城分治。

## 五、通州城的兴起

明代，通州属顺天府管辖，但它本身又领 4 县，治所在通州（今北京市通州区）。通州所领 4 县分别是三河县（今河北省三河

---

① （明·万历）《真定府志》卷三，《田赋·集市》。
② 李洪发：《古代永平府地区移民问题研究》，河北大学出版社 2014 年版，第 7 页。
③ 同上书，第 120 页。

市)、武清县(今天津市武清区)、潞县(今北京市通州区潞县镇)、宝坻县(今天津市宝坻区)。

通州是伴随着运河繁华起来的城市,在元代以前并不存在,"相传元以前无称城,元末……始编篱为城"①。元代,通惠河开通,漕运大兴,在此建通州仓,在通惠河南岸修筑篱城,始有通州城的雏形。明洪武元年(1368年),在元代篱城的基础上重筑新城,即今天的通州旧城。增筑后的新城正处于通惠河与北运河的交汇点上:从通州到北京的水道是通惠河,由通州到天津的水道是北运河,通州就成为南北漕运尾段上最后一个转运中心。由此可见,通州城的兴起,完全是漕运、仓储的需要所致,后来慢慢变成富商大贾的聚散之地。明正统十四年(1445年),又在通州旧城的西门外修建新城。新城周长仅"九里十三步"②,新旧二城加在一起有4平方千米左右。

明崇祯二年(1629年),后金十万大军在皇太极率领下,绕道蒙古,由喜峰口攻陷遵化,直迫明都。当时通州积粮数百万石,谍报入京,据说敌军要占领通州这个大粮仓。朝廷大惊,欲焚仓廪,后群臣反对,朝廷下令在京军校预给一年之粮,令其各自支取。③由此可见,通州对于明代京城的重要性。

---

① (清·光绪)《通州志》卷二,《城池》。
② 同上。
③ 王玲:《北京与周围城市关系史》,北京燕山出版社1988年版,第70页。

# 第一章　帝都与卫所

**【本章小结】**

> 黄金百如意，但向燕市趋。燕市何所有，燕市何所无。

这是明代诗人黄景昉描写北京庙市的一首诗中的前两句。庙市虽属于平民性质的交易场所，却也商品云集，种类繁多。明代，北京的城市商业区不断扩大，并形成了同类商业区相对集中在一定城区的格局，如米市、煤市、猪市、羊市、缸瓦市、灯市等，至今北京仍存留着地名上的痕迹，像米市大街、缸瓦市、灯市口等等。专业市场的形成，表明北京的商品流通十分发达。

在明代以前，政治中心与经济中心分离的倾向就已很明显。明成祖迁都北京，远离了经济发达的江南地区，必须依赖大运河的南粮北运，方能满足北京的巨大市场需求。因而，运河沿线的城市获得了很大发展，京津冀地区就有天津、通州、沧州等运河沿线城市的兴起与发展，这是以前朝代所没有的现象，说明商业因素在城市发展过程中的作用开始显现。

通观明代北京周边城市的兴起，基本上都是为了满足北京的各方面需求。属于军事堡垒性质的城市，最初完全是出于军事防御而由朝廷设立的，但有些后来也借助于商品与人员的流通而发展起来；属于区域中心城市的府州县城，也承担着卫护京师的重任，军事防御功能不输行政职能；属于文化辅助城市的府城与州城，分担的也是京师的文化职能，最明显的是保定和涿州。可见，自明代北京成为都城以后，北京的需求就成为周边城市发展的唯一动力源。

第二章

边疆与中心

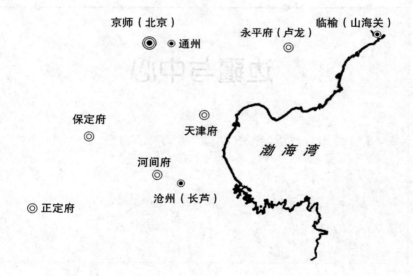

## 第二章 边疆与中心

清顺治元年（1644年），崛起于东北地区的清政权正式将国都由盛京（今辽宁省沈阳市）迁到北京。之后，又经过二十多年的征战，清政权才彻底消灭李自成的大顺军余部和偏安东南一隅的南明政权，实现了国家的统一。与明代北京处于边防前线的政治、军事地理位置不同，清代的北京真正成为"天下之中"，同时也带动了周边城市的兴起和发展。

### 北京真正成为"天下之中"

中国古代的国都应设在"天下之中"的位置，国都处于国家的地域中心位置，这是与中国人世界观中帝王乃是天子的观念相吻合的。作为人类社会和上天的中介人，天子应立于执中的地面位置。《吕氏春秋》有言："古之王者，择天下之中而立国。"[①] 后来，宋太宗下令编纂的《太平御览》一书中，对此有更清晰的说明："王者受命创始建国，首都必居中土，所以控天下之和，据阴阳之正，均统四方以制万国者也。"[②]

当初，周公选择洛阳（当时叫洛邑）作为周朝的新国都时，他曾说过：这里是"天下之中"。周人当时的疆土是西起陇山之西，

---

[①]《吕氏春秋·慎势》。
[②]《太平御览》卷一五六。

东至海滨,北边已经越过霍太山,南及于汉江之阳,而洛邑正好大体处于其疆土之中点。《尚书》中还具体列出了五服的制度,这个制度以都城为中心,将疆域分成五等份或五服,每服 250 千米,五服共 1250 千米,即是说国都与国土四边的距离均为 1250 千米。① 都城外面是王侯的城市,呈同心圆式的分层布局,体现出天子居于"天下之中"的至尊地位。

《周礼·考工记》给都城设定了明确的原则,这些原则是:(1) 把都城当作天地所合、四时所交、风雨所会、阴阳所和的宇宙中心点,各层级城市亦即其控制区域的中心点;(2) 把城市布置成正方形,因为大地是方方正正的,让天下至尊居于仿照大地并象征大地的建筑里,自然是最适合不过的了;(3) 将宗庙、社稷坛、宫殿、市场等重要建筑按特定的方位布局,即所谓"左祖右社,面朝后市。"② 这些原则并没有在后代的都城建设中得到完全贯彻,但是,其中包含的基本思想却被历朝历代的统治者运用到了都城的选址与建设实践中。

对中国古都颇有研究的侯甬坚在《中国古都选址的基本原则》一文中提出了古代建都选址的四条重要原则。其一是"区域中心地"原则,这个原则借鉴了德国地理学家克里斯塔勒的中心地学说。根据这个原则,建都时需要考虑以下因素:(1) 一个区域的经济文化常在中心地带凝聚成形,再向四周渗透,这个中心地带已发

---

① 薛凤旋、刘欣葵:《北京:由传统国都到中国式世界城市》,第 28—29 页。
② 鲁西奇:《中国历史的空间结构》,广西师范大学出版社 2014 年版,第 329 页。

## 第二章 边疆与中心

展为相应的政治势力管辖范围的都城;(2)国都到其他地区交通较为方便,便于政令传达、物资集散和兵民往来;(3)居于天下之中,对四周不偏不倚,这样易于形成向心忠中的社会文化心态。①

通过前面简要的回顾,我们可以看出,居于"天下之中"是中国古代都城建设的最高指导思想。从这种指导思想推展开来,我们还可以看出中国城市兴起的独有特点,或者说与西方国家城市兴起的不同之处。西方城市的兴起大多是以物质为基础的,也就是我们常说的社会大分工的产物。而中国城市的兴起更多的是出于政治统治与军事防御的需要,城市本身行政地位的高低往往成为决定城市规模的首要因素。因之,中国的城市和城市布局都有了特殊的意义。在中国古代,城市、城墙、城市布局不仅是一种地理存在,还是统治者获取或维护权力的一种手段或工具:王朝国家通过营建以都城为中心的各层级城市,宣示王朝的合法性或正统权威、突出凌驾于臣民之上的国家权力,区分华夏与非华夏、"化内"与"化外";城墙的安全防御功能固然不能低估,但它更主要的乃是国家、官府权威的象征,是一种权力符号;同时,王朝国家还利用垣墙分隔城市的功能区域和不同身份的居民群体,以达到控制的目的;城市(特别是都城)在空间布局上也基本适应礼制的需要,将礼制的精义通过空间展布的方式表现出来,从而也被赋予了某种"文化权

---

① 侯甬坚:《中国古都选址的基本原则》,载中国古都学会编:《中国古都研究》第4辑,浙江人民出版社1989年版,第38—39页。

力"。① 明清时期北京城的空间布局就很好地体现了这些思想和原则。

然而,明代的北京城并没有居于"天下之中"的位置,因其过于靠近边境,受到了来自北部游牧民族的严重威胁。可以这样说,明代的北京城更像边疆,清代的北京城才变成整个帝国的中心。在明帝国的前期,蒙古族人是最大的威胁,到后期则是满族人的多次袭扰,并最终打垮了明政权。

明政权为了防止蒙古族人的入侵,不断加固和增修长城,从而隔绝了北方与中原经济文化交流,使蒙古经济一度出现衰落趋势。整个明代,靠近长城的边塞地区游牧的蒙古部落多被驱赶,如明宣德三年(1428年)九月,兀良哈进入大宁境,经会州(今河北省平泉县)到了宽河(今河北省宽城满族自治县),明政府完全依靠长城作为边防。明正统九年(1444年)秋七月,兀良哈部入寇,到燕山长城北侧,明英宗命成国公朱勇等率诸军二十万分道出击之。甚至在喜峰口、界岭口等地三五百里乘风烧荒,将边卫外草地烧尽,使马无所食。

蒙古族人的入侵,到"土木之变"时达到了高潮。明正统十四年(1449年),蒙古族瓦剌部落首领也先统率各部大举向内地骚扰,明英宗朱祁镇在宦官王振的煽惑与挟持下领兵亲征。瓦剌军力强大,明军被迫还师,也先尾随而至。到达怀来(今河北省怀来县)西土木堡,地寒无水,明军被困,皆被歼。也先俘英宗而去,这就

---

① 鲁西奇:《中国历史的空间结构》,第339页。

## 第二章 边疆与中心

是历史上有名的"土木之变"。

"土木之变"后,瓦剌人携英宗相要,索取巨额金帛。明政府在于谦等人挟持下另立景泰帝,以绝瓦剌人之奢望。同年八月,也先拥英宗东来,经大同、宣府,守城将领皆坚守不纳。于是,瓦剌人改攻南路,从紫荆关入,过易州、良乡、卢沟桥,包围北京。于谦率领全城军民死战以守,也先攻城不下,迫不得已退兵讲和。北京保卫战虽然取得了胜利,但蒙古族人的威胁并未解除,北京仍然处于被进攻的前沿,直到明隆庆五年(1571年)和议成功,来自蒙古族人的威胁才彻底解除。

蒙古族人的威胁解除后,明万历年间,东北建州部日益强大,与明政权进行了长期的战争,先后侵占了辽阳、沈阳等72座城市,北京又处在后金政权的威胁之下。明崇祯二年(1629年)十月,后金汗皇太极率兵从龙井关(在喜峰口以西)毁边墙进入关内,攻陷近畿重镇遵化,于十一月六日进迫北京。明蓟辽督师袁崇焕率九千劲旅连夜从关外赶来,从容布置了北京周围的防线,并亲自屯兵广渠门外,确保了京师安全。①

明崇祯九年(1636年),皇太极建国号为清。此时,清军已经控制了山海关以外的土地,还进一步攻占了蒙古。此后,清军三次攻至京畿。他们每次入塞,都会屠城、焚烧村庄,掳走大量人口、牲畜和财物,给京郊居民的生产、生活造成巨大的破坏。总而言之,明代的北京城经常处在北方游牧部落的威胁之中,近乎边疆。

---

① 北京大学历史系《北京史》编辑组:《北京史(增订版)》,第191页。

清政权是少数民族政权，在入关之前已经统一了蒙古各部与东北全境。奋发有为的皇太极对蒙古各部采取安排牧地、赐予牲畜、拨给钱粮、划定牧地等措施，使他们安居乐业。他还对黑龙江流域各部族进行招抚或征讨，统一了东北全境。清军入关以前，统治区域"自东北海滨（鄂霍茨克海），迄西北海滨（贝加尔湖），其间使犬使鹿之邦，及产黑狐黑貂之地……厄鲁特部落，以至斡难河源，远迩诸国，在在臣服"①。及至统一中原和江南地区以后，清政府历康熙、雍正、乾隆三朝与厄鲁特蒙古四部之一的准噶尔贵族进行了多次战争，最终平定准噶尔，统一了西北边疆。著名历史地理学家周振鹤指出："由于清代所建立的多民族大帝国北部几乎囊括全部蒙古人部落，西北包容准噶尔与回部，西南领有西藏地区，远远超过汉唐盛世，北京的地理位置也因此不像过去那样偏向北部，而显得相对比较适宜。或者说，也近乎天下之中的位置了。"②

北京真正成为"天下之中"，起决定性作用的因素除去统一蒙古各部与东北全境以外，还有清政权自身行政、军事设施的改进，以适应大一统帝国统治的需要。其政权组织沿袭明代制度，皇帝君临全国，主宰一切。军政大权最初操于议政王大臣会议，日常庶政归内阁；雍正朝，创设军机处，为有清一代处理政务的最高权力机关，但不是独立的正式衙门，而是皇帝身边的办事机构。入统北京的清政府，力图摆脱游牧部落时代的传统，美国人类学家巴菲尔德

---

① 戴逸：《清史》，中国大百科全书出版社2010年版，第13页。
② 周振鹤：《中国历史政治地理十六讲》，中华书局2013年版，第258页。

第二章　边疆与中心

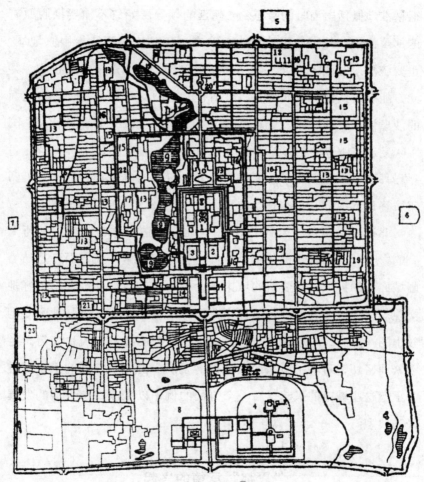

**明清北京城**①

1. 宫殿　2. 太庙　3. 社稷坛　4. 天坛　5. 地坛　6. 日坛　7. 月坛　8. 先农坛　9. 西苑　10. 景山　11. 文庙　12. 国子监　13. 诸王公主府　14. 衙门　15. 仓库　16. 佛寺　17. 道观　18. 伊斯兰教礼拜寺　19. 贡院　20. 钟、鼓楼　21. 象房　22. 天主教堂　23. 营房

---

① 侯仁之：《北京城的生命印记》，生活·读书·新知三联书店2009年版，第231页。

很精准地概括出当时的特点："朝廷的领导层始终不渝要摆脱原有的部落传统,并想方设法成为一个专制王朝,既要统治中原地域,也要统治东北地区。"① 一个大一统的帝国,必须是中央集权的,如此方能有效抵御外来的敌人。到清代,中国的外敌主要是来自北面的沙皇俄国。清康熙二十四年至二十六年（1685—1687年）,中国军队发动了驱逐沙俄侵略者、收复雅克萨（雅克萨位于今黑龙江省呼玛县西北黑龙江北岸,历史上属于中国）的雅克萨之战,并于两年后签订了中俄《尼布楚条约》,从法律上确定了中俄东段边界。

北京真正成为"天下之中",对北京周边的城市产生了前所未有的影响。这种影响可从两个方面进行考察：第一个方面,是随着疆域面积的扩大,需要新的城市来分担北京的政治功能,以更好地实现对边疆地区的统治；第二个方面,是随着前朝的边疆地区变为领土的一部分,中原地区与这些新领土之间的经济交流也变得日益频繁而密切,带动了新兴商贸城市的发展。前一个方面的例子莫过于承德这座城市的兴起,后一个方面的例子以张家口与天津的发展最为典型。

## "夏都"承德的兴起

承德这座城市兴起很晚,"承德"名字的出现则更晚。在明代和清初,承德还是蒙古人的牧马场。到清康熙初年,这里只有两个

---

① 〔美〕巴菲尔德：《危险的边疆：游牧帝国与中国》,袁剑译,第348页。

## 第二章 边疆与中心

小居民点,即热河上营和热河下营。"热河"是蒙古语"哈伦告鲁"的汉译,因这里地处燕北山地、滦河之北,古称滦阳,也是扼东北、西北和华北的交通孔道。

承德的兴起是北京真正成为"天下之中"的直接后果。清康熙二十年(1681年),清政府平定了"三藩之乱",开始将注意力转向北方,准备解决东北、漠北和西北的边防问题。为了提高满蒙八旗军的军事素质和骑射技能,加强对漠南、漠北蒙古的管理,在"喀喇沁、敖汉、翁牛特诸旗敬献牧场"的基础上,设置了"以武绥远"为目的的"木兰围场"。木兰围场东西长150多千米,南北宽100多千米,总面积达1万多平方千米。① 康熙皇帝在围场地区举行了声势浩大的"秋狝",这么做的目的有二:其一,为了防止八旗之众承平日久,耽于安乐,骑射渐至生疏。要求八旗子弟习武木兰,重拾尚武之风。木兰围场地处塞外,与蒙古所居之地环境相同。八旗军借行围之机,不仅可以严肃军纪,凝聚军心,还能使军队适应塞外气候和地形,如若战事突发,可以迅速应战。其二,清政府实行"以蒙古为长城"的边防政策,对蒙古恩威并济。一方面,需借狩猎之名,行威慑之实。即通过操练八旗军队,张扬大清军威,对存有异心的蒙古王公进行心理上的震慑。另一方面,在行围时通过对蒙古王公进行赏赉,以怀柔手法拉近蒙古与清帝的感情,从而起到柔藩的作用。②

---

① 李景瑞主编:《承德古代史》,民族出版社2009年版,第387页。
② 秦兆祥:《避暑山庄与热河驻防》,《内蒙古师范大学学报(哲学社会科学版)》2007年第6期。

**今日木兰围场**

我们觉得，前面所揭示的清康熙帝设立木兰围场的两个目的中，第二个目的更具有意义。当1930年瑞典著名旅行家和地理学家斯文·赫定往游承德，在评价康熙皇帝修建热河行宫的动机时，他这样写道："他这么做，是为了将蒙古王公们纳入视野范围之内，能够通过规模盛大的接见、豪华的狩猎活动、令人生畏的大型军队操练给他们留下深刻印象，而热河自身作为最北部的城市也保护着大清的辽阔疆土。"①

自康熙帝始行"木兰秋狝"，逐渐成为清政府的定制，后代帝王效法遵守，于是热河成了清帝经常巡幸之所。皇帝每次北巡，夏

---

① 〔瑞典〕斯文·赫定：《帝王之都——热河》，赵清译，中央编译出版社2011年版，第164页。

## 第二章 边疆与中心

初启程，秋末返京，逗留少则三月，多则半年。期间皇帝不但在此避暑行围，处理朝政，还要在此接待蒙、藏上层王公、活佛及外国使节，热河行宫的设置成为必然。康熙北巡，在热河修建了多处行宫，其中以避暑山庄最为重要。避暑山庄兴建于清康熙四十二年（1703年），到康熙四十七年初具规模，清乾隆五十七年（1792年）竣工，前后历时89年，成为清代北方最大的皇家园林。避暑山庄占地总面积564万平方米，宫墙长度为9322.2米。① 在这里不仅能供养成千上万人的扈从食宿，还能日秩皇城，方便柔藩。

随着避暑山庄的建立，清政府在这里设立了一系列政治机构，为宫廷服务的仓库、皇庄和商业活动也发展起来。清雍正元年（1723年），设热河厅；雍正十一年（1733年），改为承德州（"承德"名字自此始定）；清乾隆四十三年（1778年），升承德州为承德府，治承德府城（今河北省承德市），领3县、1州、1厅。承德府所领的3县分别是滦平县（今河北省滦平县）、丰宁县（今河北省丰宁满族自治县）、隆化县（今河北省隆化县）；1州是平泉州（今河北省平泉县）；1厅是围场厅（今河北省围场满族蒙古族自治县）。

著名历史地理学家侯仁之认为："避暑山庄自建成后，遂成为仅次于北京的一个重要政治中心，而承德这个城市的兴起，从一开始就是为这个政治中心服务的。这是承德城市发展的一大特点。"②

---

① 李景瑞主编：《承德古代史》，第414页。
② 侯仁之：《承德市城市发展的特点和它的改造》，载《侯仁之文集》，北京大学出版社1998年版，第225页。

以研究北京史知名的历史学者王玲则将承德称为清帝国的政治分中心，即是指为北京分担一部分政治职能。在探讨承德政治分中心的形成原因时，王玲列举了三个方面：

第一，和北方民族的社会结构及生活习俗有关。辽、金、元、清几代都是北方牧猎民放建立的王朝。在中原地区，他们采取秦汉以来的传统郡县制度，对塞外地区的游牧民族却常采取兵民一体的部落制。为适应这种社会组织，这几个王朝在北方常有陪都之设，这是为适应北方人民习俗，采取的"因俗而治"的方针。清政权建都于北京，又以盛京为陪都，但对北方草原仍难以全力控制。为了加强对满、蒙人民的统治，清帝设立了木兰围场。清帝每年到塞外避暑，一般农历四、五月从北京出发，九月才返回京城，在塞外时间长达半年。这样长的时间不能不处理政务，但行宫帷幄处理政务多有不便，承德正是适应这种需要而出现的，也可以说是自辽金以来在草原上设置政治分中心传统的继续。

第二，承德的兴起与清初的民族关系和北方形势有关。蒙古问题一直是清初民族关系的主要问题。虽然康熙朝成功地粉碎了准噶尔部叛乱，但并未完全消除民族分裂的因素。为防止民族分裂，加强中央集权，遏制沙俄侵略，康熙帝以武力平叛的同时对蒙古各部采取怀柔政策，代替历代用长城进行民族隔离的办法。把避暑山庄作为处理民族事务的场所，一则是怕蒙古贵族前来朝觐不适应关内的炎热气候，二是为专门建立朝觐之所，以示对蒙古各部的"恩遇"。同时，清政府在长期处理民族事务的过程中发现，虽然蒙古各部矛盾很多，互不统属，却有一个共同特点，即都信仰喇嘛教，故特意在承德修建了许多大型寺庙。这样大面积的建筑放在首都北京显然不便安排。另外,每年蒙古王公觐见,都携带大量随从和兵丁,进京也有不便,这才选择了承德这一特殊地点。承德历史上就是各民族的结合部,清政府很好地利用了这个传统特点。

第三,承德不仅风景秀丽,景色宜人,而且距北京很近,只有两百千米,信使可朝发夕至。皇帝在塞外期间,军机大臣、各部官员都有一部分随同前往,以便随时处理政务。清帝从这里发出指令,直达全国各省份。省则按期奏报本地情况,寻常报告三日一次由北京递送热河,重要情报以日行六百里的速度飞马奏报,也不会误事。①

王玲的分析涉及民族特性、民族生活习俗、民族关系和承德的区位优势等诸多方面,不可谓不完整。但我们认为,出于处理民族关系的需要,才是承德成为政治分中心的主要原因。清政权本起自于东北地区,而后先统一了蒙古各部,基本上形成了稳定的后方,才问鼎中原。满蒙民族间的关系远比满汉民族间的关系亲近,故而清政府才对蒙古各部落主要采取羁縻政策,再加上东北地区是清朝贵族的"老家",他们必须要确保这一地区的安全。木兰围场初建时期,是由蒙古各旗王公分片管理的,而且每年"木兰秋狝"都有蒙古王公陪伴。为了加强蒙古各部落的宗教信仰,从清康熙五十二年(1713年)到清乾隆四十五年(1780年),在避暑山庄东部、北部呈半圆形陆续修建了12座寺庙,因其中8座寺庙住有喇嘛,归清

---

① 王玲:《承德的历史发展与北京的政治社会渊源》。

政府理藩院喇嘛印务处管辖。在京师设有八处"下处"（办事机构），而承德的八座寺庙地处塞外，故称"口外八处"或"外八庙"。① 其余各庙不住喇嘛，由八旗兵丁看守。斯文·赫定也看出了这一点，他一针见血地指出："在这座充满宗教色彩的城市里建起气宇轩昂的庙宇群，其实是有着重要的政治目的，就是要利用宗教信仰和庙宇金顶串成的黄金锁链，把这些信仰喇嘛教的蒙古人与有着世俗权力的皇帝紧紧联系在一起。"②

承德从清初一个人烟稀少的村落，在不到一个世纪的时间里发展成古北口外一大都会，纯粹是政治功能使然。单一的城市功能，必定造成人口结构的单一和城市经济的脆弱。从人口结构上看，兵丁、官吏、僧侣所占比重最高。清初，热河常年驻兵达 3000 人以上，常驻官员、吏卒不下千名，各大庙宇的僧侣共有 858 名。至于流动人口则更多，每年皇帝来此地，仅扈从卫兵就达千人以上，亲王、嫔妃、各部臣僚、役从也有一两千人。而各族王公、随从朝觐人员也有很大数目。至于修建避暑山庄的临时工匠就更加可观，有时一处用工即在万人以上。③ 这里的人口还有这样几个特点：短期增长过速、高级消费人口多、突来突去极不稳定。

单一的人口结构造成承德城市经济的脆弱，主要表现在：（1）经济结构单一，所有的经济活动都是围绕着为皇室服务开展的，不能

---

① 李景瑞主编：《承德古代史》，第 476 页。
② 〔瑞典〕斯文·赫定：《帝王之都——热河》，赵清译，第 1 页。
③ 王玲：《北京与周围城市关系史》，第 214 页。

形成生产性行业和居民服务业；于是（2）经济活动非常不稳定，尽管每年都会在山庄外围形成一种流动性的商业街道，但所有商业活动都属于夏秋来、冬天走的性质，无法形成稳定的经济活动；（3）对外依赖性极强，宫室、庙宇的修建自然要从全国调运物资，皇室需要的高级宝玩与奢华食品也要靠全国贡纳，即使是官员、兵丁的日常消费品也难以从当地获得充足供应。

单一的城市功能，还造成承德的城市规划杂乱无章，离宫（避暑山庄的俗称）、园林与居民区严重失调。"承德是先有山庄，后有城市，故不像其他封建城市那样事先规划，布局有序，这在当时就和它实际上的陪都地位极不相称。"① 承德这座城市内在的缺陷，注定了它在政治资源丧失后必定走向衰落的命运。

## 商贸城市的兴盛

北京真正成为"天下之中"，这种政治地理位置的巨大变化，对沿边、沿海商贸城市的兴盛产生了深远影响。张家口从一个单纯的军事城堡演变为北方重要的"旱码头"，直接受益于清代版图的北扩，但同时也造成了另一座城市经济地位的相对下降，那就是宣化。而天津则属于北京政治地理位置变化的间接受益者，受清代中期海运代替漕运和长芦盐业兴盛的影响。

---

① 王玲：《承德的历史发展与北京的政治社会渊源》。

## 一、张家口的繁盛与宣化的相对衰落

清军入关并统一中原后,长城作为军事防线已完成其历史使命,民族交流融合成为历史趋势。明代的卫所制度尽管在清政权建立后又存在了八十多年的时间,但卫所的军事价值在逐渐地减弱。清康熙帝在位期间,"一方面保留了卫所名称,另一方面又继续了明后期的势头,把部分卫所改为州县"①。明代"九边"之一的宣府镇就是在清康熙三十二年(1693年)被废置的,改为宣化府,领三州、七县,治宣化县府城(今河北省张家口市宣化区)。宣化府所辖七县分别是宣化县、赤城县(今河北省赤城县)、万全县(今河北省张家口市万全区)、龙门县(今河北省赤城县龙关镇)、怀来县(今河北省怀来县东南旧城,已没入官厅水库)、怀安县(今河北省怀安县)、西宁县(今河北省阳原县);所领三州分别是蔚州(今河北省蔚县)、保安州(今河北省涿鹿县)、延庆州(今北京市延庆区)。

宣化府城在当时是很繁华的,从街道的命名上可窥见一斑,如米市街、菜市街、盐店街、油店街,等等。城内人口数量也不少,据清乾隆年间《宣化府志》记载:"镇城人烟凑集,里宅栉比,不独四门通衢为然,虽西北、西南两隅僻街小巷,亦无隙地。盖驻防官军既不下二万,而宣府前、左、右三卫,兴和一所,自指挥以下官八百余员,合计官军户口不下三万有余。而绅衿、士民、商贾杂

---

① 顾诚:《隐匿的疆土——卫所制度与明帝国》,第37页。

## 第二章 边疆与中心

处其中,尤不可数计。"① 这还是在描述明末清初的宣府镇城,但宣府镇原有的驻屯军在清代一部分被吸纳进绿营军,调动迁徙到外地,大部分就地改换户籍成为农民、手工业者和商人。② 据此可以推论,宣府镇改置宣化府后的一段时间内,仍然保持了较为繁华的景象,只是后来由于张家口的强势崛起,宣化府的地位才一落千丈。那么,张家口在当时的行政地位如何呢?张家口归属宣化府万全县管辖,置县丞分驻于此。尽管张家口的行政地位不高,却因优越的区位优势和内外贸易的发展逐渐繁盛起来。

张家口特殊的地理位置和交通区位,赋予其良好的资源禀赋。张家口所在地区不是农业发达的区域,物产也不丰富,但作为军事城堡和交通要冲却有着重要的战略意义。口外是以畜牧业为主的茫茫蒙古大草原,口内是农业、手工业相对发达的广袤富饶的中原各省,随着国内外政治形势的变化,发展跨区域贸易成为时代的趋势,因而张家口成为华北地区进入蒙古地区以及远至今俄罗斯的交通要道。因此,随着汉蒙贸易与中俄贸易的发展,位于特殊交通区位的张家口适应了区域经济要素流动的需要,故而从军事要塞发展成为商品集散地的商城也就具有历史必然性。清顺治元年(1644年),为方便长城内外沟通,来远堡附近长城开豁口建造大境门,此后三百年间成为张家口内外交通的标志性建筑。清初庞大的军需

---

① 张慧芝:《天子脚下与殖民阴影:清代直隶地区的城市》,上海三联书店2013年版,第138页。

② 杨润平、杨申茂、颜诚:《京师北门宣府镇》,第247页。

供应也刺激了张家口的发展。作为平定西北叛乱的后勤中转站，在转运军需的同时，往来张家口的商贾往往夹带手工业品赴军营贸易以牟取暴利。在巨额利润的吸引下，甚至出现了"弃恒业，鬻田庐而为之"的现象。

但是，对张家口商贸活动影响最大的还是张库大道的兴盛。平定准噶尔以后，为加强和完善驿道的管理，清政府重点整修元代开辟的以北京为中心，由张家口经兴和（今河北省张北县）至库伦（今蒙古人民共和国首都乌兰巴托）的官马大道，成为官马北路三大干线之一。清康熙四十七年（1708年），清政府批准以经由伊尔库茨克—库伦—张家口的商道（开始称"张库商道"，后改称"张库大道"）作为俄国商队往返的官道，张库大道初现雏形。清雍正五年（1727年），中俄订立《恰克图条约》，开辟了中俄恰克图互市，张库大道向北延伸到了恰克图。① 清乾隆二十年（1755年），清政府禁绝了俄商人直抵北京的通商贸易，张家口成为中俄贸易的必经之路。

在张库大道上活跃着的是被称为"旅蒙商人"的一批汉族商民，其中以山西商人为主。他们大多懂蒙语、通蒙俗，了解蒙民草原市场。他们使用骆驼，或驼车、牛车，沿着古驿道，走向草原深处，用茶叶、布匹、瓷器、绸缎等生活用品和喇嘛佛事用品，交换蒙古族牧民的皮张、绒毛、药材等物品，形成了张家口当时最大的

---

① 李桂仁：《明清时代我国北方的国际运输线——张库商道》，《张家口文史资料》第13辑。

产业——旅蒙业。①《恰克图条约》签订后，中俄贸易迅猛发展，中俄贸易的商品也是种类繁多，经由张家口输出的商品，主要为丝绸、棉布、茶叶，且各时期所占比例不同。互市最初阶段，各类丝织品为中国输俄的主要货物。随着贸易不断向民间发展，价格低廉、经济实用的棉织品逐渐取代丝织品，成为对俄输出的主要商品。乾嘉之际，茶叶输俄数量大幅度上升。特别是1830年英法大战封锁了欧洲海路之后，张库大道成为当时世界上最主要的大陆贸易商道，由此刺激了张库大道茶叶贸易的迅猛增长，整个19世纪，张库大道几乎可以称之为"茶叶之道"②，电视连续剧《乔家大院》中乔致庸从武夷山贩运茶叶到恰克图的场景完全符合历史事实。俄罗斯经由张家口输入中国的商品则以毛皮为主，这反映出中俄贸易的互补性特征。

贸易规模的扩大带来的是商号的繁荣和金融业的发达。清康熙初年，张家口旅蒙商号有30多家，清雍正十三年（1735年）发展到90多家，到清乾隆十三年（1748年）增长到了190多家，至道光年间，旅蒙商号共280多家，规模也更为庞大。③ 而张家口的金融业也开始兴起。清乾隆元年（1736年），山西商人王荣廷出资四万两，在张家口开设"祥永发"账局，经营存款和放款业务，成为张家口乃至整个北方地区最早的一家金融机构。随后又出现了"大

---

① 张慧芝：《天子脚下与殖民阴影：清代直隶地区的城市》，第150页。
② 王洪波、韩光辉：《从军事城堡到塞北都会——1429—1929年张家口城市性质的嬗变》，《经济地理》2013年第5期。
③ 同上。

升玉""大全玉"等规模较大的账局,张家口成为中国金融业的起源地之一。为了弥补账局不经营汇兑业务的局限,清道光初年,山西商人又创办了票号。到第二次鸦片战争之前,张家口已有锦泰亨、日升昌、日新中、协同庆等票号总号或分号12家,不同银号、不同地区间资金往来活跃。①

随着商业贸易的发展,张家口的城市人口构成和空间结构也发生了变化。原先以军人及随军家属为主的人口构成逐渐转变成以商人、劳动苦力等非军事人口为主的人口构成,据估算,清康熙年间约有商人500人,雍正年间增加到约4500人,到清嘉庆二十五年(1820年)商人总数已经超过1.1万人。②从居民的职业构成上看,张家口已经从一个军事城市转变为商贸城市。

张家口城市空间结构的变化,更能体现出张家口城市性质的变化。大境门修筑以后,使以堡子里为中心的下堡和以来远堡为中心的上堡逐渐连成一片③,慢慢形成今天的张家口市桥西区。上堡逐渐演变成为街市,又称市圈,俗称"买卖城",是张家口最主要的商业区,也是对俄贸易的集中点,往来于张家口与恰克图、蒙古草原北部之间从事贸易的商贾大都将商行和货栈设在这里。乾隆后期,下堡也逐渐发展为张家口的另一商业区,东门外纵贯南北的武城街店铺鳞次栉比,汇聚了大批的商行、钱庄、票号,成为张家口

---

① 王洪波、韩光辉:《从军事城堡到塞北都会——1429—1929年张家口城市性质的嬗变》。
② 张慧芝:《天子脚下与殖民阴影:清代直隶地区的城市》,第154页。
③ (民国)《万全县志·张家口概况》。

最繁华的街道。① 大境门以北至元宝山下为口外，也是商业区，多汇集晋商和京商开设的店铺，主要供应张家口居民日用所需的肉类、面粉、燃料等。俄国商人的住宅和茶叶堆栈也多集中在这一区域。元宝山和大境门之间是牲畜贸易市场，因市场设在一条峡谷间，在峡谷西侧筑有一条堤坝，商人们便称之为"坝岗子"。②"坝岗子"交易的牲畜主要是骆驼，因张家口对俄国长途运输贸易主要依靠骆驼。

随着张家口由军事城堡向商贸城市的转变，原有的军事管理体制已不合时宜，需要设置新的行政管理机构。清雍正二年（1724年），清政府置张家口、独石、多伦诺尔厅，通称"口北三厅"。张家口厅负责管理口外东西两翼察哈尔八旗地方钱粮，旗民之户婚、田亩、殴斗等案，稽查盗匪事务以及口内、蔚县等七州县旗民之互讼人命等事。另设张家口理事同知，主管逃盗治安，催征旗民地亩钱粮等政务。张家口厅和张家口理事同知等管理地方事务官厅的设立，标志着张家口正式完成了由单纯军事堡垒向社会性城镇的转变。③

---

① 何一民、付娟：《从军城到商城：清代边境军事城市功能的转变——以腾冲、张家口为例》，《史学集刊》2004年第6期。

② 卢明辉、刘衍坤：《旅蒙商——17世纪至20世纪中原与蒙古地区的贸易关系》，中国商业出版社1995年版，第120页。

③ 王洪波、韩光辉：《从军事城堡到塞北都会——1429—1929年张家口城市性质的嬗变》。

## 二、天津城市经济的发展

天津的经济职能得到加强和发展，标志之一是行政建制的设立。清雍正三年（1725年）三月，改天津卫为天津州，"将卫原辖一百四十三屯就近并入武清、静海、青县、沧州、南皮"5个州县，"又归拨武清、静海、沧州三州县地凡二百六十七村庄入天津州"①。这样，天津就从一个单纯的军事堡垒转化为一级行政区域。但这时候的天津州还只是一个县级行政区域，属河间府管辖。同年九月，升天津州为直隶州，辖武清、青县、静海三县，成为府一级的行政区域。建制如此变化的好处是"经界整齐，设施便利，既无鞭长不及之虞，亦无邻封掣肘之患"②。清雍正九年（1731年）四月，又将天津直隶州升为天津府，"天津由州升府，是天津已经成为封建的工商业城市的重要标志"③。天津府治天津县（今天津市），领六县、一州。天津府所领的六个县分别是天津县、静海县（今天津市静海区）、青县（今河北省青县）、南皮县（今河北省南皮县）、盐山县（今河北省盐山县）、庆云县（今山东省庆云县）；所领的一个州为沧州（今河北省沧州市）。

天津经济之所以在清代中期以前获得大发展，是由很多因素促成的。

---

① （清·乾隆）《天津县志》卷二，《地舆》。
② （清·同治）《续天津县志》卷十六，《艺文》。
③ 郭蕴静：《天津古代城市发展史》，天津古籍出版社1989年版，第99页。

## 第二章 边疆与中心

**第一,漕运的发达带来了南北商货贸易的兴盛和天津人口结构的变化。**

清代,天津继续承担着首都和北方驻守官兵粮饷转运和囤积的任务,有常年负责漕运及屯留的兵丁144500人,运船万余只,运送漕粮400余万石,还拥有数百座仓廒贮藏漕粮,其中运到北京的有330万石。①

为保证漕粮顺利运达北方,官府对漕运人员非常体恤,允许漕船在运载漕粮北上的同时,可以带运一定数量的南方土特产,即"土宜",沿途售卖以资用。这些土宜不仅沿途免税,并且其数量一再增加。清初,每条漕船允许带运土宜60石,后来又有增加,每条漕船允许带运土宜的数量增加到180石。清代每条漕船载运量一般为500石左右,而官方允许其带运的土宜竟占36%。② 除了官府政策允许漕船带运的土宜外,漕运人员往往还违法额外私带土宜,数量也很多。此外,漕运人员往往还在运河沿途口岸、码头、市镇等地方揽载商人货物,收取运费,而商人为了逃避关税盘剥也很乐意利用漕船带货。以上三者合计,漕船从南方带运到北方的货物数量相当可观。

清代对漕船的行程有严格的时间限制,如果违误,就会受到惩罚,所以漕船带运的货物在中途无暇发卖,大多是被带到指定或终点口岸后再售卖。天津是运河北端的漕粮转运中心,漕船不仅全部

---

① 天津社会科学院历史研究所《天津简史》编写组:《天津简史》,第57页。
② 李俊丽:《清代漕运对天津的影响》,《中国地方志》2013年第7期。

从此经过，而且大量漕船经常在此停留，这就为漕运人员售卖土宜提供了理想的地点。因此，大量南方土宜源源不断涌入天津，促进了天津市场的繁荣。天津商业的发展繁荣，带动了其他行业的兴起，如餐饮业、娱乐业、杂货行、粮米行，并形成了相对独立的商业区域。

漕运在带动天津商业发展的同时，还改变着天津的人口结构，因天津的繁华吸引了很多人纷纷选择寓居天津。清代，寓居天津的主要有以下几类人：（1）因经商而移居天津，这可以从当时在天津建造的各省会馆得以印证；（2）不愿入仕的人寓居天津；（3）仕途不得意的人寓居天津；（4）致仕后寓居天津；（5）很多著名的文人也曾经寓居天津。① 上述寓居天津之人，其家眷或者仆从都不可避免地会随其一起来到天津，因此，清代进入天津地区的人口相当多，从而使得天津成为"五方杂处"之区。

第二，海运的发达扩大了天津对外贸易的地理范围，形成了以天津为中心的经济腹地。

元代，南粮北运全部走海路。但"由于漕粮海运损失大，又常遭海盗骚扰，为确保安全，在天津——通州段运河疏通后，即停止海运，漕运全部由运河承担"②。整个明代，南粮北运主要为里河漕运。清初沿袭明代的海禁政策，但对天津海船驶往辽东则特别予以

---

① 李俊丽：《清代漕运对天津的影响》。
② 杨伯震：《中华万里疆域：中国省区地理新编》，人民教育出版社2010年版，第14页。

## 第二章　边疆与中心

照准，因天津人稠地薄，而辽东粮豆充盈。清康熙二十三年（1684年），清政府下令开放海禁，天津有贩运辽东粮豆商船 300 余只，往来津奉间，以济民食。到清嘉道年间，从事津奉粮豆贸易的商船已有 600 余只，每年往返四、五次或五、六次不等。① 这就更增加了天津船只和人口的集结速度，从而带动了旅馆、饮食、新旧衣、粮行货栈业以及银钱兑换业的发展。

海禁开放后，天津在北方的经济地位显著上升，天津至闽粤的航线亦被开通。闽粤帮的专业船队出现于康熙年间，有海船 30 艘，每艘载重 200 吨，水手 50 余人。至道光中期，船队已拥有海船 300 艘，停泊于东门外风神庙至皇船坞之间，人数达万余人。② 初时春来秋返，至咸丰初年，已有 5000 余名闽粤商人在天津落脚生根。

另一只来自南方的船队是宁波船队。宁波船队以航向划分行业，北上船队称"北头船"，共 70 余艘，其船体较小，载重 70 余吨，水手 10 余人，停船于紫竹林一带。所运商货主要有茶叶、毛竹、绍酒、江西瓷器和福建杉木等，回程货除天津的药材、干鲜果外，有牛庄的高粱酒、龙口的粉条、营口的豆油豆饼、青岛的花生与花生油、烟台的海货。③ 至天津开埠前，宁波帮亦在天津商界扎根。

天津成为北方最大的商贸中心，但不是商品的终端市场，而是

---

① 天津社会科学院历史研究所《天津简史》编写组：《天津简史》，第 60—61 页。
② 同上书，第 61 页。
③ 胡光明：《开埠前天津城市化过程及内贸型商业市场的形成》，《天津社会科学》1987 年第 2 期。

作为中转集散地,将运到这里的南货销往北京和内地。当时天津通往内地的河道有四条:一是由北运河道,以天津为起点,北至通州张家湾;二是淀河道,以天津为起点,西至保定县(今河北省文安县新镇)张青口和清苑县;三是西河道,至衡水县小范镇、任县邢家湾、宁晋县白沐、邯郸;四是南运河道,至大名县龙江庙。[①] 夏秋两季各河道各式各样民船穿梭不息,天津码头千帆林立,一派繁华景象。正因为天津与内地有着如此好的水路交通,才形成了以天津为中心的经济腹地。

**第三,盐业的兴盛大大加强了天津城市经济的实力。**

明代天津卫城百里以外,北起山海关,南至山东利津500多千米的海岸,均为天然的海盐产区。明永乐年间(1403—1424年),朝廷曾在沧州设立"长芦都转盐运使司",此为长芦盐区的正式定名。天津是长芦盐区的盐业中心,长芦盐政、巡盐御史均于清康熙年间移驻天津。长芦盐行销直隶130多个州县及河南开封、彰德、陈州、怀庆4府50多个州县。清初长芦额引719550道,每引配盐225斤,总计约1.6亿斤。此后不断加增,乾隆中叶长芦正引96万余道,余引5万,每引增至305斤,总计达3.36亿斤。[②] 这些引盐很大一部分是在天津集中,经运河南下,分销直隶南部诸府及河南

---

① 苑书义、孙宝存、郭文书主编:《河北经济史(第二卷)》,人民出版社2003年版,第564页。

② 许檀:《清代前期的沿海贸易与天津城市的崛起》,载天津城市科学研究会、天津社会科学院历史研究所编:《城市史研究》第13—14辑,天津古籍出版社1997年版,第93页。

第二章　边疆与中心

4府。盐业的兴盛催生了大量腰缠万贯的盐商，著名的"天津八大家"中即有4家是以盐起家。康熙年间长芦盐商在津建立"芦纲公所"，筹办通纲公益，协调钱债纠纷。不少大盐商引地在直隶、河南各县，但总店却设在天津。

盐商们除了自己过着骄奢淫逸的生活，还将大量资金投入钱庄业、典当业，促进了天津金融业的发展。乾隆年间，天津有当铺40多家，清嘉庆十七年（1812年）在北门外建立当行公所；东门外的宫南、宫北大街为银钱市场。盐商王文郁开有益得、益兴恒、益源恒3家银号，李士铭开设有瑞恒、瑞牲等5家银号，天成号韩家既有当铺，亦有银号。① 银号公所也于道光初年成立。金融业的发展，使得天津的经济中心地位更加稳固。

天津城市经济的发展，首先体现在城市人口的增加上。明代天津卫设立之初，卫城和附近地区有近两万人。到清道光二十年（1840年），天津县有8.3万多户居民，44万多人，城关一带即有居民3.3万户，近20万人。② 当时的天津已经形成了由都市中心区——周围15乡镇——附郭351个自然村组成的严密的都市层次体系，而人口、财富、商业店铺的集聚趋势，也是沿着小村——村——镇——都市中心区逐步递进，大致情况列表如表2-1：③

---

① 许檀：《清代前期的沿海贸易与天津城市的崛起》。
② 张慧芝：《天子脚下与殖民阴影：清代直隶地区的城市》，第146页。
③ 胡光明：《开埠前天津城市化过程及内贸型商业市场的形成》。

表 2-1　天津人口、财富、商业店铺分布情况（清代前期）

| 项　目 | 集结趋势 | 附郭 351 村 | 大直沽等 15 乡镇 | 都市中心区 |
|---|---|---|---|---|
| 户籍与人口 | 户数（户） | 33595 | 19128 | 32761 |
| | 人口（人） | 145560 | 93884 | 198716 |
| 私人财富占有者 | 绅衿（户） | 292 | 212 | 853 |
| | 盐商（户） | 7 | 10 | 372 |
| 商业构成情况 | 铺户（户） | 2383 | 1930 | 11626 |
| | 负贩（户） | 2218 | 2553 | 5609 |
| | 盐商（户） | 7 | 10 | 372 |
| | 盐行（户） | 9 | | |
| | 店户（户） | 6 | | |
| | 小　计 | 4623 户，占全埠商户的 17.2% | 4493 户，占全埠商户的 16.8% | 17607 户，占全埠商户的 66% |

　　在市区，各个部分的发展都是自发形成的，往往随着商业店铺的数量多寡而决定居住人口的多少。影响以至于决定商业集中某一地域的重要因素，是最大量地吸引消费者。而消费者和市民所要求的服务业的适当位置，则是以尽可能地节省时间为原则。所以，那些水陆交通便利的地方，即三岔河口与卫城交接的地区，便最先发展起来。市内的基础设施也是随着人口聚集程度兴建的，具体情况见表 2-2：①

---

① 胡光明：《开埠前天津城市化过程及内贸型商业市场的形成》。

## 第二章 边疆与中心

表 2-2 天津市区基础设施分布情况（清代前期）①

| 方位 | 公署 | 庙宇 | 街巷 | 桥梁 | 渡口 | 村落 | 户数 | 人口合计 |
|---|---|---|---|---|---|---|---|---|
| 县城内 | 19 | 31 | 114 | | | | 9914 | 95351 |
| 东门外 | 2 | 37 | 49 | 11 | 4 | | 7008 | 34104 |
| 西门外 | | 20 | 19 | 3 | | | 3399 | 11200 |
| 南门外 | | 6 | | | | 11 | 858 | 2817 |
| 北门外 | 3 | 33 | 162 | 4 | 7 | | 6608 | 31494 |
| 东北角 | | 18 | 98 | 2 | 3 | 2 | 2639 | 13208 |
| 西北角 | | 13 | 58 | | 3 | 2 | 2335 | 10542 |
| 合 计 | 24 | 158 | 500 | 20 | 17 | 15 | 32761 | 198716 |

从上面表 2-2 中可以看出：（1）县城内为官衙署廨的驻地，天津镇、道、府、县及长芦盐运使署均驻城内，府学、县学、义学亦建于此；（2）城内街巷密布，并有水井 25 眼；（3）县城北门外为最繁华的地区，街巷密度超过县城，著名的针市街、估衣街、锅店街、归贾胡同、金店胡同、北门外大街和侯家后均坐落于此；（4）县城东北角繁华度居第二，这里是南北运河与海河合流之所，街巷近百，又有以贾家大桥、锦衣卫桥命名的村镇；（5）县城西北角，地枕南运河，为粮船北挽过天津关必经之地，夏秋间帆樯云集，负缆者邪许相闻，为稽巡之要地；（6）县城东门外，海河亘其中，米舶盐艘往来聚焉，故河东多粮店。天津的城市格局与北京明显不同，显露出商业城市的独有特点。

---

① 胡光明：《开埠前天津城市化过程及内贸型商业市场的形成》。

## 区域中心城市的转移

北京真正成为"天下之中",对区域中心城市也产生了深刻的影响,其中受影响最大的是保定,它从一座府城变成直隶省的省会城市,进而影响到了其他相邻城市的地位变化。

清康熙八年(1669年),直隶巡抚由正定移驻保定城后,保定开始以直隶省省会的身份出现在历史舞台上。直隶巡抚迁驻保定后,集市贸易兴盛起来,集市分设在各街道,开设了布、谷、鱼、果、蔬、盐、灰、煤、炭、骡马、牛羊、芦苇等十多个专业集场,"各依集期,轮迴开市"。[①]

清雍正二年(1724年),升直隶巡抚为直隶总督,仍驻保定。此后直至清末,便一直沿袭着直隶总督督管直隶全省的制度。成为直隶省省会的保定不仅承担着直隶省的行政管理、征收赋税和司法审判等职能,且承接了首都北京扩散出来的部分政治、文化教育职能,是北京的政治辅助城市。同时,保定还是北京的重要军事屏障,为北京南部的门户,向来有"都南屏翰"之称,有大量军队驻防,承担着拱卫京师的职能。

作为省会城市,政府办公驻地的建设便成为当时保定城市政建设的重点,所以直隶总督衙署的修建成为重中之重。之后,以直隶总督署为核心,省、道、府、县行政衙署及军事机构在保定城有几

---

[①] (清·康熙)《清苑县志》卷一,《建制志·集市》。

## 第二章　边疆与中心

十个,如布政使司署、按察使司署、分巡清河道署、新道署、保定府署、清苑县旧县署、清军同知署、水利通判署、理事同知署、藩经历署、藩库大使署、按司狱署、按经历署、府经历署、仓大使署、府司狱署、督院笔帖署、督标中军协镇署、左营督司署、右营游击署、前营游击署、右营守备署、前营守备署、后营守备署、保定营守备署、保定营参将署、把总署、军器大库、新设火药局、驻防城守尉、府学、县学、典史署,等等。① 因之,使得保定城内官衙林立,号称七十二衙署②,从此处也可看出保定的城市功能,即以政治功能为主、军事功能为辅。

另一方面,保定自明代中期以来形成的京师文化辅助城市的地位,在清代虽然有所减弱,但莲池书院的建立又给保定披上了浓墨重彩的文化外衣。清雍正十一年(1733 年),谕令在全国各省建立书院。时任直隶总督李卫遵照朝廷的谕令,按传统书院的规制,选取有着浓郁文化特色的古莲花池建为书院,即命名为"莲池书院"。莲池书院于当年建成,到清光绪三十年(1904 年)结束,历时 170 多年,成为当时享誉全国的教育及学术重镇。书院聘请学界名士来此执教,同时广置图书于万卷楼,吸引八方学子慕名而来就学,以至于出现了弟子盈门的场面。当然,书院培养的知名之士也不在少数。书院既是教授学生之所,还是编纂书籍之处,清同治十年

---

① 刘志琴:《近代直隶省会保定的城市功能衍变——以直隶总督署、莲池书院、保定军校为例》,《河北大学学报(哲学社会科学版)》2015 年第 4 期。

② 《历史文化名城保定》编委会:《历史文化名城保定》,第 40 页。

（1871年）纂修的《畿辅通志》就成为一部重要的历史文献。清朝皇帝曾多次临幸巡视，在此赋诗作画，保定也因莲池书院而声名远扬。所以，有研究者认为："莲池书院及由此形成的书院文化，不仅使保定城的政治功能地位得到了提升，也使得保定城的'文化教养'功能得以发展，并逐渐转变为城市的主导功能。"① 此言不谬。

保定成为直隶省的政治、文化中心，使得正定的城市地位下降了许多。正定不仅不再是直隶巡抚驻苑之地，而且还失去了原先所领的许多县份。清雍正年间，为避清世宗胤禛名讳，"真定"改名为"正定"，又分设了深州、冀州、赵州、定州4个直隶州，正定府原辖的32个州县，仅存14个；嘉庆年间，又分设大名镇，裁去了隶属正定镇统辖的南部6个标营。正定辖域缩小，客商减少，商品贸易额一落千丈。到光绪时，正定城关厢内仅在学门口（今正定县解放街小学广场）设二、七日大集，并一直延续到改革开放初期。② 但正定城的真正衰落，还是在20世纪初正太铁路修通石家庄崛起以后。

与正定城的命运相似，河间府城也随着天津城市地位的上升而相对衰落。清雍正九年（1731年），天津州升为天津府，析去河间府管辖的静海县、青县、南皮县、盐山县、庆云县等5县和沧州，河间府的辖域明显缩小，自然也影响到了它的地位。而沧州则在清

---

① 刘志琴：《近代直隶省会保定的城市功能衍变——以直隶总督署、莲池书院、保定军校为例》。

② 正定县政协文史委：《千年正定城》，第295页。

第二章　边疆与中心

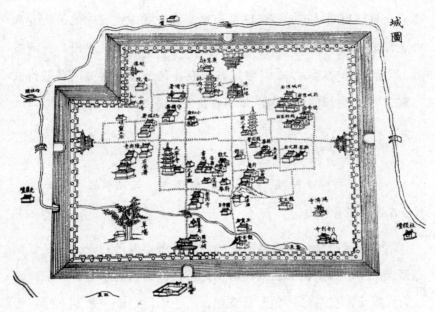

**正定古城图①**

雍正七年（1729年）升为直隶州，辖南皮、盐山、庆云、东光4县②，两年后复降为散州，划归天津府管辖。但是，作为运河城市的沧州，后来又因铁路的兴建而重新崛起，成为京津冀城市群的一座重要城市。

在这一轮城市地位变迁中受益最大的保定，却也存在着先天不足，这影响了它未来的命运。在以北京为中心的区域城市体系中，保定在区域内的经济功能十分有限，其经济腹地的范围不仅十分狭

---

① 李荣新、曹源、曹惠卓：《古城正定》，河北人民出版社2011年版，第29页。
② 郑民德：《明清运河城市的历史变迁——以河北沧州为中心的历史考察》，《河北工业大学学报（社会科学版）》2012年第2期。

小，而且与周围城市的经济联系也很薄弱。如保定城内的手工业和商业都是为城市中的官僚阶层服务的，长距离贸易几乎没有任何发展。因而有研究者认为，"保定城市商业是依赖于官吏消费取得畸形繁荣"①，这样的城市经济是不具备发展后劲的。

## 【本章小结】

> 天桥桥畔夕阳微，尽立摊边唱估衣。妮妮人间小儿女，百钱自买青鞋归。

清代的天桥是一处有名的民间活动场所，但最初天桥本是专供皇帝走的桥。天桥位于正阳门与永定门之间，它的东边有天坛，西边有先农坛。皇帝每年到天坛祭祀，出正阳门，走一条笔直的石板大道，大道中段有一座高大的石桥，因是"天子"行走的桥，故名"天桥"。清光绪三十二年（1906年），这座桥被拆掉，改建一座矮的石板桥。② 道咸年间，因天坛、先农坛墙根一带不纳地租，有些小贩就到这里摆设浮摊，买卖旧货和杂货，渐成小市。桥西有游艺场所和鸟市；桥北两侧各有一个大空场，里面有茶楼、酒肆、饭铺、说书摊，颇有一派繁华景象。

北京天桥的变迁，从一个侧面反映出清代北京经济的发展和商业气息的变浓。但是，在天津开埠前，北京的政治职能要远远大于

---

① 赵金辉：《都南屏翰：清代保定城市发展研究（1644—1911）》，四川大学硕士学位论文，2007年，第44页。

② 傅崇兰等：《中国城市发展史》，社会科学文献出版社2009年版，第176页。

第二章　边疆与中心

它的经济职能，其需求仍然是北京周边城市发展的最大动力源，这在承德的兴起上表现得最为清晰。不过，由于北京真正处于"天下之中"的位置，防御外敌入侵的必要性降低到了最小限度，其周边城市也因此而承载着越来越多的商贸职能，如张家口、天津等。这是西方列强用武力敲开中华帝国大门之前内部的自然变化，可看作是正向的社会变迁。

# 第三章

## 沿海与内陆

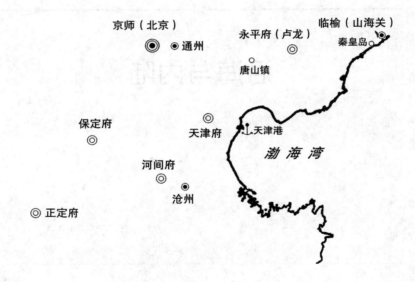

第三章　沿海与内陆

在西方势力进入中国以前的四百多年间，北京的城市需求一直左右着京津冀城市群的发展演变。天津开埠后，京津冀城市群发展的动力系统发生了革命性的变革，工业时代的生产方式取代了农业社会平缓有序的生产节奏，也带动了城市面貌和空间格局的改变。天津逐渐成为京津冀城市群的"发动机"，沿海城市引领内陆城市发展的经济地理格局开始成型。

## 天津开埠

清咸丰十年（1860年），中英、中法《北京条约》签订，天津被迫开放为商埠。《北京条约》是第二次鸦片战争的产物，清政府在英法联军兵临城下的情形下，不得不答应英法等国修约、续约的要求，天津因之成为对外开放城市。天津开埠产生了深远的影响，首先是对天津城市发展的影响，其次是对京津冀地区的影响，而后一方面的影响才是更深刻的。

### 一、天津开埠对天津城市发展的影响

天津开埠，首先是对天津本身的发展产生了巨大影响。张慧芝将近代天津城市经济的发展概括为三个方面：一是近代中国军事工业中心，二是近代中国北方的民用工业中心，三是近代中国三北地

区的贸易中心。① 其实，她的这一概括不只是天津城市自身发展所具有的，也涉及对京津冀地区的影响，下面我们再来做具体分析。

天津开埠对天津城市本身的影响，首先体现在城市空间布局和社会结构的变化上，特别是租界的设立。"在开埠后，天津九国租界并立，这在全国16个设有租界的城市中是独一无二的。当时九国租界的总面积超过旧有的城区面积的8倍，城区的扩大，外国企业的建立，吸引来的谋职的人口不断增加。"② 天津租界的设立，并不只是带来了城区面积的扩大，更改变了天津的城市经济结构和社会结构。

在天津设立租界是根据中英《北京条约》第4款的规定："条约画押之日，大清大皇帝允以天津郡城海口作为通商之埠，凡有英民人等至此居住贸易，均照经准各条所开各口章程比例，画一无别。"③ 条约签订后，英国驻华公使卜鲁斯马上派人到天津择定英租界的界址。清咸丰十年（1860年）12月，经直隶总督恒福等人转报，清政府允准了卜鲁斯设立英租界的要求，西方列强在天津设立的第一个租界——天津英租界开辟。第二年春天，法国参赞哥士耆赶往天津实地勘定法租界的界址；6月2日，三口通商大臣崇厚与其订立《天津紫竹林法国租地条款》。天津法租界位于天津城南的紫竹林一带，南接英租界，西近海大道，东和北两面傍海河，面积

---

① 张慧芝：《天子脚下与殖民阴影：清代直隶地区的城市》，第189—190页。
② 郭锦超、杨秋平：《浅析近代天津经济中心地位的形成》，《辽宁工学院学报》2006年第2期。
③ 王铁崖编：《中外旧约章汇编》第一册，生活·读书·新知三联书店1957年版，第145页。

## 第三章 沿海与内陆

为 439 亩。① 清政府为了显示不歧视美国驻天津领事，在清同治元年（1862 年）也有意让美国在天津建立一个专管租界，发给美国领事一份租契。后来，德、日、俄、意、奥、比等国家也在此设立租界，天津成为当时中国乃至世界上租界最多的城市。

从天津的整体发展来看，租界征用地原为城市的边缘地带，如德租界，其范围东起海河右岸（西岸），南至小刘庄外小路（今琼州道），西至海大道（今大沽路），北至开滦胡同（今开封道）。当时这里是天津有名的人烟稀少、地势低洼地带。也正是因为该地区地势空旷的原生态势，使其具有很强的可塑性。租界国借着强大的资金实力和现代设计理念迅速将这些地区建设成为规划有序、布局合理的租界区，在一定程度上为天津的城市建设作出了很大贡献。主要体现在：一是租界的发展，促进了天津近代商业的繁荣和新的城市中心的形成；二是租界内道路交通的发展，为天津的城市化进程提供了方便快捷的交通运输条件；三是租界市政基础设施和公用事业的发展，直接带动了天津的城市化进程。② 租界对天津城市建设的推动作用，扩散到京津冀地区的其他城市，极大地改变了这些城市的城市面貌和城市功能。

前面所述三口通商大臣，是清政府为了管理北方新开商埠的通商事务，仿照《南京条约》签订后于广州设立五口通商大臣的先例而设立的。清咸丰十年十二月初十（1861 年 1 月 20 日），清政府在

---

① 徐永志：《开埠通商与津冀社会变迁》，中央民族大学出版社 2000 年版，第 31 页。

② 高福美：《租界与天津城市现代化进程关系探析》，《城市》2008 年第 12 期。

北京设立了总理各国事务衙门和总税务司署,聘英国人李泰国为中国海关总税务司,授权管理各口岸海关及港航事务。同一天,清政府任命崇厚为三口通商大臣,负责办理天津、牛庄(今辽宁省营口市)、登州(今山东省烟台市)三个口岸的通商事务。

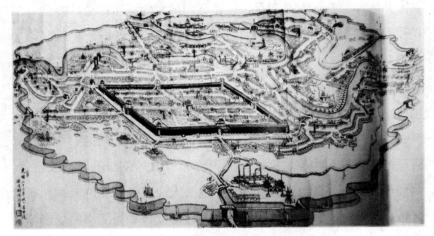

**1897年刘瑞卿绘制的天津城乡图**①

三口通商大臣设立不久,就开始聘用英国军官训练新式军队。训练新军需要洋枪、洋炮等军火,清同治五年(1866年)筹建天津机器局,仿照西方国家设厂制造新式枪炮和兵船。次年,在天津城东九千米外的贾家沽道,设立火药局,俗称"东局",制造火药。同治七年(1868年),又在南关外海光寺兴建枪炮厂,称为机器西局。同治九年(1870年),天津机器局建成,此后一直承担着供应当时军队火药需求的任务,成为中国北方洋务运动的一个重要代表。清光绪六年(1880年),开始动工修建北洋水师大沽船坞,坞

---

① 天津博物馆编:《中华百年看天津》,文物出版社2013年版,第72页。

第三章 沿海与内陆

内设有码头、大木、轮机、熟铁、熟铜、铸铁、模样、锅炉、枪炮检查等厂，以及供检修用的船坞六座，供北洋各舰艇避冻用的土坞数座。① 天津军事工业的起步和发展，对于煤、铁等原材料的需求量大为增加，这就刺激了附近地区采煤业的发展，其中以开平煤矿的兴建最具代表性，此一节留待后面详述。

天津军事工业兴起后，民用工业也开始发展起来，当时有外国人和中国官民在天津投资建立了一些近代工业企业。"天津乃九河下稍，为工业繁盛之区，不难从想象得之。然从史的方面观察，天津工业发展最要之关键，当在清季末叶。盖庚子以后欧西各国挟其物质文明以俱来，乃令我有趋重改革之倾向。工业之由手工业蜕变而为机器工业，由家庭工业而进为工厂工业，实萌蘖于此。"② 天津民用工业的兴办情况，请见表3-1：

表 3-1　清末民初天津城市厂家设立年代一览表③

| 年代 | 设立厂家数 | 年代 | 设立厂家数 |
| --- | --- | --- | --- |
| 光绪二十六年（1900） | — | 光绪三十四年（1908） | 12 |
| 光绪二十七年（1901） | — | 宣统元年（1909） | 14 |
| 光绪二十八年（1902） | 3 | 宣统二年（1910） | 5 |
| 光绪二十九年（1903） | 1 | 宣统三年（1911） | 3 |
| 光绪三十年（1904） | 1 | 民国元年（1912） | 1 |
| 光绪三十一年（1905） | 7 | 民国二年（1913） | 3 |
| 光绪三十二年（1906） | 10 | 不详 | 60 |
| 光绪三十三年（1907） | 9 | 总计 | 129 |

---

① 天津社会科学院历史研究所《天津简史》编写组：《天津简史》，第149页。
② 宋蕴璞：《天津志略》，成文出版社（台湾）1931年版，第153页。
③ 徐永志：《开埠通商与津冀社会变迁》，第202—203页。

## 二、天津开埠对京津冀地区的影响

天津开埠对京津冀地区的影响,最主要表现就是张慧芝所概括得那样,成为近代中国三北地区的贸易中心。开埠前,天津属于内贸型的商业城市,开埠后逐渐转变为北方地区发展对外贸易的重要口岸。作为外贸口岸,海关的设立是其重要标志。

清咸丰十一年(1861年)3月,天津海关正式成立,英国人克士可士吉担任首任税务司。从清光绪三年(1877年)开始,德璀琳担任天津海关税务司达二十二年之久。天津海关自从设立时起,就具有特别的地位。当时,它所管辖的区域从大沽口直到张家口,达五百多千米,曾设有天津、秦皇岛和塘沽三个分关。津海关在清同治十三年(1874年)的贸易总值是两千万海关两,清光绪二十四年(1898年)增加到八千七百万两,1931年则发展到三万五千万两①,仅次于上海关。

津海关的贸易总值包括两个部分,一是口岸运往腹地的商品,一是内地运到口岸的商品。口岸运往腹地的商品包括海关进口的洋货和国内各埠的工业品、农副产品,其主要方式是凭子口税单运销腹地。在天津,清光绪三十四年(1908年)用子口税单运往腹地商品总值为2368万余海关两,1913年增3738万余海关两,占该年运往腹地商品总值的43.4%;1921年为6040万余海关两,占该年总值的27.8%。另外,各口岸运到腹地的国内近代工厂和

---

① 来新夏主编:《天津历史与文化》,天津大学出版社2013年版,第82页。

## 第三章 沿海与内陆

手工业产品也逐年增多,清光绪三十年(1904年)仅2581.1万海关两,1921年达13100万余海关两。1912年天津运往腹地商品价值总额为6209万海关两,1916年突破1亿海关两,1928年又翻一倍,达到20370万海关两。①

另一方面,随着国际市场需求的扩大和城市的发展,内地的商品也源源不断地运到口岸,有的是工业原料供应国内外的大工业,有的是供应世界市场和国内城镇居民需要的消费品等。1914年各地运到天津的商品价值总额为5652万余海关两,1917年增到7589万余海关两,1919年超过1亿海关两,1921年达到13100余万海关两。虽然其总值与天津运往腹地商品总值相比,尚有一定差距,但其增长速度快,1914年后的7年时间里,天津运往腹地商品总值增长了91.07%,而腹地运到天津商品的总值增长了131.78%。② 这说明,第一次世界大战爆发后,内地的工业生产能力大幅提升。

以往我们总是习惯于,将天津开埠后外来商品对腹地经济冲击的负面作用看得较重,认为内陆农村经济受到了外国商品的猛烈冲击而面临破产的命运。其实,任何事物都有它的两面性,天津开埠之前,北方的经济结构以传统的农、牧、工、商业为主;开埠之初,这些产业的商品化程度有了一定的发展。进入20世纪以后,腹地农、牧、工、商各业的内部结构进一步调整,向着市场化与外向化的进程又迈进了一大步。更为重要的是,"腹地手工业方面的巨

---

① 郭锦超、杨秋平:《浅析天津近代经济地位的形成》。
② 同上。

大变化在于，由自给性的家庭手工业逐步向为市场而生产的近代农村工业过渡"①。"由自给性的家庭手工业逐步向为市场而生产的近代农村工业过渡"尚在其次，机器大工业在华北内陆地区的兴起，才是最根本性的影响。

## 开平煤矿开办与矿区经济发展

天津近代工业的兴起与发展，使煤、铁等原材料的需求量大增。据当时出版的《中西见闻录》记载："天津自设火药局以来，需用煤铁，为款甚巨，皆从海外购来。"② 自从上海到天津的航线开通以后，到港的轮船日益增多，煤炭的需求量大为上升，洋商借机囤积居奇，抬高煤价，使得运输成本增加很快。另外，当局者还担心若中外关系紧张起来，洋商断绝煤炭供应，天津各局厂必将陷入困境。只有在内陆开办新式煤矿，才能确保天津各近代工业企业的煤炭供应安全。正是在这种社会大背景下，开平煤矿的兴建被提上了日程。

清同治九年十月（1870年11月），清政府调署理两江总督的李鸿章为直隶总督兼北洋大臣，为开平煤矿的开办创造了良好的政治条件。清光绪二年（1876年），福建候补道、上海轮船招商局总办

---

① 吴松弟、樊如森：《天津开埠对腹地经济变迁的影响》，《史学月刊》2004年第1期。

② 徐永志：《开埠通商与津冀社会变迁》，第66页。

## 第三章 沿海与内陆

唐廷枢奉李鸿章之命,亲赴开平勘察煤铁矿务,并向李鸿章屡次条陈,从煤质、储藏量、生产成本、利润、市场营销等方面对开平煤铁详加分析,得出了"采办应有把握"的结论。李鸿章大加赞赏,令唐廷枢赶紧设法筹办。光绪四年(1878年),开平矿务局在开平镇正式开局,唐廷枢担任该局总办。光绪七年(1881年),开平煤矿正式出煤,日产量约300吨,旋增至500吨。① 开平煤矿的建成,使我国的煤矿开采在凿井、开拓、掘进、通风等方面,形成了比较完整的工艺系统;在提升、排水、通风关键环节上实现了机器生产,并在一定程度上扩大了开采的深度和广度,提高了劳动生产率,促进了唐山近代工业时代的到来。同时,也促进了唐山和秦皇岛这两座城市的兴起。

当时不选择其他地点而是在唐山建立现代化的煤炭基地,"主要是因为开滦煤田煤质优良,储量丰富,宜于机械化开采,优越的地理位置起了一定的作用,因为唐山比当时任何大煤田都靠近渤海港口与北方的经济中心天津,和位于长江口的上海也较近便,它可随时接济军舰所需的燃料,同样在取得建厂设备方面也很便利"②。那时候的军舰是以烧煤为动力的,海运又是主要的货物运输方式,唐山的地理位置显然是优越的。

但是,煤矿为什么命名为"开平煤矿",而不以唐山为名呢?这是因为当时的唐山还是一个不知名的小山村,以"桥头屯"为

---

① 徐永志:《开埠通商与津冀社会变迁》,第67页。
② 魏心镇、朱云成:《唐山经济地理》,商务印书馆1959年版,第7—8页。

名。桥头屯隶属于直隶省滦州开平镇，位于大城山下、陡河岸边，是居民不足百户、人口不足两千的小村庄，每逢四、九为集日，周边各村民众来此赶集交易，虽为集市却并不繁荣。因煤矿的开发，居民、商号逐渐增多，逐渐形成繁荣的集镇。清光绪七年（1881年），改桥头屯为乔屯镇，因为镇北有唐山（大城山），也称唐山镇。①

唐山，即大城山，海拔122米，山体为石灰石质。大城山的东坡、北坡地势略显陡峭，陡河绕山而流。西坡、南坡比较平缓，坡下是平地。考古发现的新石器时代晚期的文化遗存证明，大城山属于龙山文化范围。现在闻名世界的城市唐山，一百多年前只不过是一座小山和一个小山村的名字，沧海桑田，变化何其速也！

近代化采煤工业建立起来，就要求相适应的运输方式来解决产品的运销问题。唐廷枢早在筹办开平矿务局时，就主张修筑一条从开平到涧河的百里铁路，但因顽固势力的阻挠，铁路计划无法实施。于是，唐廷枢被迫开拓水路运输，即开挖芦台到唐山的煤河。由于胥各庄至唐山矿区一段地势陡峻，不宜开河，唐廷枢遂向李鸿章建议修建轻便铁路。虽然修筑铁路的建议为李鸿章所支持，但遭到了朝臣的阻拦，最后声明以驴马拖载，不使用蒸汽机车，才获得朝廷的批准。② 这就是后来载誉中国铁路史的中国第一条标准轨距铁路——唐胥铁路。

---

① 任庆海、李权兴、王兴业：《唐山城市名称由来考》，《唐山学院学报》2011年第2期。

② 杨勇刚：《中国近代铁路史》，上海书店出版社1997年版，第19页。

第三章　沿海与内陆

**中国铁路起点标志**

清光绪十二年（1886年），开平矿务局商董上书李鸿章，要求把铁路从胥各庄展筑至阎庄。李鸿章允其所请，并成立了由伍廷芳任总理、唐廷枢任经理的开平铁路公司，随即收买唐胥铁路。从此，唐胥铁路脱离开平矿务局，实行路矿分管。两年后，天津到唐山铁路全线贯通。开平铁路公司也改组为天津铁路公司，又称中国铁路公司。此后，铁路向东展筑至山海关乃至奉天（今辽宁省沈阳市）皇姑屯，向西展筑至北京，到光绪三十三年（1907年）京奉铁路建成。京奉铁路全长849.39千米①，是中国修筑最早而完工仅次于京汉铁路的国有铁路。

---

① 白寿彝：《中国交通史》，武汉大学出版社2012年版，第169页。

唐胥铁路的建成，不仅促进了开平煤矿的开发，而且因其运输之利，在一定程度上减少了洋煤的入口。开平煤矿自清光绪七年（1881年）开始正式出煤，光绪九年（1883年）运往国内各口岸煤8503吨，光绪十二年（1886年）达到33677吨，同期天津口岸自国外进口的洋煤，由9728吨下降到301吨。①

随着煤矿的发展，开平矿区的人口也不断增加。清光绪五年（1879年）为250人；光绪八年（1882年）为520人；光绪十年（1884年）为1000人；光绪十五年（1889年）为3000人；光绪二十六年（1900年）为9000人。② 二十多年间，增长了36倍。开平煤矿生产能力的扩大，一边需要更多的劳动力，一边又会带动周围其他地区手工业和服务业的恢复、发展，这就为唐山的兴起提供了前提条件，但还有一段很长的路要走。

## 秦皇岛开埠的早期情形

秦皇岛最初只是一个由高出水面十几米的基岩残丘组成的近海无名小岛，即今秦皇岛市海港区东山。秦皇岛之名的由来，据说是始皇三十二年（公元前215年）秦始皇东巡碣石（今秦皇岛沿海一带）时到过这个岛上，很多史籍都有记载。"秦皇岛"最早以地名

---

① 孙毓棠：《中国近代工业史资料》第一辑，中华书局1962年版，第665—666页。

② 张慧芝：《天子脚下与殖民阴影：清代直隶地区的城市》，第247页。

## 第三章 沿海与内陆

出现，是在明代，"秦皇岛，城西南二十五里，又入海一里。或传秦始皇驻跸于此"①。这里所说的城是指山海关关城。

秦皇岛还有一个英文名字，不过没有流传开。这个英文名字是"Cent-Point"（圣特波印特），是开平矿务局英籍雇员、开平秦皇岛经理处第一任经理鲍尔温在清光绪二十三年（1897年）奉命来秦勘察港址时命名的，是"中点"的意思（在山海关和北戴河的中点）。但这个名字除他在给开平矿务局总办张翼的报告中提到过，以及光绪二十六年（1900年）入侵的八国联军妄图启用外，以后并没有采用和流传。② 与天津根据不平等条约被动开埠不同，秦皇岛成为对外开放的口岸属于"自开商埠"。自19世纪70年代以来，清政府的中央官员和一些地方大员已经看到通商口岸城市的成长，看到开埠通商可以给地方经济和财政带来的好处，也看到了外国力量控制下许多利权的丧失，产生了自行开放、趋利避害的想法。根据清政府的规定，自开商埠需要具备三个基本要素：（1）必须是从事商业贸易活动的口岸或市镇；（2）必须是中国政府主动宣布开放的，所以中外商贾均可在此做生意；（3）包括课税在内的一切行政权，概归中国政府行使。③ 清光绪二十四年（1898年），总理各国事务衙门奏请开岳州（今湖南省岳阳市）、三都澳（今福建省宁德市境内）、秦皇岛为通商口岸，得到清政府的批准，揭开了中国自开商

---

① （明·嘉靖）《山海关志》卷一，《山川》。
② 王庆普主编：《秦皇岛港口史话》，河北人民出版社1998年版，第22页。
③ 杨天宏：《口岸开放与社会变革——近代中国自开商埠研究》，中华书局2002年版，第61页。

埠的序幕。

对于秦皇岛开埠原因的探讨，近些年已有多部著作给予了关注，我们觉得这样的评价还是比较公允的："秦皇岛自行开埠的诱发与刺激因素不仅源自外部世界的生存挑战，也是中国在走向近代化的过程中由被迫开放向自行开放的重大转变，是清政府主权意识提高的表现。"① 大致上说，研究者对清政府自行开放秦皇岛的原因归结为以下几个方面：一是为加强京师的军事防御和重建北洋海军；二是为解决日趋严重的财政困难，主要是《马关条约》规定的对日巨额赔款使得清政府财政陷入困境；三是为开平煤矿煤炭输出的问题。② 其实，对秦皇岛开埠直接产生影响的应该是第三个原因，开平煤矿煤炭输出的需要以及与之俱来的"津榆铁路"（天津到临榆的铁路，临榆系一县名，县治在今河北省秦皇岛市山海关区，津榆铁路亦为后来京奉铁路的一段）的修通，才是秦皇岛港得以成型的直接动因，其他两个方面的想法或者根本无法实现，或者本就属于纸上谈兵。

最初担负着开平煤矿疏运任务的天津港（塘沽码头）疏运能力极其有限，主要表现为：（1）天津港（塘沽码头）是"约开口岸"，运输自主权多为外国人所控制，外籍轮船遍及海河，致使塘沽码头

---

① 武杏杏、姚喜平：《秦皇岛开埠动因初探》，《燕山大学学报（哲学社会科学版）》2009年第4期。

② 王玲：《北京与周围城市关系史》，第244—245页；武杏杏、姚喜平：《秦皇岛开埠动因初探》；王新华：《1898年清政府自主开放秦皇岛港背景探析》，《海交史研究》2004年第1期。

## 第三章 沿海与内陆

时常拥挤,开平矿务局的运煤船经常受阻;(2)海河及大沽海口冬季封冻,每年港口停运期达三个月之久,致使矿区和码头煤炭堆积如山;(3)大沽口备受淤塞之患,清政府由于财力原因又多年荒于疏浚,涨潮时水深只有三米多,而开平运煤船多为大吨位,只能在口外锚泊,靠泊船倒载,这势必提高成本,延误船期,不利于市场竞争。① 在这种情形下,选择自然条件优越、地理位置适中的新港口,就成为李鸿章等人迫切考虑的问题。

秦皇岛港以其有利的自然条件和优越的区位优势,很快被执政者所选中。从自然条件上看,秦皇岛是一个渔民泛舟兼有粮、盐贩运的自然港湾,岛面不过句丈,远望形如卧蚕,屹然挺立,东西南三面环水贴岸,自东向西逶迤深入海中,可避东北风。西南与金山嘴遥对,海岸成弓形,广阔可避西南风,为天然之港。岛势岿然,并无滩唇,潮落亦然,近岸水深一般在4—10米,无大河流入港湾,沉积少,故无沙滩淤塞之虞。冬季受台湾暖流黄海支流影响,水温一般高于周围海域水温2℃,海水盐度较高,达33‰左右。秦皇岛港具有不淤、不冻、海阔、水深、浪小等优越的自然条件,"为北方著名的天然良港"②,这成为其开埠的重要前提。

从区位优势上看,秦皇岛北襟燕山,南临渤海,西南隔渤海与山东半岛相望,东北接辽东湾与辽东半岛相望,是华北与东北之间的咽喉要道,素有"两京锁钥"之称,具有"车船辐辏,故道可由,扬帆直指"的区位优势。秦皇岛距开平煤矿约135千米,地控

---

① 王新华:《1898年清政府自主开放秦皇岛港背景探析》。
② 孙敬之主编:《华北经济地理》,科学出版社1957年版,第82页。

津榆铁路之中心,距津榆铁路之汤河站仅 4.8 千米。① 且当时的秦皇岛海湾尚未被外国人控制,自然成了自开商埠的首选目标。

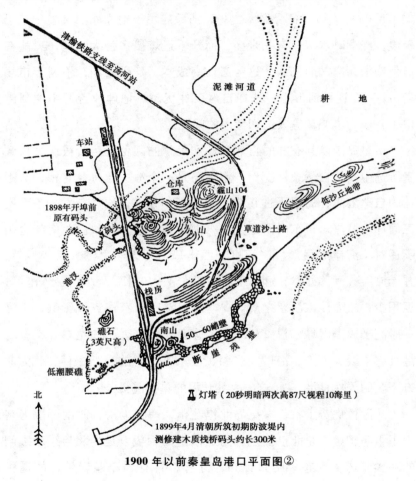

**1900 年以前秦皇岛港口平面图②**

---

① 武杏杏、姚喜平:《秦皇岛开埠动因初探》。
② 孙志开主编:《秦皇岛之源——海港》,中国文史出版社 2007 年版,第 8 页。

第三章 沿海与内陆

清光绪二十四年（1898年），主持开平矿务局事的工部侍郎张翼奉命查勘秦皇岛沿海，选址设立煤运出口码头。英法商人得知此消息，为使自己在这个新港有立足点，纷纷在北戴河一带圈地建教堂、盖别墅。清政府唯恐秦皇岛沿海地段又被外国人侵占，在政府财力不济的情况下，命张翼以开平矿务局的名义，将秦皇岛沿海地带连同北戴河金山嘴、戴河口全部土地的十分之八九一并购买①，从而使秦皇岛港完全置于开平矿务局的控制之下，形成了中国沿海不曾有过的港口独由一个矿务局把持的特殊情况。清政府在秦皇岛建港计划至此进入实施阶段。

秦皇岛开埠之前，只是一个小型帆船停泊的天然口岸，并无住户。清光绪二十八年（1902年），小码头修成，出现了一批最早的为码头服务的店铺，约有二十多处，但依然没有居民。光绪三十年（1904年），秦皇岛大码头修成后开始设立工厂，岛上才出现了第一批居民，即产业工人。为满足这些工人的日常生活需要，逐渐有三四百家居民迁徙过来②，但距离一个城市的模样还差得很远。

## 交通方式的巨大变化

我们现在使用"交通"一词，大多是指人员或货物的运输，即物体的位移。其实，"交通"一词是指各种运输与邮电事业的总称，

---

① 王新华：《1898年清政府自主开放秦皇岛港背景探析》。
② 张慧芝：《天子脚下与殖民阴影：清代直隶地区的城市》，第204页。

即除去物体的位移这个含义以外，还包括信息的交流。著名历史学家白寿彝在论述近代中国交通事业的特点时，概括了不同于中国传统交通的两点："第一，为交通工具之科学化，以机械的力量逐渐代替以前使用的人力、畜力、水力和风力；第二，为交通组织之商业化，凡各种新交通工具之利用，均可以普通的交易方式行之，没有阶级上的限制，和以前专为军事政治上的便利而设的交通事业不同。"① 其第一点属于技术进步的范畴，是世界各国交通事业发展的通例。而其第二点才具有社会历史上的意义，表明近代中国的交通事业开始摆脱原有政治框架的束缚，向全民性质的公共事业转化，这才是社会进步的最佳体现。

京津冀地区交通方式上的重要变化，首推水路交通的变化。天津开埠前，前来这里进行交易的都是旧式帆船。以蒸汽动力驱动的外国轮船，极大地压缩了中国旧式帆船的生存空间，沿海贸易很快就被外国轮船所垄断。"天津在开埠后的十年之间，便发展成为外国轮船的客货运输中心，那些经营轮船运输的洋行老板都发了大财，这时候一般有见识的中国人都已经看到运输工具的改革是不可阻挡的世界潮流，中国只有急起直追，兴办自己的轮船局，才能挽回利权。"② 清同治九年十月（1870年11月），被任命为直隶总督兼北洋大臣的李鸿章移驻天津，开始着手组织轮船运输。但直到同治十一年（1872年），李鸿章才建议组织轮船招商局。

---

① 白寿彝：《中国交通史》，第154页。
② 罗澍伟：《沽上春秋》，第62页。

第三章 沿海与内陆

**20世纪20年代山海关前的人力车**①

---

① 时晓峰主编:《山海关图志》,文汇出版社(香港)2006年版,第113页。

当时，有很多反对的声音，理由是轮船会妨碍河船的生意。李鸿章从经济与国防两方面进行反驳，在经济方面，他说："当咸丰间，河船三千余艘，今仅存四百艘。及今不图，将利权尽失。"① 旧日依赖风帆舵桨的船只已充分自示其无能，在轮船所表现的机械力量面前败下阵来，更何谈保护河船的利益呢！在国防方面，李鸿章陈述的理由更为充分："欧洲诸国闯入中国边界腹地，无不款关而求互市。海外之险，有兵船巡防，而我与彼可共分之。长江及各海口之利，有轮船转运，而我与彼亦共分之，或不至让洋人独擅其利与险，而浸至反客为主也。"② 最终，李鸿章在争论中占了上风，而轮船招商局也在同一年在上海成立。轮船招商局成立后，"购置轮船多艘，以为经营本国沿海贸易之用，而以有海道载运漕粮至天津为主要业务"③。

轮船招商局虽然设在上海，却是由李鸿章派员办理，同时在天津设立分局。轮船招商局的成立，使天津有了中国人自己经营的近代化运输系统，打破了外国人一手把持天津轮船运输的局面。轮船招商局还在天津设立了春元揽载行，为自己的轮船招揽生意。南下或北上的各省和很多官吏爱国心切，都愿意搭乘中国轮船，政府运输的各种物件和公文也一律由招商局承担。很快，北洋航线上的运输有60%为轮船招商局所得。④ 轮船招商局的建立和发展，还推动

---

① 白寿彝：《中国交通史》，第156页。
② 同上。
③ 聂宝璋：《中国近代航运史资料》第一辑，第1434页。
④ 罗澍伟：《沽上春秋》，第63页。

## 第三章 沿海与内陆

了天津近代工业、铁路和邮电事业的建设。

京津冀地区交通方式上的另一个重要变化,就是邮政和通讯事业的兴办。李鸿章在处理军事、外交等事务时,他感到采用驿递方式递送公文时间过于迟缓,便开始尝试建立中国自己的电报通信系统。清光绪三年(1877年),李鸿章主持架设了天津机器局至北洋大臣衙门(今金钢桥附近)的电报线路,这也是中国第一条电报线。此后,李鸿章又自主铺设了天津北洋大臣衙门、大沽炮台、北塘炮台之间的军用电报线,用来传递军机密令。其中一段电报线在西沽水下穿越海洋,被称为"水线",由于这一事件在当时影响巨大,因此相邻的渡口改称为"水线渡口",通达这里的道路称为水线路,延续至今。

当时英国商人无视中国的主权,自香港敷设水线至广州,后又通至上海,且有通到天津之说。在此情况下,李鸿章决定首先架设天津至上海的陆上电报线。清光绪六年九月(1880年10月),在天津设立了电报总局,并在紫竹林、大沽口、济宁、清江、镇江、苏州、上海设立分局7处。到光绪七年十一月一日(1881年12月21日),全线通报。[①] 光绪九年六月(1883年7月),天津电报局将电报线展设至通州,从而改变了沪报至津后用驿递传至京师的状况。直到光绪二十五年(1899年),中国电报干线才基本形成通信网,塘沽地区使用电报比北京早5年,领先全国20年。

清光绪五年(1879年),轮船招商局架设了一条从大沽码头到

---

① 天津社会科学院历史研究所《天津简史》编写组:《天津简史》,第156页。

紫竹林栈房的电话线,这是当时由中国人自己架设的第一条电话专线线路。① 为了管理有线电话业务,还成立了一个名叫"天津官电局"的机构,规模不大,主要是为各衙门和官邸之间通话用的,八国联军侵占天津时,这套通话设施受到彻底破坏。② 光绪十年(1884年),李鸿章架设了自总督行馆到津海关、北塘、大沽、保定等处的电话线。据当时的报纸报道:"德律风③之设,虽数百里不殊面谈。……事为李傅相闻知,亦饬匠竖杆设线,就督辕接至津海新关等处,文报传递,诸形便捷。随又通至北塘唐元圃统领营中,大沽罗协副荣光署内。现又丈量地段,将迤逦接至保定府城矣。"④ 这是中国最早架设的长途电话线。

电报和电话开通之外,天津还是中国最早建立近代邮政的地方。我国的邮传驿递大约出现在3000年前的商周时期,至明清而不衰,但传递的都是政府的公文。私人信件只能托人捎带或派专人传送。明代开始出现专门为民间传递书信的"民信局",但并不是近代意义上的邮政。鸦片战争后,在被迫开放的通商口岸城市,外国人开始设立邮局。为了抵制外国势力的侵入,清光绪四年(1878年),总理各国事务衙门指派天津海关税务司德璀琳以天津为中心试办邮政,在天津、北京、烟台、牛庄、上海等地设立"海关书信馆"。这年3月23日,天津海关书信馆对公众开放,正式收寄华洋

---

① 罗澍伟编著:《百年中国看天津》,天津人民出版社2005年版,第55页。
② 天津社会科学院历史研究所《天津简史》编写组:《天津简史》,第160页。
③ 即电话。
④ 罗澍伟编著:《百年中国看天津》,第55页。

信件，这一天也就成为中国邮政创办日。天津海关于当年 7 月发行了中国第一套以蟠龙为图案和印有"大清邮政局"字样的一分银、三分银、五分银 3 种面值的"大龙邮票"[①]，中国近代邮政事业在天津诞生了。光绪五年（1879 年），总税务司赫德命令天津海关税务司统一管理各地的邮政系统，建立"海关拨驷达局"，同时将各地的"海关书信馆"一律改为"拨驷达书信馆"（"拨驷达"是英文"post"的音译）。直到光绪二十二年（1896 年）清政府正式开办国家邮政，"海关拨驷达局"改为"大清邮政官局"；第二年，天津"海关拨驷达局"改为"大清邮政津局"，天津在全国的邮政枢纽地位才开始发生变化。

从开埠，到成为洋务运动的北方中心，天津几乎成了中国近代交通事业的诞生地。近代交通事业的兴办，极大地改变了沿海城市与内陆城市的关系，新兴的外来事物首先到达沿海城市，然后再扩散到内陆城市。在这一时期，天津俨然是京津冀城市群发展的"领头羊"，尤其是与北京的关系，简直跟以前的时期完全颠倒了个位置。

## 北京—天津城市关系的变化

我们在分析天津开埠后北京—天津城市关系的变化时，一定要从历史与现实两个方面着手，既要看到开埠后天津引入的近代城市

---

[①] 罗澍伟编著：《百年中国看天津》，第 57 页。

文明深刻地影响了北京的城市发展，又要看到天津的城市发展也深受北京的影响和制约。

首先，来看天津的城市发展是如何受到北京的影响和制约的。王玲指出："天津近代工业的出现，是护卫封建京都的需要。天津的工商业发展比上海、广州等南方城市要晚，口岸开放也晚。这在很大程度上是由于北京封建势力的约束。"① 由于天津距离北京很近，再加上它处于卫护京师的地理位置，自然要比远离北京的南方沿海城市受北京的影响大得多。

与受到西方城市文明影响最早的上海相比，天津对外开放的时间要晚许多。根据《南京条约》的规定，上海是最早的五口通商口岸之一。清道光二十三年（1843年）上海开埠，西方列强强行设置租界，城市规模得到了较快增长；尤其是道光三十年（1850年）太平军切断了广州通往内地的商路，咸丰七年（1857年）西方列强又取得了长江航运权，上海便取代广州而成为全国最大的进出口贸易港口城市。此后，又由于对外贸易的急剧增长，带来了上海工商业、金融业和运输业的大发展，从而成为我国最大的城市和首屈一指的经济都会。而直到咸丰十年（1860年），天津才被迫开埠，比上海晚了将近二十年的时间。当然，在此期间，西方列强不是不想打开天津的大门，只是清政府千方百计应付，使得它们无法遂愿而已。

---

① 王玲：《北京地位变迁与天津历史发展（下）》，《天津社会科学》1986年第2期。

第三章 沿海与内陆

即使开埠以后,天津在政治、军事上仍然是北京的辅助城市。李鸿章在上奏朝廷的奏折中,阐述天津机器局开办的理由,第一条就是"拱卫京师","以固根本"。① 可见,天津近代军事工业的出现,首先是护卫京师的需要,而天津近代工业也正是因清政府官办军事工业而发端的。由此也可窥见,北京的安全需求在很大程度上左右着天津的城市发展。到清光绪二十六年(1900年),八国联军进攻北京,天津又变成了军事防御的前线,天津能否守住直接关系着北京的安危。

**北洋机器局(西局)**②

再接着往下看,原本北方铁路网的建设最初是以天津为中心的,更何况清朝贵族极力反对修筑铁路呢。但当20世纪初期全国铁路网初具规模时,北京又成为新的铁路交通中心,这不单单是北京

---

① 王玲:《北京地位变迁与天津历史发展(下)》。
② 罗澍伟编著:《百年中国看天津》,第32页。

所处的地理位置所决定的,更有传统政治的因素在内。白寿彝曾指出:"交通的盛衰,每视政治中心为转移。"①在中国传统社会,凡是政治中心城市,也必定会发展成为交通中心城市。白寿彝回顾了中国历史上都城的变迁情况,他首先发现周公营造都城洛邑(故城在今河南省洛阳市西三千米),"也是和武王一样,想在当时交通中心的地方,建设一个政治中心。政治中心既建设成功,原来的交通中心也就更加强固了"②。这一政治传统一直保持下来,在元、明、清的驿站交通体系中,北京是全国交通总枢纽,驿站交通网络以北京为中心呈放射状向全国辐射。所以,清末的铁路网也是以北京为中心呈放射状向全国辐射,天津只能退居次要地位。

其次,来看天津开埠后的城市发展是如何影响北京的。有研究者概括出中国城市近代化的特点,是"开埠舶来的西方文明,首先作用于通商口岸,推动了这些城市的近代化,而后这些开埠城市又成为中国传播近代文明的基地。以通商口岸为中心展开的中国城市近代化的过程是以开埠为起始点的"③。这一结论是符合历史事实的。

天津开埠并成为三北地区的贸易中心,对北京的冲击也是很大的。大家知道,作为都城的北京在清末依然保持着古老、保守的特征,守旧的自大感、优越感占据着北京城市性格的主流。即便如此,满洲贵族和高级官员还是喜欢上了洋货,像珠宝、皮货、钟

---

① 白寿彝:《中国交通史》,第146页。
② 同上书,第14页。
③ 侯蕊玲:《论中国近代城市产生发展中的几个特点》,《云南民族学院学报(哲学社会科学版)》1997年第2期。

## 第三章　沿海与内陆

表、毛呢、洋布等等,起初是从广州、上海等地转运而来,后来直接从天津进口。洋货逐渐排挤土货,占据了北京的市场。到20世纪初,北京城里专销或附销洋货的店铺达到几百家。外国商人也在东城一带开设了许多洋行、店铺,像英国的怡和、安利洋行,美国的慎昌洋行,德国的禅臣、礼和洋行,都在北京设立了分行,直接进行洋货的运售。①

比洋货销售更进一层的,是北京城基础设施的引进,而且主要是从天津引进的。如上一节所述,电报最早兴建于天津,然后传到北京,清光绪三十四年(1908年)电报收归清政府新设立的邮传部管理,形成了以北京为中心,连接各省及各大城市长达4.5万余千米的电报线。② 邮政的发展情况也与此类似,天津兴办最早,传到北京后成为全国性的事业。

城市照明方面,清光绪九年(1883年)7月,电线自天津接至通州;光绪十四年(1888年)5月,清政府在西苑奉宸苑成立西苑电灯公司,专供宫廷用电;光绪十六年(1890年)5月,在颐和园宫内设"颐和园电灯公所",同年在东便门外设北京机器磨房,肃州至北京电线接通。③ 自来水工程建设,光绪二十七年(1901年),英国商人在天津创办水厂,两年后建成济安自来水公司④;北京京师自来水有限公司于光绪三十四年(1908年)开工,到宣统二年

---

①　北京大学历史系《北京史》编辑组:《北京史(增订版)》,第377页。
②　同上书,第383页。
③　张慧芝:《天子脚下与殖民阴影:清代直隶地区的城市》,第177—178页。
④　李绍泌、倪晋均:《天津自来水事业简史》,载《天津文史资料选辑》第21辑。

(1910年)3月20日才开始供水①,比天津整整晚了7年时间。

城市公共交通方面,也是天津走在前面。清政府对官员乘轿限制很严,只有一品文官年老疾病不能骑马者才许乘轿。清乾隆年后,京师官员都乘驴车、骡车,不乘马车。清末,"马车由津、沪传至北京,且日益盛行,特别是修筑马路后,马车更为发达,王公达官,富家巨室,无不备有马车"②。再后来,天津出现了有轨电车,第一条有轨电车线路于清光绪三十二年(1906年)开通,几乎与世界同步;到1927年,天津总共开通了7条有轨电车线路。③ 而北京的第一条有轨电车线路是在1924年开通的,到1929年,北京总共开通了6条有轨电车线路。④

天津近代工业的发展成果更是深深地影响了北京,尤其是两次世界大战之间,天津一跃而为全国第二大工业城市,这对北京来说有着重大意义。北京向来是一个庞大的消费城市,天津工业的发展弥补了北京工业的空白,也使自己得到了一个最大的市场。天津近代工业培养了我国北方第一代技术工人,这对支援北京城市建设也起了巨大作用。所以,王玲评价说:"北京历史上,在自己的周围形成一系列'卫星'城镇,但与北京的密切程度和对北京影响之

---

① 北京大学历史系《北京史》编辑组:《北京史(增订版)》,第384页。
② 袁熹:《北京近百年生活变迁(1840—1949)》,同心出版社2007年版,第188页。
③ 罗澍伟编著:《百年中国看天津》,第65页。
④ 袁熹:《北京近百年生活变迁(1840—1949)》,第193页。

大，都远远不如天津。"① 从卫护京师的屯兵之地，到引导北京走入近代物质文明的对外开放城市，天津的城市角色变化可真够大的。

## 北京周围其他城市的地位变化

天津开埠，北京周围其他的城市也发生了变化。这些变化当中，有些是天津开埠带来的直接后果，如通州京师码头地位的下降和保定直隶政治中心城市地位的丧失；有些则与天津被迫开放一样，也属于外来势力的冲击，如承德的衰落和张家口商贸城市地位的短暂下降。按照传统的政治—经济二分法，承德和保定属于区域政治中心城市的变化，而通州和张家口属于经济职能类型城市的变化。

### 一、区域政治中心城市的变化

天津开埠后，保定和承德的城市地位均出现了不同程度的下降，尽管这两座城市地位下降的原因不尽相同，却都与天津开埠这一重大历史事件有着密不可分的关系。相比较而言，承德城市地位的下降程度要远远大于保定，说它衰落也不过分。因而，我们就先来分析承德衰落的原因与过程。

承德成为清代"全国第二政治中心"，本身就是为分担北京政治功能的结果，而且它的城市经济非常脆弱。"随着晚清政治格局

---

① 王玲：《北京与周围城市关系史》，第120页。

和世界形势的发展变化，清政府注意力的转移，投入逐渐减少甚至完全放弃，热河地区的发展速度趋缓，自然因素带着热河地区经济慢慢走向近代化，在全国的地位迅速衰落。这种经济发展对于政府投入的过度依赖，在热河地区的经济变迁上显得尤为突出。"① 晚清大变局，是承德走向衰落的大背景。

从清嘉庆年间（1796—1820年）开始，由于白莲教的活动日益猖獗，承德的政治功能已逐渐式微，再加上北部边疆的局势趋于稳定，清仁宗驻跸行宫的频率较前代大为降低。道光年间（1821—1850年），东南沿海的海防危机日甚，清宣宗不再巡幸塞外，将避暑山庄文物陆续撤运回北京。此后，避暑山庄闲置了将近四十年的时间。清咸丰十年（1860年）秋，英法联军逼近北京，清文宗以去"木兰围场秋狝"为名，仓皇逃到承德，其目的是为了避难，不得已而来热河行宫。第二年夏，清文宗病死于避暑山庄的烟波致爽殿。自此以后，清政权的最后三位皇帝，都未曾来过承德。

承德这座城市既然是围绕着皇帝夏秋处理政务的需要而兴起的，城区也都是环绕着避暑山庄和外八庙修建的。当年城市街区主要集中在西大街火神庙到头道牌楼那一段，长2.5千米，宽不过4米。为皇室、官员和驻军服务的普通居民，只能委身在低洼之处。每逢发生水患，居处低洼处的平民百姓受害最重，所以，民间一直

---

① 赵艳玲：《试论清代热河地区经济格局的变迁》，《承德民族师专学报》2008年第3期。

第三章　沿海与内陆

**承德避暑山庄**

流传着"避暑山庄真避暑,百姓都在热河中"的歌谣。① 承德周边地区虽然有着丰富的自然资源,但因城市的兴起、发展与周边资源禀赋关联度极低,一切用度都依赖于京师的供给。因而,一旦丧失了政治资源,来自其他地区的物资供给减少,承德这座城市很快便衰落下去。

保定区域政治中心城市地位的丧失,与承德的情况大异其趣。保定作为直隶总督治所所在,一直担负着拱卫京师的政治角色。但到了清同治九年十月(1870年11月),清政府决定裁撤三口通商大臣,"所有洋务海防事宜"归属直隶总督,同时谕令"将通商大臣

---

① 徐纯性主编:《河北城市发展史》,第261页。

衙署改为直隶行馆,每年海口春融开冻后,移驻天津,至冬令封河,再回省城,如天津遇有要件,亦不必拘定封河回省之制"①。至此,朝廷明确规定了直隶总督由保定、天津轮住制,直隶双省会制是全国首例,也是唯一的特例。而随着直隶省会"轮住制"的实施,保定的行政地位逐步下降。

作为首任直隶总督兼北洋通商大臣的李鸿章本应坐镇直隶省城保定,但其认为天津的客观环境更有利于他与各国公使的协商沟通及其职权的发挥,于是以方便公务为由,李鸿章即以当时还不是省会的天津为他的办公驻地而几乎常驻天津,在修缮了的天津直隶总督衙署内办公,"遂终岁驻此,不复回驻保定"②。其结果是逐渐淡化了省城保定,从而使省城保定的政治权能被渐渐分解、天津的政治功能渐渐显露。随着直隶省的政治中心由保定转移到天津,官僚集团也要随着衙门迁移,为各级官吏及其家属服务的杂役、工匠、奴仆等皆随之迁走,保定城内人数减少,到光绪二十六年(1900年)只有10万人。③

另一方面,没有了直隶总督常驻的保定,与京师之间的关系也随之发生变化,从原本是中央政权与一级行政建制之间的密切的上下级关系,变为中央政权与二级行政建制—保定府、与三级行政建制—清苑县之间的上下级关系,保定与京师之间的政治关联日渐减

---

① 《清穆宗毅皇帝实录》卷二九三,中华书局1985年版,第1052页。
② (民国)《天津县新志》卷十七,《职官》。
③ 张慧芝、徐蕊:《渐远渐失:近代保定和北京城市的关系》,载张利民主编:《城市史研究》第31辑,社会科学文献出版社2014年版,第33页。

第三章 沿海与内陆

弱。城市行政地位的降低，与京师差距拉大、联系疏远，就意味着依靠政治地位聚集物质资源推进城市发展的动力减弱，城市发展随之也会变慢，甚至会走向衰落。但是，保定仍然在慢慢地向前发展，这从城市面貌的变化中可见一斑：

> 洋货贸易规模扩大，从天津有水路达该城。除了到处都有的布匹之外，还可以在商店里看到许多外国铁器之类的东西，比利时制的洋灯和价钱最贱而型式较好的美国和法国制的钟，比利时的挂锁、钉、螺旋和铰链。作玩具用的小火车和洋铁船似乎亦已进入了本地市场。这个城市居然有三家照相馆，其中一家对业余照相者提供材料。①

这是一位外国人描写的清光绪二十四年（1898年）保定府城的情形。此时，直隶总督常驻天津已有十多年了，保定城还有繁华的迹象呢。

## 二、经济职能类型城市的变化

虽然通州和张家口都在天津开埠以后出现了衰落的迹象，但造成二者城市地位变化的原因是不一样的。而且，张家口的衰落只是暂时性的现象，后来随着交通运输条件的改善和外部环境的变化，张家口最终发展成为一座规模较大的城市。

通州本是因漕运而起的城市。京杭大运河沿途所经城市都设有

---

① 徐永志：《开埠通商与津冀社会变迁》，中央民族大学出版社2000年版，第53页。

码头，通州码头因地处大运河最北端，漕运来的物资都集中于此，然后转运京师，通州因之而兴盛起来。清乾隆三十年（1765年），通州城又进行了一次修建，将原有新旧二城"合二为一"，但城墙内的面积没有扩大，这样"更于运务有济"，保持了通州城为京师服务的漕运码头的特色。①

通州最繁华的时段是在明代中期到清代前期，主要表现是城内外集市众多。在城内的集市有米市、牛市、鱼市、南北果市、钱市；在城门外的集市有猪市、菜市、骡马市、草市；由城内移到城外的有柴市（由南门内大街移到南门外石桥南）、骡马市（由城内移到南关药王庙前）、杂粮市（由城内移到城东关）；此外，城外还有很多集场。② 集市上交易的商品主要有棉花、槐花、靛、油、麻、面、醋、酱、西纸、腹地蓝（纸名）、竹叶青（酒名）等等③，多为满足人们日常生活所需的物品，反映出通州城内流动人口数量较多。

导致通州城市衰落的主要原因是漕运的停止和铁路的修筑。清光绪二十三年（1897年），天津至卢沟桥的津卢铁路开通，原本需要7个小时的水路旅程，铁路只需要3个小时。光绪二十七年（1901年），漕粮开始由火车运到北京，北运河的运输地位急速下降，通州也就失去了漕运枢纽的地位。但此时盐、茶等大宗货物仍通过北运河运到通州，然后再分别输往直隶境内其他地区或境外的

---

① （清·光绪）《通州志》卷二，《建置》。
② （清·光绪）《通州志》卷一，《集市》。
③ （清·光绪）《通州志》卷九，《土产》。

第三章 沿海与内陆

恰克图等地。由于北运河运输量的减少，航道疏于疏浚，淤积加重，水量减少，运输量更进一步减少，到光绪三十一年（1905年），北运河运输量仅占直隶总运输量的3.8%。① 等京汉铁路、京张铁路建成，原本由天津水运到通州，然后再运输至境外的茶叶，也改由铁路直接运到张家口出境，北运河彻底停运。通州这座因漕运而兴的城市，也随着河运便利的失去而逐渐衰落下去。

张家口成长为对外贸易的商埠城市，是在对蒙古和俄国的以茶马互市为主要特色的商品交易扩大过程中形成的。但清咸丰元年（1851年）以后，俄国陆续胁迫清政府签订了一系列不平等条约，使俄国输入的货物在西北、东北、华北的广大地区享有免税特权，俄国商人在中国沿海和长江沿线享有自由通商、设厂、自行采办茶货与推销洋货的特权。同时，俄国政府降低茶叶进口税，俄国商人运茶进入贝加尔湖以东，不必交纳任何关税，还取消了用银卢布交易的禁令，以便于俄国商人在中国境内购买货物。第二次鸦片战争后，俄国政府通过与清政府签订的几个条约，极大地便利俄国的商品、资本进入张家口、库伦，中国商人在对俄贸易中的不利处境进一步加剧，张库大道上的传统经济格局逐渐被改变。

为了控制中国沿海和主要内河航线，俄国政府设立了黑龙江轮船公司和黑龙江贸易轮船公司，并铺设了莫斯科到上海的海底电缆，俄国商人贩运中国茶叶的交通运输条件更为有利。另外，俄国商人自行在中国使用机器加工砖茶，质量与数量上都远胜于中国的

---

① 苑书义、孙宝存、郭文书主编：《河北经济史》第三卷，人民出版社2003年版，第321—322页。

手工茶叶，中国茶路的衰败已成定局。清同治九年（1870年），中国到敖德萨港的航线开通，中国商人在恰克图的贸易额进一步减少。清光绪七年（1881年），中俄签订《伊犁条约》，天津港向俄国开放，张家口的对外贸易职能更形减弱。此后，俄国几乎控制了中国主要产茶区的茶叶加工业，以及主要的茶叶贸易中心，他们用自己的轮船从长江出海运到天津，再经张家口、恰克图运回俄国。①张家口的商贸城市地位大大下降，但这只是暂时的衰落，以后随着京张铁路的通车，张家口再度重振雄风。

**【本章小结】**

> 新开各处市场宽，买物随心不费难。若论繁华首一指，请君城内赴"东安"。

尽管北京城内早已出现了专业化的市场，如第一章"本章小结"所述，但天津开埠对北京城市格局的影响还是很大的。北京虽然不是开放的商埠，但外国商人却凭借不平等条约给予的特权，将洋货大量输入北京，并在北京擅自开设店铺、洋行，于是，北京出现了近代的百货商店和商业区。坐落于王府井大街的东安市场兴建于清光绪二十九年（1903年），三年后在市场北头建起吉祥茶园，这是北京内城第一家戏院，反映出北京城市格局开始发生实质性的变化。东安市场靠近东交民巷使馆区，外国商人的洋货店与中国商人的传统店铺相邻而立，显得颇为繁华。出售的洋货，也多从天津

---

① 张慧芝：《天子脚下与殖民阴影：清代直隶地区的城市》，第226—227页。

转口而来,天津对北京城市发展的影响日深。

天津开埠还给新型工矿业城市和交通枢纽城市的兴起创造了条件,请看下面这个示意图:

天津开埠→开平煤矿→秦皇岛开埠

后来兴起的唐山和秦皇岛都是天津开埠的产物,这两处地方尽管有各自独特的资源禀赋或交通区位优势,倘若没有天津近代工业发展的拉动作用,要想成长为一座城市,恐怕还要等上很长时日。

第四章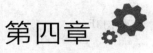

传统与西化

## 第四章 传统与西化

20世纪初,清政府开始把变法、新政作为既定国策,清末新政就此展开。义和团运动后,袁世凯出任直隶总督兼北洋大臣,大力推行新政,史称"北洋新政"。北洋新政在推动全国新政开展的同时,更推动了京津冀城市群的发展,主要是推动了京津冀城市功能与城市治理模式的变化,使得京津冀地区的各个城市快速走上近代化(或者说早期现代化)进程,其中以天津、北京的变化最大。

## 清末北洋新政

清末新政在内容上可看作是"戊戌变法"的翻版,只是随着时势推移,清政府的最高统治者也不得不认同进行全方位的改革。既然要在军事、经济、教育、政治等诸多领域推行新政,必定会引起传统与西化的冲突。从实质上看,清末新政就是全面引进西方先进的制度,对传统加以改造和转化,以期实现国家的自主自立。

时代给了袁世凯展露才华的机会,他在直隶总督兼北洋大臣任上大刀阔斧,在直隶进行了全方位的社会改革,取得了非常显著的成绩。北洋新政一时为各省瞩目,而其每一项措施都经朝廷谕旨颁行全国,"凡将校之训练,巡警之编制,司法之改良,教育之普及,皆创自直隶,中央及各省或转相效法"[1]。北洋新政也为京津冀城市

---

[1] 沈祖宪:《养寿园奏议辑要》,文海出版社(台北)1966年版,第885—886页。

群的发展带来了新的活力,主要体现在以下几个方面:

一、兴办实业,推动了城市规模的扩大

兴办实业,是北洋新政最为耀眼的成就之一,这应该归因于直隶工艺总局的大力倡导。清光绪二十九年八月(1903年9月),袁世凯委派直隶候补道周学熙创办直隶工艺总局于天津,作为"北洋官营实业之总机关""直隶全省振兴实业之枢纽"。《直隶工艺总局局规·总纲》规定直隶工艺总局的责任和义务为:"一、本局以提倡、维持全省之工艺为宗旨;二、本局以诱掖奖劝,使全省绅民勃兴工业思想为应尽之义务;三、本局以全省工业普兴,人人有自立之技能为目的。"① 本着这样的宗旨,直隶工艺总局做了大量富有成效的工作。

天津开埠后,首先兴办的是军事工业,同时也出现了硝皮、火柴、面粉加工等民用工业。在八国联军进攻天津时,这些工业企业遭到毁灭性破坏,尤其是军事工业被彻底摧毁。为了推动天津工业的恢复和发展,直隶工艺总局先后创办了高等工业学堂、教育品制造所、劝工陈列所(即考工厂)、实习工场、劝业铁工厂、种植园、官纸厂、劝业会场,并附设有夜课补习所、仪器讲演会、工商研究所等机构,通过发布劝兴工艺示文、奖励模范企业、劝办工场、培养技术工人、举办展览会、扶植国货与洋货抗衡等形式"开启民智",倡兴工艺。在直隶工艺总局的积极倡导和推动下,天津的工

---

① 虞和平、夏良才编:《周学熙集》,华中师范大学出版社1999年版,第141页。

业步入了快速发展的阶段。据统计，从 1902 年到 1911 年，天津的近代工业企业发展到 139 家，资本总额 2919 万元。① 在这些企业中，有很多是私人投资兴办的。当时的报纸评论说，天津大办工艺，各省无不引颈而望，为畿辅开风气之先。在民间流传的谚语中，以"要想发大财，快到北洋来"最为脍炙人口。②

为什么天津的近代工业企业中，私人投资企业的数量不少呢？这是因为在发展实业的过程中，袁世凯提出了官为商助的主张。他认为，"中国商人力薄资微，智短虑浅。官吏复轻为市侩，斥为末民"。因而，必须改变观念，由官方制定保护商人的政策，使官商一体，"有弊则易以为革，有利则易以为兴，有限于财力权力者，则为之扶掖以助成之，有受人抑制陵轹者，则为之纠察而保护之"③。袁世凯的大力推动，使天津民营企业的发展十分迅速，出现了空前繁荣的景象。在 1900 年以前，天津只有民营企业四五家，资本额约为 110 万元，至 1911 年辛亥革命前夕，民营企业增长到 107 家，其中可查资本额的有 53 家，其资本额达 670 余万元。在 107 家民营企业中计有：矿业 5 家，榨油 4 家，制碱 3 家，交通 1 家，机器 10 家，烛皂 12 家，瓷器 1 家，垦业 1 家，纺织 28 家，火柴 4 家，玻璃 1 家，烟酒 7 家，面粉 12 家，皮革 5 家，化妆品 2 家，其

---

① 刘海岩：《"北洋新政"时期的天津工业》，《天津经济》2004 年第 6 期。
② 罗澍伟：《百年中国看天津》，第 41 页。
③ 廖一中、罗真容编：《袁世凯奏议（上）》，天津古籍出版社 1987 年版，第 343 页。

他 11 家。① 由此可见，天津民营企业覆盖的行业面还是很宽的。

近代工业的快速发展，使天津原有的工业区也在不断扩展，"三条石"工业街区逐渐成形。在今天津市红桥区河北大街中段，有一条"西北—东南"走向的街道，这一三角地带就是"三条石"。由于建设工厂需要大片土地，原有的城区不能满足土地供应，工厂便向外发展，如德租界南的小刘庄、挂甲寺、郑庄子，河北堤头、陈塘庄、塘沽等地都建设了一些大型的工厂。② 而工厂的兴建往往在附近形成以工人为主体的居民聚居区，城市基础设施和生活设施随之逐步开始建设，天津城区范围外延，城市规模不断扩大。

直隶工艺总局倡导大力兴办近代工业，影响所及并不仅仅限于天津，只不过天津近代工业的发展最为迅速。直隶工艺总局在直隶各州县总共设立工艺局 49 处，传习工厂 34 处。③ 这些工艺局和传习工厂后来尽管因政局变动，大多数陷于停顿或歇业，但对于普及实业意识、开通风气，起到了很强的示范作用。那些办得比较好的厂矿，对于所在城市的经济发展和城市规模扩大起到了一定的促进作用。比如，地处太行山区的直隶井陉县，因井陉煤矿的开办，矿区建起了楼房，电话、汽车、火车等近代交通工具也已引进。在矿区的带动下，当时的井陉县城（天长镇）发展成为区域贸易中心，

---

① 苏全有：《袁世凯与直隶工业》，《历史档案》2005 年第 1 期。
② 张慧芝：《天子脚下与殖民阴影：清代直隶地区的城市》，第 194 页。
③ 胡光明：《清末民初京津冀城市化快速进展的历史探源与启示》，《河北大学学报（哲学社会科学版）》1997 年第 1 期。

第四章　传统与西化

英美日商人的触角伸到了这里①，销售肥皂、牙膏、洋油，等等。

在兴办实业之先，袁世凯着手整顿直隶金融。清光绪二十八年（1902年）将原设于省城保定的直隶省官银号迁到天津，同时起用周学熙建立北洋银元局，鼓铸铜元，后又加铸银元。此举不但解决了天津市面的货币流通问题，而且流行于北京、直隶、山东、奉天（今辽宁省）、吉林各地，获利七八十万两。次年，清政府决定在全国范围内整理金融秩序，遂在天津设立铸造银钱总局。后将两局合并，更名为户部造币总厂，开铸龙洋、银辅币及铜元，发行全国。以至于沿海河左岸，形成了英租界中街的天津银行街。据统计，在这里集结的外国总分银行达21家，华资银行也在这一带开业，华资总分银行数多达103家。② 还有大批钱庄银号亦在这一带立足，从而使天津真正成为北方融资和结算中心之一，是位居上海之后的第二金融中心。金融业的发展，也为近代工业的发展创造了条件。

二、社会改革，改变了城市的社会结构

北洋新政除去发展实业这一大块以外，还在兴办新式学堂、创新社会控制手段、探索地方自治等方面做出了实质性的工作，进而推动了京津冀地区的社会变革，改变了城市的社会结构。这里仅举出两个方面的实例来做简要说明，这两个方面的例子分别是士绅职业的多元化和天津商务总会的成立。

---

① 李发祥：《井陉故城商业概述》，《石家庄文史资料》第9辑。
② 胡光明：《清末民初京津冀城市化快速进展的历史探源与启示》。

士绅职业的多元化是兴办新式教育与废除科举制双重作用的结果。中国传统社会原有的士、农、工、商等各社会阶层受到近代化浪潮的冲击开始分化，特别是清光绪三十一年（1905年）科举制度被废除以后，传统的士绅阶层急剧分化，许多开明绅士开始流向"自由职业"，举凡公司、企业、商务、报馆、学会、自治乃至新军军部都成为他们的"用武之地"，以至社会中出现了一个"绅商"阶层。他们或创办新式企业，或投资铁路和矿山开发，成功地跃入民族资产阶级行列。士绅阶层不再是一个固定不变的群体，并且"士绅职业的多元化，促进了城市社会的分层和流动，从而有助于城市社会的进一步发展"①。新式教育的兴办催生了新式知识分子，他们往往成为近代城市化中新式文化的传播者。一批新型的知识分子大学毕业或从国外留学回来后，就职于城市新式文化事业机构，诸如学校、报纸、杂志、书馆、剧社、电影公司等，从事传播西学及科学文化教育事业，使城市成为教育、出版、大众传媒和新式文艺集结的场所。这些知识分子形成了近代都市里特殊的文化阶层，他们在改变读书人自身社会形象的同时，也改变着城市的社会结构与城市文化面貌。

天津商务总会的缘起，可以追溯到光绪二十八年（1902年）成立的天津商务局。由于天津商务局是个官办机构，官场习气较重，办事不力，引起商人们的不满，很快就被商人们自己组织的商务公所所取代。到光绪三十年（1904年），商务公所改为商务总会。天

---

① 李明伟：《清末民初城市社会阶层嬗变研究》，《社会科学辑刊》2002年第1期。

第四章　传统与西化

津商务总会首届会员全部来自原有的行会，计32个行会，581户。①

行会是中国传统性质的工商业者组织，是处于同一城镇中从事于同一职业或几种相仿职业的工商业者所组成的协会，"它的功能有两个：一是联结同业，增加自卫力量，以便与一切不利于己的环境相抗争，如抵制贪官污吏之勒索、对付外国商品之竞争、反对恶势力之欺压；二是统一业规，避免同业竞争，以便保持本行业共存共荣的垄断地位，如规定度量衡制度、招工范围和数额、工人工资、商品价格、新开行号条件等等。第一个功能几乎是一切社会团体所共有的，第二个功能则为行会所独有"②。天津商务总会是由传统行会与一批新兴工商业行业联合组成的传统与近代的结合体。商会与行会的区别在于，行会是以血缘和感情为基础关系的，而商会则以众会员一致认同的团体意识为特征，且是法人组织。

天津商务总会还积极向其他社会团体顺向渗透，活动范围越来越广阔，几乎覆盖了社会各层面与各领域，成为地方政府之外一支重要的社会整合力量。更为重要的是"大量来自民间的趋新势力逐渐团聚在已资产阶级化了的绅商周围，进一步促进了近代天津城市公共领域的发展，使自清中叶以来就出现萌芽形态的市民社会得到初步的增长发育"③。这才是商会对于城市近代化的最大价值。

---

① 苑书义、任恒俊、董丛林：《艰难的转轨历程——近代华北经济与社会发展研究》，人民出版社1997年版，第421页。

② 虞和平：《商会与中国早期现代化》，上海人民出版社1993年版，第30页。

③ 徐永志：《开埠通商与津冀社会变迁》，第119页。

### 三、市政建设，刷新了城市的市容风貌

义和团运动后，天津被八国联军占领，并设立了都统衙门。袁世凯继任直隶总督兼北洋大臣，只能在保定接印视事，但他马上采取积极措施，准备接收天津。清光绪二十八年七月十二日（1902年8月15日），袁世凯率领直隶地方官员到津，正式从八国联军手中接管天津。收回天津后，袁世凯将巡警制度引入，以确保天津社会治安的稳定，这项内容留待下一节再做详细交代。此处仅归纳一下袁世凯对天津市政建设的贡献，约分为三个方面：

第一，建设天津北站，开发河北新区，大大拓展了天津城区。天津北站的修建，是缘于京奉铁路关内段的通车，需要在老龙头地方设天津站。由于车站货场地方狭小，加上靠近租界，极不利于以后的经营管理。因此，袁世凯决定在海河北岸加设一座车站，此即天津北站。又以天津北站为核心，规划建设了一个河北新区。袁世凯特别指令，由天津北站向南直到直隶总督行辕修一条大道，命名为大经路（今天的中山路），然后以大经路为中心，南北向向西依次修筑了二、三、四经路，东西向从南到北依次修筑了天、地、元、黄纬路，这些道路纵横垂直交叉，形成了新的街区。河北新区原本是一片荒凉之地，至此才形成繁华的市区。有研究者指出："河北新区的开发和建设，也含有抵制租界、与租界竞争的政治目的。"① 河北新区逐渐取代天津老城区，成为天津的政治和文化商业

---

① 张华腾：《北洋集团崛起研究（1895—1911）》，中华书局2009年版，第153页。

第四章 传统与西化

中心,这是天津城市发展史上的一个重要时期。

第二,改造天津老城区的街道、房屋,极大地改变了天津的市容风貌。清光绪九年(1883年),津海关道周馥征得李鸿章的同意,在天津设立工程总局,专门负责用西法修筑市区道路的工作。"自紫竹林租界,以及天津四城内外直街横巷,一律修治,或筑土,或砌石,逐渐向北,直入京师大道。"① 不久,各条道路修成,还雇佣了一批养路工人,逐段洒扫。义和团运动后,袁世凯接管天津后,一并接管了八国联军都统衙门的工程局,改称工程处,又从英国购进一批修路工程机械,采用近代修路技术,把城厢的大街通衢一律改为石子马路。工程处还统一规划门面房屋的改造和新建房屋的设计,改变了天津的市容风貌。

**直隶总督乘用的汽车②**

---

① (清·光绪)《重修天津府志》卷二十四,《工程总局》。
② 天津博物馆编:《中华百年看天津》,第39页。

袁世凯非常重视公园等公共场所的建设，清光绪三十三年（1907年）建成了河北公园。他还十分关注城市绿化和河道桥梁建设，在天津减河一带，栽种柳树6000株；命唐绍仪负责清理疏浚海河，不仅解决了淤浅问题，还在各支河修建了新型闸座，使河水蓄泄得宜；在海河上修建了金汤桥、金刚桥、老龙头铁桥，大大便利了两岸的交通。① 市政建设的大力推行，使得天津的城市近代化水平大为提高。

第三，引进西方市政管理制度，对天津城市管理近代化起到了积极作用。光绪二十七年（1901年），制定了《洁净地方章程》，这是天津最早的城市卫生立法；拟定人口调查表，开始为城区街道正式命名，编制住宅门牌号码，等等。② 所有这些措施，都表明天津的市政管理制度初步建立。

## 社会控制手段的创新

社会控制手段的创新，是北洋新政的另一项重大成就，同时也是清末新政的一项重大成就。所谓社会控制，从狭义上讲："是指对社会越轨者施以社会惩罚和重新教育的过程。"③ 在中国传统社会里，对社会越轨者主要是采取惩罚的措施，而对社会越轨者施以社

---

① 张华腾：《北洋集团崛起研究（1895—1911）》，第154页。
② 张慧芝：《天子脚下与殖民阴影：清代直隶地区的城市》，第198页。
③ 郑杭生主编：《社会学概论新修（精编版）》，中国人民大学出版社2009年版，第280页。

## 第四章　传统与西化

会惩罚的执行者是县衙的捕役、保甲长以及驻防军队,对社会越轨者的重新教育基本上没有。北洋新政中创新社会控制手段,主要是指建立警察制度和设立罪犯习艺所。

### 一、创办巡警,以新的警察制度代替旧的保甲制度

由于列强限定在天津周围十千米之内不得驻屯中国军队,加之传统的保甲制度流弊甚多,防盗不足,扰民有余。清光绪二十八年(1902年)春,袁世凯比照西方和日本的办法,拟定章程,在保定省城设立警务总局,继而责令亲信、候补道赵秉钧创办了警务学堂,培养巡警官弁,中国近代警政遂由此而开其端绪。袁世凯将警察机构的权限规定为:"先从清查户口入手,酌定禁令,务去民害,犯者名曰违警,由巡官受理,即警察之应有司法权也。此外,命、盗、户、婚、田土等案,仍归地方管理,即地方官固有之裁判权也。"[①] 这就将警察机构的权限定位在维持社会治安方面,并且与原有传统衙门的权限作了厘清。这种变化反映出中国传统的城市管理体制已经不能适应近代城市发展的需要,传统的地方官府已经不能有效管理日益复杂的城市事务,不得不将部分行政权力交由近代警察来行使,警政机关开始用前所未有的近代化管理手段来治理城市。

接管天津后,袁世凯以新练军两营改编为巡警,来津驻扎,在直隶总督衙门管辖的天津河北区一带地方设立了一所巡警总局,同

---

[①] 廖一中、罗真容编:《袁世凯奏议(中)》,天津古籍出版社1987年版,第605页。

时也承继了都统衙门遗留的警察机关,设立了两所警察总局。不久,"由于在执行勤务上各种弊病的接连发生,所以城内的两个总局合并为南段巡警总局,在河北的则作为北段巡警总局"①。其中,前者位于市内金汤桥河西,分为警察、四乡警察、捐务、工程四科,委赵秉钧为总办;后者设在河北贾家口,委段芝贵为总办,下设塘沽、西沽、山海关、秦皇岛等分局。光绪三十年(1904年),设立天津四乡巡警总局,下设8局15区,每局约万户上下,每区3000户左右,富裕地区每50户派一名巡警,贫瘠地区每100户派一名巡警②,大体完成了创建天津城厢新警政的工作。警察制度在保定、天津初行后,立刻显示出优于保甲制度的效力,庚子前后一直动荡不定的地方治安得以渐臻静谧。袁世凯遂决定以天津四乡为楷模,通饬直隶其他各府州县一律仿行照办。

清光绪三十一年(1905年),清政府厘定官制,设立巡警部,成为管理京师地方警察和全国警政的最高机构,这表明警察制度已在全国推广,北京的警察制度也在此时奠定了基础。是年,"内外城巡警总厅"设立,与步军统领衙门共同维持京师内外城的治安秩序。内外城巡警总厅设总务、警务、卫生三处,总务处负责承办机要、考核厅员、支配长警、编存文牍、收发经费、统计、报告等事;警务处负责整饬风俗,保护治安,编查户口,稽核工程,交涉外事,预审犯人,科罚违警,捕送犯人,侦探秘密,并管理行政、

---

① 侯振彤译:《二十世纪初的天津概况》,1986年油印本,第170页。
② 张华腾:《北洋集团崛起研究(1895—1911)》,第130页。

第四章 传统与西化

**天津警察局**①

高等司法警察事项；卫生处负责街道、防疫、检查食物、屠宰、考验医务、药料、管理卫生警察等事。② 从内外城巡警总厅的机构设置来看，北京警察机构的权限远远超过天津的警察机构，基本包括了城市生活的各个方面。

1913年年初，袁世凯下令将京师的内外城巡警总厅合组为京师警察厅。京师警察厅隶属于内务部，负责京师市内的警察、卫生、消防事项，兼管交通、户籍、营建、道路清洁、公厕设置修缮、公共沟渠管理等城市建设相关事项。③ 从管理的事项上可以看出，京

---

① 天津博物馆编：《中华百年看天津》，第39页。
② 蔡禹龙：《清末民初北京警察机构的嬗递》，《北京档案》2015年第5期。
③ 王亚男：《1900—1949年北京的城市规划与建设研究》，东南大学出版社2008年版，第39页。

师警察厅并不是一个单纯的治安机构,而是北京历史上第一个具有近代意义的城市管理机构,行使多项城市管理的职能。这表明,北京正处于从传统都城走向近代化城市的转型过程中,而城市独立地位的获得是与城市管理机构的转型相伴而行的。

**二、设立罪犯习艺所,以重新教育代替流放与监禁**

将犯人流放,是中国一项传统的刑律。这项刑律弊端很多,如犯人在流放过程中会受到百般欺凌或虐待,官府也要耗费大量人力物力,这不仅对中国社会而言产生了"外部不经济",更损害了犯人应享有的基本权利。设立罪犯习艺所,是改革传统刑狱制度的重要手段之一,标志着中国狱制近代化事业的开启。

改良司法,本来就是北洋新政的重要内容之一,袁世凯曾派天津府知府凌福彭前往日本考察监狱习艺情形。凌福彭在考察了东京、士尽、巢鸭、大阪等监狱,获得了大量的第一手资料后,回国后提出了改良监狱的初步方案。在此基础上,袁世凯创立了罪犯习艺所。在给朝廷的奏折上,袁世凯提出了具体的计划:"至习艺所若按道分设,直隶现有五道,应设五所。际此各库空虚,实难同时并举,惟有先就省城、天津分设两所,以天津、河间、永平、宣化四府,遵化州,并东、西、南、北四路厅所属,及张家口、独石口、多伦诺尔三厅之犯归津所收留;保定、正定、顺德、广平、大名五府,易州、赵州、定州、深州、冀州五直隶州所属之犯归省所收留。"① 清光绪三十年（1904年），保定、天津两个罪犯习艺所就建立起来了。

　　罪犯习艺所的宗旨在《保定罪犯习艺所办法》中有明确界定："本所力祛旧日监狱积弊，务令入所人犯有谋生之路，无坐食之虞，且工艺日新，兼可挽利源之外溢，此习艺所建设之原意也。"② 由此可见，设立罪犯习艺所的目的在于使囚犯养成劳动的习惯，改造游手好闲的习气，并使其能够学会一定的技能，出所后生活有所凭依，不致再行犯罪。所有入所的犯人必须做工，所司工种视其身体状况而定。《天津罪犯习艺所办法》还规定了工钱的分配原则，作业超过三个月者酌定工钱分为十成，以六成充监狱之用，其余归囚犯自己，由会计官存管；若囚犯愿意将应得工钱寄给父母者，由监狱官问明住处妥交其父母，父母外之人不能允准。③ 同时，罪犯习艺所专设教诲师对囚犯进行教诲教育，这体现了对犯人进行感化教育的宗旨。教诲师需在典狱官的指挥下，依照教诲制度，以热情和爱心感动进行集体教诲和个别教诲。集体教诲即星期日、免役日聚集囚犯宣讲，平时在囚犯居所演说；个别教诲即在囚犯入狱、出狱、受罚、生病以及其他个人引发情况下，针对个人进行适时适当教诲。同时还要针对犯人的罪行、性格、职业、教育程度以及各种

---

　　① 东京大学东洋文化研究所：《清末〈保定习艺所章程表册类纂〉》，《历史档案》2015年第2期。
　　② 同上。
　　③ 肖世杰：《清末监狱改良：思想与体制的重塑》，法律出版社2009年版，第134页。

社会关系施以恳切教诲。①

但罪犯习艺所的监禁对象并不仅仅限于犯人，城市游民、乞丐也是监禁对象。处在城市社会最底层的乞丐群体在清末的城市中人数增长较快，他们每天过着朝不保夕的日子，有时行乞与违规行盗混在一起。清光绪三十年（1904年），袁世凯饬令巡警局和天津府县收丐防盗，令曰："津郡地方现届冬令，时有窃贼且沿途乞丐渐多，殊不成事，试思设官所以卫民，天津创立巡警，岁需巨款，居民各效捐输，原欲共资保卫，乃地方仍有窃贼，各局官弁坐縻薪饷，官亦何以对民生？乞丐一项，津地有教养局、育黎堂、广仁堂及卫生局之贫民院等处，均可收养，乃仍有乞食于路者，地方官不能教民养民，致穷黎流而为丐，有司牧之责者能无愧怍？严饬巡警局赵道、天津府凌守、天津县唐令嗣后务当保卫闾门，各段巡警尤宜加意巡防，期于居民安枕，不准再有窃贼，并将地方穷黎乞丐随时收入教养局等处，其少壮者使之学习工艺，俾可自谋生计，老弱分别留养，倘再有窃贼乞丐，定惟该道等是问。"② 教养局是习艺所出现前由政府设立的教养机构，罪犯习艺所创设以后，在罪犯习艺所下附设游民习艺所，收容游民、盲流及亲属扭送的忤逆不孝者，少壮习艺，老弱分别留养。

创办于清光绪三十一年（1905年）七月的京师习艺所，也是犯人与贫民均收。京师习艺所的宗旨是："惩戒犯人，令习工艺，使

---

① 王静：《晚清天津罪犯习艺所探析》，《南方论丛》2013年第2期。
② 《东方杂志》1904年第1期。

第四章　传统与西化

之改过自新,藉收劳则思善之效,并分别酌收贫民,教以谋生之计,使不至于为非。"① 习艺所成立后,相继教习犯人、贫民织布、织带、铁工、搓绳、印刷等项技艺,收到了一定的社会效果。它所收纳的贫民"分二种,一自请入所,一强迫入所。自请入所者,须其本身父兄呈请或有图片铺保。强迫入所者分二类,一沿街乞食有伤风俗者,二游手好闲形同匪类者。均须所学有成,可以自谋生计,然后准其出所"②。

以往,我们对罪犯习艺所社会功能的评价只是局限在刑狱制度的改革方面,而忽视其对城市文明的影响。罪犯习艺所的设立确实使在押犯人学习了工艺和技术,为他们重返社会后自谋生计创造了条件,但这只是一个方面。另一个方面,罪犯习艺所收容城市游民、乞丐,可以减少这些处于困境中的人群给城市生活带来的威胁,还可以帮助他们融入正常的城市生活,从整体上提升城市的文明程度。

## 新式学堂的兴办

清末新政推行期间,新式学堂的兴办也是影响较为深远的一项举措,不仅引起了近代教育体制的变革,在政治、经济、思想文化

---

① 中国第一历史档案馆:《清末开办京师习艺所史料》,《历史档案》1999 年第 2 期。

② 同上。

等各个领域都产生了深远的影响，更对城市社会结构的变迁形成了强大的助推力。新式学堂的设立是由高等、中等再到初等，逐步推广，并且覆盖了所有的教育类型。

京津冀地区的新式学堂萌芽于洋务运动时期，李鸿章先后在天津开设了北洋电报学堂、北洋水师学堂、天津武备学堂及北洋医学堂等新式学校。清光绪二十一年（1895年），津海关道盛宣怀奏请设立中西学堂，分为头等、二等学堂两种，是为我国最早的一所普通公立中学。同年创办的还有开平武备学堂、山海关铁路学堂，以及次年袁世凯在天津小站创办的随营武备学堂等。由于这些学校主要是为洋务运动服务，并带有浓厚的军事色彩，因此没有从根本上触动旧式教育的根基，庚子后大多停办。光绪二十七年（1901年）9月，清政府颁布谕旨，令各省举办学堂，随后颁布了一系列的兴学措施，全国性的兴学热潮随之而起。

在此大背景下，京津冀地区的新式学堂如雨后春笋般涌现，首先形成规模的是大学堂和高等学堂。从光绪二十七年到光绪二十九年（1901—1903年），全国先后设立有山东大学、浙江求是大学堂、苏州省城大学堂、河南大学、天津北洋大学、山西大学、江西大学堂、陕西关中大学堂等。光绪二十九年（1903年），清政府令除保留京师、北洋、山西三所大学外，各省大学一律降为高等学堂，每个省城一所，相当大学预科，分文、理工、医三类。据统计，宣统元年（1909年），全国计有大学堂3所，其中京师大学堂有学生

200 人,北洋大学有学生 114 人,山西大学堂有学生 435 人,共 749 人。① 到辛亥革命前,直隶省的高等学堂共有 11 所,分布情况见表 4-1:②

表 4-1 辛亥革命前直隶高等学堂一览表

| 学堂名称 | 地点 | 时间 | 备注 |
| --- | --- | --- | --- |
| 保定高等学堂 | 保定 | 光绪二十八年(1902年) | |
| 直隶高等农业学堂 | 保定 | 光绪二十八年(1902年) | |
| 直隶师范学堂 | 保定 | 光绪二十八年(1902年) | 后改为直隶优级师范学堂 |
| 直隶高等工业学堂 | 天津 | 光绪二十九年(1903年) | |
| 保定医学堂 | 保定 | 光绪三十年(1904年) | |
| 直隶法律学堂 | 保定 | 光绪三十一年(1905年) | 原为幕僚学堂,宣统元年(1909年)改名 |
| 直隶法政学堂 | 保定 | 光绪三十一年(1905年) | |
| 北洋法政专门学堂 | 天津 | 光绪三十二年(1906年) | |
| 北洋师范学堂 | 天津 | 光绪三十二年(1906年) | 宣统三年(1911年)改为直隶高等商业学堂 |
| 北洋女子师范学堂 | 天津 | 光绪三十二年(1906年) | |
| 山海关内外路矿学堂 | 唐山 | 光绪三十一年(1905年) | 次年正式开学 |

高等教育之外,发展最快的就是中等教育和初等教育,而为了给中学堂和小学堂提供足够的识字,又必须大力发展师范教育。直隶省的师范教育开始于光绪二十八年(1902年)。袁世凯称"育才

---

① 王笛:《清末新政与近代学堂的兴起》,《近代史研究》1987 年第 3 期。
② 金淑琴:《直隶省新式教育发展概况》,载河北省政协文史资料委员会编:《河北文史集萃(教育卷)》,河北人民出版社 1991 年版,第 26 页。

莫先于兴学，兴学莫重于得师"，奏请在保定创办直隶师范学堂，招收各州县举贡生员为学生。因各地急需教师，便分设半年、一年、两年、三年毕业四斋。次年，扩大学额达600人。光绪三十一年（1905年）后又分为优级、初级两科，学制分别为五年、三年。第二年，袁世凯在天津设立北洋师范学堂，招收本省及东北、华北各省学生400名。① 同时设立的还有北洋女子师范学堂。

前面提到过，兴办实业是北洋新政最为耀眼的成就之一。在发展实业的同时，直隶绅商和官府还大力推行实业教育，天津商会与有力焉。天津商会开办的初等、中等商业学堂以及其他职业培训机构，最具近代商业实业教育的办学特色，商会的总董、会董担任学堂主要职务，并承担了部分课程。著名商人宋则久还专门撰写文章，呼吁社会各界重视新式商业的组织形式和经营管理。在各界人士的主持和倡议下，天津的商业教育有声有色地开展起来，为天津以及华北地区培养了大量的有用之才。

袁世凯在直隶开办了多所实业学堂，全省初等工业学堂及工艺局所、农业小学堂、商务半夜学堂即达24所，培养学生达616人。另外，新政期间华北地区开办的实业学堂比较著名的还有光绪三十年（1904年）的山海关内外路矿学堂、光绪三十二年（1906年）的天津中等商业学堂、保定商业学堂以及直隶高等工业学堂、直隶高等农业学堂。从清末学部总务司编的《第一次教育统计图表》中《各省实业学堂学生统计表》的统计数字可以看出，光绪三十三年

---

① 金淑琴：《清末直隶新式教育述论》，《河北学刊》1988年第3期。

(1907年)直隶的学生是810人,山西是136人,属于全国实业教育学生人数最多的几个省份之一。①

袁世凯任直隶总督后,把编练新军视为头等大事,军事学堂也随之而起。光绪二十八年(1902年)在保定开办行营将弁学堂,招收粗通文墨的正兵入学,八个月一期,光绪三十年(1904年)并入北洋武备速成学堂。光绪二十九年(1903年),在保定又开办北炮等科。光绪三十二年(1906年),该学堂改归练兵处办理,更名为通国陆军速成学堂。到宣统元年(1909年)并入保定军官学堂时,已有2000多人毕业。② 有关直隶军事学堂的具体情况,请看表4-2:③

表4-2 直隶省军事学堂详情

| 军校名称 | 地点 | 时间 | 备注 |
| --- | --- | --- | --- |
| 行营将弁学堂 | 保定 | 光绪二十八年(1902年) | 八个月一期,光绪三十年(1904年)并入北洋武备速成学堂 |
| 北洋武备速成学堂 | 保定 | 光绪二十九年(1903年) | 宣统元年(1909年)并入保定军官学堂 |
| 海军医学堂 | 天津 | 光绪二十八年(1902年) | 原北洋医学堂恢复后改称 |
| 北洋军医学堂 | 天津 | 光绪二十八年(1902年) | |

---

① 王兆祥、刘文智:《近代华北教育与城市发展》,载张利民主编:《城市史研究》第28辑,天津社会科学院出版社2012年版,第116页。
② 金淑琴:《清末直隶新式教育述论》。
③ 金淑琴:《直隶省新式教育发展概况》,载河北省政协文史资料委员会编:《河北文史集萃(教育卷)》,第32页。

续表

| 军校名称 | 地点 | 时间 | 备注 |
|---|---|---|---|
| 北洋巡警学堂 | 天津 | 光绪二十九年（1903年） | 由光绪二十八年（1902年）设立的保定、天津巡警学堂合并而来 |
| 宪兵学堂 | 大沽 | 光绪三十一年（1905年） | 后改名警察学堂 |
| 军医学堂 | 天津 | 光绪三十一年（1905年） | |
| 马医学堂 | 天津 | 光绪三十一年（1905年） | |
| 经理学堂 | 保定 | 光绪三十一年（1905年） | |
| 军械学堂 | 保定 | 光绪三十一年（1905年） | |
| 电信学堂 | | 光绪三十一年（1905年） | |
| 北洋讲武堂 | 天津 | 光绪三十二年（1906年） | 宣统元年（1909年）停办 |
| 唐山巡警学堂 | 唐山 | 光绪三十二年（1906年） | 六个月一期，共办五期 |
| 保定军官学堂 | 保定 | 光绪三十二年（1906年） | 1912年后改为保定军官学校 |
| 电报学堂 | 唐山 | 宣统三年（1911年）前 | 原设昌黎，宣统三年（1911年）迁唐山 |

新式学堂的兴办，对城市发展产生了很大的影响，我们把这种影响归结为两个方面：

第一，改变了城市的空间格局。科举制度废除后，除小学在乡村还有所分布外，中等教育以上的学校大都集中于县城以上的城市，高等教育更是如此，大多集中于全国性的大城市。像前面列出的表4-1中，有六所在保定，四所在天津；在北京的高等学堂除京师大学堂以外，还有高等实业学堂、贵胄学堂、法律学堂、政法贵胄学堂、京师优级师范学堂、女子师范学堂、清华大学堂，等等。[①]

---

[①] 北京大学历史系《北京史》编辑组：《北京史（增订版）》，第393页。

这些新式学堂或是在原有的书院基础上改建的,或是辟地新建的,建筑本身就是有别于传统式样的,构成了城市空间格局的一种新形态。

第二,改变了城市的社会职业结构。新式学堂的学生毕业后,有一部分出洋留学,还有很多进入了各个领域,形成了新的城市知识阶层,这是中国传统城市里所未曾有过的。近代城市知识阶层所从事的职业包括文化、教育、科学、卫生等各个领域,有教师、律师、记者、编辑和医生等多种职业角色,"他们在城市人口中所占的比例虽然很小,但他们的职业分布却又是最为广泛的"[①]。另外,新式学堂的学生本身就是一个比较大的群体,农村学生要想通过接受新式教育而在城市中获得新的社会地位和新的社会资源,必须到城市中去,因为只有在那里才有最好的学堂和最好的发展机会。

## 地方自治的探索

天津开埠后,成为外国商品和华北传统商品的集散地,它集中了运输、装卸、仓储、旅店、钱庄等与流通相关的行业,铁路、邮政、电报电话、轻工业等也逐渐配套发展起来。依靠这些经济资源,天津吸收了大量农村剩余人口,城市人口激增,加快了各个行业的发展,就业竞争激化,呈现出近代化都市的风貌。但是,天津

---

① 何一民主编:《近代中国城市发展与社会变迁(1840—1949年)》,科学出版社2004年版,第369页。

的行政管理依然是旧式的县衙门，这种传统式的统治机构对开埠后产生的新的社会问题无法适应，必然会带来官府统治权限如何界定等一系列问题。为了补充这种行政机构的权限，发挥地方政治的自我维持机能，从19世纪下半叶开始，天津的地方实力派以及民间帮会开始发挥了领导者的作用。这种由民间公共组织维持社会秩序的城市管理机制在八国联军入侵天津时遭到破坏，直到天津地方自治开始，才出现近代化城市管理制度的雏形。

清光绪三十二年六月（1906年7月），袁世凯创办天津府自治局，开始在天津推行地方自治，以天津府知府凌福彭主持其事，翰林院检讨金邦平（天津籍）会同办理。9月，又在天津初级师范学堂内设立地方自治研究所，"饬津郡七属送士绅之阅历较多、素孚众望者，大治八人、小治六人，并招旁听生入所研究，四个月毕业后，各回原籍筹设自治学社"①。意思是说，天津府所属各县须派人前来地方自治研究所学习，大县八人、小县六人，研习四个月毕业后，回到各县协助地方官办理自治事务。研究所的研究科目有"自治制""选举法""户籍法""宪法""地方财政论""教育行政、警察行政""经济学""法学通论"。② 10月，成立天津县地方自治期成会，筹备成立天津县议会。期成会成员由官、商、学界公举的代表四十多人组成，其中绅士代表十二人，学界代表二十人，商界代

---

① 故宫博物院明清档案部：《清末筹备立宪档案史料》下册，中华书局1979年版，第720页。

② 天津社会科学院历史研究所《天津简史》编写组：《天津简史》，第231页。

表十人，官方代表四人。① 期成会的主要任务是制定天津县自治章程。

1907年的天津县议事会选举执照②

清光绪三十三年（1907年）初，《试办天津县地方自治章程》公布。根据该章程的规定，选举成立天津县议事会（也称议会）、董事会，议事会（议会）具有较为完备的立法权，董事会则掌握了治理城市的部分行政权。同年5月，开始进行议员选举，选出议员30人，组成天津县议会；并选举在籍度支部郎中李士铭为议长，选

---

① 张华腾：《北洋集团崛起研究（1895—1911）》，第148页。
② 天津博物馆编：《中华百年看天津》，第40页。

举北洋大学教务长、分省补用知县王绍廉为副议长。8月18日，天津县议会正式宣告成立，标志着天津的地方自治事业迈出了可喜的第一步。有研究者对天津的地方自治给予了很高评价："天津的地方自治事业在全国树立了典型，1907年清王朝在全国范围内推行的地方自治即以天津为榜样。"①

尽管天津的地方自治事业取得了良好的开端，但在传统思维方式与政治架构仍然占据主导地位的情势下，地方自治对社会动员机制的冲击显得虚弱无力。以参加天津县议事会的投票人数为例，当时天津城市人口约有45万人，在进行选举调查时制定了20万张调查表，结果仅散发了7万张，最后收回13567张，仅占天津总人口的2.7%。② 更有很多底层民众看到调查表上有财产之类的项目，怀疑要按财产征税，拒绝填写。这说明，地方自治事业的推进，需要民众的思想觉醒与政治参与度的提高。

天津的地方自治事业既然为全国做了榜样，清政府便决定以天津地方自治的成功经验推广到全国。清光绪三十四年十二月（1909年1月）《城镇乡地方自治章程》颁布，规定以府厅州县治城厢为"城"，城厢以外的市镇村庄屯集等，人口满五万以上的为"镇"，不满五万的为乡。"作为地方自治的附属物，《城镇乡地方自治章程》的颁布实施，标志着近代市制被引进中国，第一次以法律形式

---

① 何一民主编：《近代中国城市发展与社会变迁（1840—1949年）》，第267页。
② 张华腾：《北洋集团崛起研究（1895—1911）》，第149—150页。

## 第四章 传统与西化

将城镇与乡村区分为两个行政系统。"①

在清政府大力推行地方自治的背景下，北京也启动了地方自治的进程。清宣统元年十二月（1910年1月），《京师地方自治章程》颁行，内容与《城镇乡地方自治章程》大同小异。这两个章程是我国市建制设置的开端，章程所包含的有关内容对我国以后市建制的设置产生了重要影响：第一，它第一次从行政管理上将城乡区分开来；第二，它所提出的设置"城""镇"标准中包含的因素（人口数量条件和政治条件——府州厅县治城厢），其后为我国各种市制所采纳；第三，它突出京师所在地方的"城"和区分"城""镇"是市在行政地位上分为不同等级的渊源。②

《城镇乡地方自治章程》的颁布实施虽然标志着近代市制被引进中国，但并没有完全确立城市的独立法律地位。《城镇乡地方自治章程》第1条明确规定："地方自治以专办地方公益，辅佐官治为主。按照定章，由地方公选合格绅民，受地方官监督办理。"③这样的规定就把城、镇这些城市自治机构作为县下面的一级地方单位，所有自治事务都要受地方政府的监督。直到民国初年，县的行政地位都高于城或镇。因而，作为官治附属和补充的城市自治机构，均未成为拥有独立城市管理权的一级政权实体。"各自治机构虽然拥有大小不一的城市管理和城市建设功能，但还不能被称为现

---

① 赵可：《清末城市自治思想及其对近代城市发展的影响》，《史学月刊》2007年第8期。
② 田穗生：《旧中国市建制设置概述》，《学术研究》1985年第1期。
③ 故宫博物院明清档案部：《清末筹备立宪档案史料》下册，第728—729页。

代意义上的城市政府，只不过是中国现代市政体制的萌芽或雏形，代表了中国地方行政体制从城乡合治向城乡分治逐步演变的历史趋势。"① 从《城镇乡地方自治章程》和《京师地方自治章程》中规定的地方自治事务的范围上也可看出这一点，地方自治事务主要是关于城镇的建设与发展，如架设路灯、劝办工厂、整理商务、开设市场、开辟公园、组织救火会，等等。

清末民初的地方自治运动，侧重于在城市推行，农村基本上没有实行，其实也根本没有办法实行。"市制作为地方自治的重要内容与附属的性质在近代中国长期存在，地方自治运动的兴衰决定着市制的起伏。"② 这样的评论有一定的道理，却并不准确，因为民国时期地方自治运动沉寂以后，市制倒牢固地确立起来，下一章再做详细叙述。

## 城市功能的变化

中国传统的城市基本上都是不同层级的政治中心，因其政治地位而获得了聚集资源的能力，从而呈现出消费性特征的繁华，这一点在作为国家政治中心——京师的发展历程中表现得最为明显。明清两代的京师商业经济有了很大发展，但这种发展"并不是城市经济职能发展的结果，而是凭依政治特权优先聚集周边资源，甚至是

---

① 何一民主编：《近代中国城市发展与社会变迁（1840—1949年）》，第269页。
② 赵可：《清末城市自治思想及其对近代城市发展的影响》。

第四章　传统与西化

全国资源倾斜性聚集的结果"①。但是，在西方近代文明的冲击下，先是沿海地区的城市在功能上发生了实质性的变化，后来也带动了内陆城市功能的变化。表征城市功能的指标有很多项，这里只以城市人口结构的变化和城市空间的扩展这两项指标来窥视城市功能的变化。

一、天津、北京人口结构的变化

天津在开埠前，也是一个传统型的城市。据清道光二十六年（1846年）刊行的《津门保甲图说》记载，天津城区共有住户3.2761万户，人口总计19.8716万人，这些住户的职业或身份分类及其户数排列顺序是：（1）铺户即商人和手工业者11626户；（2）烟户即一般居民9719户；（3）负贩即小商贩5711户；（4）应役即受征召服劳役2338户；（5）佣做即雇工707户；（6）船户673户；（7）绅衿即地方士绅和在官的653户；（8）盐商372户；（9）僧道105户；（10）乞丐89户；（10）其他22户。②

天津开埠后，人口结构发生了显著变化，主要表现在：（1）外侨人口迅速增加。开埠前，天津仅有外侨20人；清同治六年（1867年）增至112人，光绪十六年（1890年）增至620人，光绪三十二年（1906年）增至6341人，1921年增至11144人。③外侨多居住

---

① 张慧芝：《天子脚下与殖民阴影：清代直隶地区的城市》，第330页。
② 苑书义、任恒俊、董丛林：《艰难的转轨历程——近代华北经济与社会发展研究》，第398—399页。
③ 李竞能：《天津人口史》，南开大学出版社1990年版，第104页。

在租界区，少数住在中国界区。（2）商人和资本家群体形成，包括买办群体在内。这一群体人数不是很多，但对城市经济发展和社会分层影响极大。（3）工人数量急剧上升。光绪二十年（1894年），天津有近代产业工人3080—4180人，占全国工人总数的4.06%—5.35%；若加上交通运输及邮电工人，19世纪末天津有工人9000余人。20世纪以后，随着天津工业的振兴，工人数量猛增，1927年工人总数增至47519人，也有人说是70831人；如果将手工业工人和商店等业的学徒计算在内，工人总数超过10万人。① 天津城市人口结构的变动，推动了城市社会生活和社会意识的近代化进程。

清代，北京的城市人口分布带有明显的满汉分隔特征，满人居住在内城，汉民居住在外城。清宣统年间民政部对京师内外城人口进行了一次调查，形成了一张内外城人口职业统计表，似乎是去除八旗兵和妇女以后的男子人数，总数为27万人。见表4-3②：

表4-3 北京内外城人口职业统计表

| 职别 | 内城（人） | 外城（人） |
| --- | --- | --- |
| 官员 | 5591 | 2529 |
| 士绅 | 4403 | 453 |
| 农业 | 363 | 461 |
| 工业 | 19475 | 45381 |
| 商业 | 40692 | 40046 |

---

① 苑书义、任恒俊、董丛林：《艰难的转轨历程——近代华北经济与社会发展研究》，第403页。

② 同上书，第405页。

续表

| 职别 | 内城（人） | 外城（人） |
| --- | --- | --- |
| 兵勇 | 23328 | 444 |
| 差役 | 2528 | 1702 |
| 书吏 | 1475 | 200 |
| 杂业 | 31504 | 44110 |
| 无业 | 3635 | 1573 |
| 乞丐 | 143 | — |
| 共计 | 133137 | 136899 |

从表4-3中可以看出，官员、士绅共有12976人，这是京师的统治阶层，加上依附于他们的书吏、差役、兵勇等，计有42000人。从事工业、商业者共有80738人，构成北京人口的主体，其中既有手工业者，也有投资近代工业的资本家和在近代工业企业中从事生产的工人，既有传统的雇主、学徒工，也有资本家和新式工人。比较起来，北京的城市人口构成与天津还是有着很大不同的，官员、士绅及依附于他们的从业者比重过大，不利于城市的近代转型。

二、北京城市空间的开放与扩展

城市空间包括物质（实体）空间、文化（精神）空间、功能空间等多种形式，既有具体的，又有抽象的空间。物质的城市空间是相对静态的空间，而社会空间是相对动态的、渐进变化的空间。①

---

① 王亚男：《近现代北京城市规划建设活动及城市变迁的历史影响》，《北京规划建设》2010年第4期。

一座城市的空间结构取决于它的性质与功能。北京作为都城，在从传统农业社会步入近代工业社会的进程中，其城市功能会逐步叠加，即除去政治中心的核心功能外，同时具备其他多种功能，如文化中心、经济中心等，最后演变为"多功能型首都"。

清末民初北京的城市空间经历了一个开放与扩展的过程，这个开放与扩展的过程尽管有技术进步的因素在内，如铁路的修建、市政工程建设等等，但主要的决定却是政治方面的。同时，北京城市空间的变化既是物质空间的变化，也是社会空间的变化，它们是交织在一起、相伴而行的。

首先，是内城空间的开放。清军占领北京后，内城汉人不论官民和职业，一律迁往外城，内城完全成为八旗驻地。后来又随着一系列措施的出台，内城变成了以紫禁城为中心，中央衙署为前导，八旗劲旅环卫的封闭的政治、军事结合体。作为内城居民主体的旗民不农、不工、不商，只能从政当差或披甲当兵，他们是一群为君主专制政权服务的特殊群体，内城社会处于封闭状态。外城是非旗人居住区，同时这里也是城市的经济生活和文化生活区域。外城的居民呈多样性的特点，他们不仅有名仕显宦，也有商贾匠作、佣夫走卒，同时还有大批来自全国各地的游宦士子和沟通南北贸易的商人。[1] 这样，由于民族的、政治的原因，清代在北京形成了独特的内外城制度，对北京的经济、文化、城市建设等发展起到了阻碍作用。

---

① 袁熹：《试论近代北京的城市结构变化》，《北京社会科学》1997 年第 3 期。

## 第四章 传统与西化

鸦片战争后,清政府的"旗、民分治"政策遭遇到前所未有的巨大压力,被迫变通八旗制度,逐步以"旗、民合治"取代"旗、民分治"。在上述背景和清政府政策的支持下,北京外城的民众不断涌入内城,内外城的居民结构变化十分明显。光绪初年,内城汉民不过 3 万余人,到宣统年间,内城汉民已增至约 21 万人。① 汉民定居内城以后,与旗人形成密切的邻里关系,增进了彼此的了解,有助于满汉民族隔阂的化解,促进商业活动的兴起和民间经济的发展。所以,内城空间的开放既是物质空间的开放,也是社会空间的开放。

其次,是皇宫禁苑开放为公共空间。辛亥革命推翻了中国延续两千多年的君主专制制度,也为北京城市空间的拓展创造了社会前提,其中皇宫禁苑的开放最具代表性。昔日森严壁垒的皇城,唯我独尊,严重阻碍着都市中心区的交通。1913 年,在京都市政公所的主持下,首先打通天安门前的东西大道,继而开辟南北池子和南长街两条贯通南北的大道,拆除大清门内的千步廊以及东西三座门两侧的宫墙,先后开辟南池子、南河沿、南长街等处的皇城便门。这样,天安门前形成了交通便利的中央广场。1914 年,故宫前半部的武英殿先行开放。翌年,文华殿和太和、中和、保和三大殿开放,并辟为北京古物陈列所。1924 年,清废帝溥仪被逐出宫,故宫被政府接管。翌年,故宫博物院正式开放,成为东方最大的遗址性艺术博物馆。1914 年,社稷坛被改造为中央公园,向公众开放,这是北

---

① 韩光辉:《北京历史人口地理》,北京大学出版社 1996 年版,第 125 页。

京第一个近代公园。此后,太庙、天坛、地坛、先农坛、北海、中南海,以及西郊的颐和园等皇家禁苑相继开放,被开辟为市民文化、游艺和体育的活动场所,成为近代都市市民的公共空间。"公共空间不仅为人民大众提供文化娱乐场所,而且为市民提供政治活动的场所,民众以群众集会的方式,表达对民主政治理念的执著追求。"① 皇宫禁苑开放为公共空间,既是物质空间的开放,同时也是社会空间的开放。

1919年早春时节,青年毛泽东游览了故宫、北海等皇家宫苑。后来,他深情地回忆说:"我自己在北京的生活条件很可怜,可是在另一方面,古都的美对于我是一种丰富多彩、生动有趣的补偿。在公园里,在故宫的庭院里,我却看到了北方的早春。北海上还结着坚冰的时候,我看到了洁白的梅花盛开。我看到杨柳垂在北海上,枝头挂着晶莹的冰柱,因而想起唐朝诗人岑参咏北庭冬树挂珠的诗句:'千树万树梨花开'。北京数不尽的树木激起了我的惊叹和赞美。"② 一代伟人也对昔日的皇家园林感慨有加。

## 【本章小结】

> 故宫春色悄然去,无饰王冠只一端。南下明珠三百箧,满朝元老面团团。

---

① 习五一:《民国时期北京的城市功能与城市空间》,《北京行政学院学报》2002年第5期。

② 〔美〕埃德加·斯诺:《西行漫记》,生活·读书·新知三联书店1979年版,第128页。

## 第四章 传统与西化

这是陈独秀诗集《金粉泪》中的一首。"故宫"是指故宫博物院,"春色"是指故宫文物,"无饰王冠"是指王冠上嵌镶的珠宝被偷拆了。卢沟桥事变前,形势越来越紧张,故宫博物院就着手将一些珍贵文物南运,陈独秀用此诗句讽刺国民政府高官对故宫财宝的侵占。虽然诗句带有讽刺意味,却也说明故宫已经成为公共空间,普通民众也可随意出入观赏了。清末民初,城市的功能发生了根本性的变化,这是西方近代化浪潮冲击的结果。尽管古老的中华帝国是被动地接受西方近代文明的,但国内的有识之士很快苏醒过来,主动推进中国的近代化改造,为京津冀城市群的全面崛起创造了条件。

第五章

# 城市与乡村

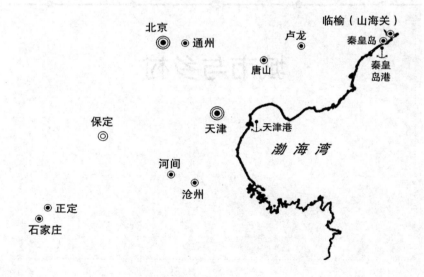

第五章 城市与乡村

天津开埠虽然带动了华北内陆地区近代工业的发展，也带动了京津冀地区城市格局的变化，但未能颠覆传统的城乡格局。然而，随着铁路线的不断延伸，新的工商业城市和交通枢纽城市不断出现和成长，传统的城乡格局发生了颠覆性的变化。

## 铁路沿线城市的兴起

在第三章第二节，我们交代了中国第一条铁路——唐胥铁路的修筑情形，而后区域铁路系统首先在华北建成。熊亚平在探讨铁路系统首先出现在华北的原因时，列举了四个因素：其一，陆运在华北地区占有主导地位；其二，为保卫京畿，李鸿章、刘铭传等人提出的筑路计划均以北京为中心；其三，李鸿章继任直隶总督兼北洋大臣后，天津成为洋务运动在北方的中心；其四，刘铭传在台湾修建铁路的计划遭到搁置。[①] 这四个因素殊属有理，却遗漏了一个更重要的因素，那就是袁世凯继李鸿章出任直隶总督兼北洋大臣后对铁路建设的力推，而且袁世凯同时兼任督办铁路大臣，为华北地区的铁路建设出力颇多。京汉铁路、京奉铁路、正太铁路、京张铁路、津浦铁路的相继开通，不仅使得华北地区成为全国铁路最密集

---

① 熊亚平：《铁路与华北乡村社会变迁（1880—1937）》，人民出版社2011年版，第61页。

的地区之一，而且极大地带动了京津冀城市群的崛起。熊亚平将铁路运输带动华北地区新兴市镇迅速兴起的途径分为四种模式，即驻马店模式、石家庄模式、唐山模式和秦皇岛模式，并指出这四种模式的形成"既充分展示了铁路运输与地理位置、资源优势、交通条件等因素间的相互作用在华北市镇发展中的重要地位，也集中体现了铁路对华北地区城市化的深远影响"①。驻马店模式的代表城市驻马店、漯河均不在本书关注的范围内，故而下面主要叙述石家庄、唐山和秦皇岛的城市发展历程，兼及相关的几座城市。

### 一、交通枢纽城市石家庄的兴起

石家庄原来是直隶省获鹿县（今河北省石家庄市鹿泉区）的一个小村。据地方志记载，石家庄在"县东南三十五里，街道六、庙宇六、井泉四"②。清光绪二十四年（1898年），石家庄村共有93户，532口人。比全县的村均户数（127.86户）少34.86户，较全县的村均人口（670.17人）少138.17人③，属于名副其实的蕞尔村庄。

清光绪二十三年（1897年），津海关道兼督办铁路大臣盛宣怀奉命向比利时借款，修筑卢汉铁路。卢汉铁路是分两段开工修筑的。光绪二十三年（1897年），北端卢沟桥至保定一段、南端汉口通济门至滠口一段，先行开工建设。光绪三十一年（1905年）9

---

① 熊亚平：《铁路与华北乡村社会变迁（1880—1937）》，第285页。
② （清·光绪）《获鹿县志》卷二，《地理（下）》。
③ 李惠民：《近代石家庄城市化研究（1901—1949）》，中华书局2010年版，第36页。

第五章　城市与乡村

月，南北两段建成。11月，黄河大桥完工，次年4月1日全线通车，改称京汉铁路。京汉铁路干线全长1214.5千米，另有6条支线共长96.6千米。① 光绪二十八年（1902年）8月以前，京汉铁路已经修到石家庄，并修建了火车站，因当时石家庄村名气太小，故取3千米外的大镇——振头作为站名，叫作"振头火车站"。但是京汉铁路和振头火车站的带动作用，仅仅给石家庄的崛起创造了一个交通运输条件，还必须等到正太铁路建成，才给石家庄城市的兴起创造了必要的基础条件。

**1907年正太铁路通车时，石家庄车站举行典礼的情形**②

清光绪二十二年（1896年），山西巡抚胡聘之奏准兴建正太铁

---

① 杨勇刚：《中国近代铁路史》，上海书店出版社1997年版，第32页。
② 鲁顺民：《正太铁路：穿越太行之腹的百年大道》，《中国国家地理》2015年第4期。

路。光绪三十年（1904年），正太铁路动工修建，3年后全线竣工通车。由于这两条铁路的轨距不同，所以正太铁路局便在京汉铁路振头站的北面设立了自己的车站，直接命名为"石家庄车站"。从此，石家庄成了京汉铁路与正太铁路的交汇点，成为晋冀间物资转运的枢纽和近代华北铁路交通网的枢纽之一。

铁路枢纽地位对石家庄城市经济的发展产生了巨大的拉动作用，以石家庄城市发展史研究见长的李惠民将这种拉动作用归纳为三个方面：第一，铁路枢纽造就的天时地利条件，首先使得石家庄形成了先导的运输产业，并且迅速扩大完善，进而发展成为支柱产业；第二，在铁路枢纽产生的巨大能量推动下，对交通运输产业链的延伸起到极大的带动作用，刺激了商业和服务业的兴起和发展；第三，铁路枢纽实现了对生产要素的地域调配与组合，扩大了资源有效利用的领域，推动了资源和原料的深加工，推动了纺织和炼焦等新产业的出现，从而奠定了石家庄的工业产业基础。[①] 从运输业到商业和服务业，再到工业的兴起，石家庄的人口规模和城区面积也在不断扩大。

铁路未通之前，石家庄村民绝大多数从事农业，很少从事商业。京汉铁路通车至此后，逐渐有商民来往。正太铁路通车后，铁路运输业及转运业迅速兴起并带动石家庄工商业快速发展。1916年前后，京汉、正太两条铁路间的道岔区，已有十二三个商家。1926年，石家庄有2000余家大小商家，商业日渐繁荣。依赖铁路运输业

---

① 李惠民：《近代石家庄城市化研究（1901—1949）》，第64—65页。

## 第五章 城市与乡村

生存并发展的转运货栈,是石家庄最引人注目的商业类型,在各类商业中居首要地位。这类货栈以代客转运为主,同时自买自卖,由天津和直隶各地贩运煤油、纸烟、布匹、棉纱、杂货等各种货物转运销售;或由井陉、阳泉、太原方面贩运煤炭、铁矿等运往天津及直隶各县销售。① 转运业和货栈业最早出现的原因只有一个,这就是京汉铁路和正太铁路的轨距不一致,两条铁路无法实现联运对接,只能借助于转运工人来回搬运货物。

铁路运输业的发展和商业的繁荣,又为石家庄工业的崛起提供了良好的原料、运输及销售环境,以炼焦厂和大兴纱厂最为典型。中德合办井陉矿务局下属的石家庄炼焦厂,设在正太铁路石家庄车站西南。1916年,该厂"选择交通适中之石家庄,开始修造小炉",因"一战"缘故而搁置。1918年后恢复建设,原计划建日产40吨的小炉20座,后增日产百吨大炉10座。1923年,炼焦厂正式成立;1925年9月,该厂完成各项生产设备,开始炼制。② "交通适中"说的就是石家庄铁路枢纽的交通区位优势。

大兴纱厂,全称大兴纺织股份有限公司,设立于1922年。经理徐荣廷之所以选择石家庄建立工厂,看中的就是这里交通便利,原料来源和产品销售十分方便。该厂所用棉花多来自直隶各县及晋、陕等省。石家庄村所在的获鹿县,年产棉花也有200万斤。大兴纱厂成立后,收买棉花颇多。山西棉花多来自晋东南地区,经正太铁

---

① 江沛、熊亚平:《铁路与石家庄城市的崛起:1905—1937年》,《近代史研究》2005年第3期。
② 同上。

路运至石家庄；陕西棉花则多由郑州转运或在陕州（今河南省陕县）购买后经京汉铁路运到石家庄，原料购买及运输成本较低，周转效率较高。这些基于铁路运输的有利条件，使得大兴纱厂建立后发展很快。1926年拥有纱锭2.5万枚，织布机300架，纺毯机8架，工人3300—3400名；1928年拥有纱锭2.4万枚，织布机290台，工人3100余名；1933年拥有纱锭2.4万余枚，织布机390余架，工人3200人；1934年拥有纱锭3万枚，织布机1000架，雇有工人3600余名。① 石家庄炼焦厂、大兴纱厂的崛起以及多家小型企业的建成投产，表明石家庄不仅是一个交通枢纽和大宗商品集散中心，同时也初步形成了一个区域性工业中心，对石家庄城市经济的发展助力颇大。

近代工业的兴起又进一步带动了石家庄城市人口的增长与城区面积的扩大。1925年，石家庄人口激增到33077人，1933年市区人口达到63156人；1937年"七七事变"前，全市人口达到72100人；1949年，石家庄人口发展到18万。城市面积则由原来的0.1平方千米，扩展到100多平方千米②，近代化的城市规模初显风姿。

石家庄早期城市格局带有明显的交通社区色彩。所谓交通社区，是指为满足交通部门职工的生活和工作需要，建立在交通线上的车站、码头港口和机场的区域性社会，是一种以运输生产为基

---

① 江沛、熊亚平：《铁路与石家庄城市的崛起：1905—1937年》。
② 田伯伏：《京汉铁路与石家庄城市的兴起》，《河北大学学报（哲学社会科学版）》1997年第2期。

第五章 城市与乡村

础,由建立在车站、码头港口和机场的交通企业的职工组成的相对独立的社会生活共同体。① 京汉铁路和正太铁路的中间地带建有两个车站、两个机车厂。京汉路车厂在京汉线以东,车站以北,厂址呈带状;正太路车厂在车站以西,正太干线与保晋新厂支线之间。以京汉路、正太路两车站、两车厂及其毗邻的正太铁路局为中心,逐渐形成一个以铁路及附属企业工人为主要居民的交通社区,构成了石家庄早期城市的核心区域。以这个核心区域为中心,城市空间向东西两个方向逐步拓展,最后形成了以京汉铁路为分界线的桥东、桥西两部分,也就是今天石家庄城区的基本格局。

### 二、工矿业城市唐山的兴起

唐山的城市源头是开平矿务局的设立,唐山是因煤炭开采而兴起的,但唐山城市的发展却与铁路建设有着密切的关系。"铁路运输与矿产资源开发的紧密结合,促使唐山迅速兴起为工矿业中心。"② 开平近代化的采煤工业建立起来以后,就要求相适应的运输方式来解决产品的运销问题,而铁路以运输量大、速度快、成本低等优点而成为首选的运输方式,进而促进了唐山的城市发展。

在唐山成为新的商贸中心以前,滦州地区业已形成了四个大镇,即开平、稻地、倴城、榛子镇。铁路的修筑改变了当地的商业地理格局,地方志的记载表达出对铁路运力的崇敬:"铁路在胥各

---

① 谷中原:《交通社会学》,民族出版社2002年版,第90页。
② 熊亚平:《铁路与华北乡村社会变迁(1880—1937)》,第258页。

庄南二里许，西自胥各庄起，东北至唐山止，长约十六七里，引火轮车运煤其疾如焚如风，光绪八年为开平矿务局而设。今更续修至天津，二百余里一日可往返矣。"① 正是因为铁路的修筑使得唐山在交通便利方面具备了其他四镇所不具备的优势，遂发展成了乡间采购的"百货场"。"四方商贾，率麇集于交通便利之地如唐山、古冶等处，日臻发达，凡乡间购置物品者，均以该市为百货场，而各镇之贸易遂不免受其影响。"② 另外，唐山的集日与开平大集的集日刚好错开。这一方面反映了唐山商贸与开平镇的密切关系，同时也印证了唐山"百货场"的地位。

铁路的修通还带动了其他工业企业的兴办，主要有唐山修车厂、启新洋灰公司和华新纺织厂。唐胥铁路建成通车后，为适应修理机车的需要，清光绪六年（1880年）开平矿务局在丰润县（今唐山市丰润区）建立修车厂，并制造出了我国第一台机车"中国火箭号"。光绪十年（1884年），修车厂迁至唐山西马路，改称唐山修车厂，占地约3公顷，工人500名至600名。光绪二十二年（1896年）购地兴建新厂，工人增至约3000人。③ 唐山修车厂是我国第一个机车车辆厂，到20世纪初年发展成为规模庞大、技术力量雄厚的铁路工厂，在中国机械工业史上占有重要地位。

启新洋灰公司的前身是创办于清光绪十五年（1889年）的唐山

---

① （清·光绪）《丰润县志》卷九，《杂记》。
② （民国）《滦县志》卷三，《地理·集镇》。
③ 刘秉中：《昔日唐山》，《唐山文史资料》第15辑。

## 第五章 城市与乡村

细棉土厂，是我国最早的水泥工厂。但因经营不善，于光绪十九年（1893年）停产关闭。光绪二十六年（1900年）因八国联军入侵，该厂落入英国人之手。光绪三十二年（1906年）周学熙奉命收回细棉土厂重办，次年更名为"启新洋灰股份有限公司"，成为中国工业史上最早的股份有限公司之一。华新纺织厂是启新洋灰公司经理周学熙等人在1919年创办的，成为当时北方规模最大的纺织企业之一。此外，发电厂、陶瓷厂等一些近代工业企业陆续创办，唐山的工业人口因之大量增长。

工矿业与铁路运输的相互促进，使得唐山商贸中心的地位愈发突出。"由于工业、交通的发展，唐山的人口有显著增加，商业也繁盛了起来，附近的农产品都运到唐山、古冶等地集散，这时依靠军事、政治而发展起来的开平镇，已逐渐地衰落下去。"① 清光绪八年（1882年），唐胥铁路在唐山设站，是为老火车站，周围逐步形成了乔屯街、东局子街等早期街道。宣统二年（1910年），火车站南移，商业中心也随之转移到铁路以南小山一带。车站道口行人渐多，小山西侧和车站道口以南的通行道两旁，便有人摆摊卖些吃食之类，以后出现了卖药的、卖艺的、剃头的、修鞋的等等。短短几年时间，小山西部的便宜街、东新街和新立街，都成了商店林立的繁华街道。茶园、饭馆、澡堂、旅馆、照相馆等相继开业。小山成了唐山商业、娱乐的中心区。② 到1924—1927年间，唐山街市东西

---

① 魏心镇、朱云成：《唐山经济地理》，商务印书馆1959年版，第10页。
② 郝飞：《开平矿务局与近代唐山的兴起》，《唐山学院学报》2007年第5期。

长约一千米，北依唐山，东临陡河。开滦矿场、工人住宅和民居房屋，大都沿京奉铁路及其支线布局。重要建筑多用新式砖瓦砌成，壮丽程度甚至超过很多内地县城。①

### 三、工商业城市秦皇岛的兴起

秦皇岛虽然是因港口而兴的城市，但在秦皇岛的城市发展过程中，京奉铁路所起的作用不可低估。"京奉铁路贯穿秦皇岛沿海地带，是联结港口与其陆向腹地的交通'动脉'，在很大程度上维系着这个港口城市的'新陈代谢'。"② 甚至可以这样说，京奉铁路决定或促进了秦皇岛城市的崛起和发展。

清光绪二十五年（1899年），自津榆铁路汤河火车站至港口码头修筑了长约4.8千米的单线铁路，这是秦皇岛港的自备铁路。这样，"'官督商办'的开平矿务局矿区和官办的津榆铁路以及秦皇岛港自备自营铁路一起，组成了煤炭出口及其他货物进出口的重要环节"③。秦皇岛港以输出开滦煤炭为主，其价值年均约占出口货物总值的80%以上，由此奠定了它作为一个以煤炭输出为主要职能的港口城市的地位。从这种意义上说，煤炭输出量的增减在很大程度上左右着该港进出口总值的变动，而京奉铁路的畅通与否决定着煤炭

---

① 熊亚平：《铁路与华北乡村社会变迁（1880—1937）》，第259—260页。

② 李自典、李海滨：《京奉铁路与秦皇岛城市的崛起和发展》，《河北师范大学学报（哲学社会科学版）》2013年第2期。

③ 交通部秦皇岛港务局铁路运输公司铁路史编委会编：《秦皇岛港铁路运输发展史（1891—1992年）》，第28页。

## 第五章 城市与乡村

运量的多寡：当京奉铁路处于正常状态之时，开滦煤炭可以源源不断地运抵秦皇岛出口，该港的出口贸易值得以增长；一旦京奉铁路因某种原因出现梗阻而导致开滦煤炭无法外运时，该港的贸易将遭"殃及池鱼"之累而出现下降。例如，1922年第一次直奉战争期间，自5月25日至6月21日，京奉铁路运输完全停滞，矿区煤炭无法输出，导致该年煤炭输出量较上年锐减近93万吨，出口总值下降了382万海关两。① 京奉铁路对于秦皇岛港煤炭出口乃至整个进出口贸易具有极端的重要性。

京奉铁路不仅关乎秦皇岛港的进出口贸易，并且对城市空间格局的形成、人口的增加及流动的频繁、商业的繁盛等发挥了不容忽视的作用，从而塑造了近代秦皇岛城市的基本形态。清光绪二十七年（1901年），秦皇岛海关及工部局设立，又在海关附近建立起邮局和警察所；之后，因开平矿务局秦皇岛经理处设立营业部、新的栈桥码头投入使用，以及在此设立南非华工移民补充站的缘故，几年间有数万工人涌入该地。为外来船舶及人员、筑港工人和出国华工等提供生活服务的商铺、饭店、防疫医院、高级员工住宅及休闲、娱乐设施等陆续出现。

1916年，京奉铁路废弃汤河站，增设南大寺与秦皇岛两站，拉近了与港口码头的距离，使该港进出口贸易愈加繁荣，人口也在增多。清光绪三十三年（1907年），有人口1600余人；1916年骤增至6000余人；1925年增至3500多户，14900多人；1937年以前，

---

① 李自典、李海滨：《京奉铁路与秦皇岛城市的崛起和发展》。

秦皇岛人口已达 6200 多户，33900 人①，已经超过了临榆县城。城市规模的扩大，促进了城市商业的发展，进而带动了城市街区的扩大。

　　秦皇岛的城市空间格局也是以京奉铁路为界的，分为两个形态明显不同的城区：京奉铁路以南方圆几十千米为商埠区，统归开平矿务局管辖，非经许可，不准国人在内营业，对所有营业复有随时取缔之权，几乎与各国租界相埒。在开平矿务局的控制和经营之下，商埠区的规模日益扩大，面貌逐渐改观。除了矿务局所属的事务所、堆栈、煤厂、小工房、贮水池、修机厂、电灯房、避暑别墅外，还建有海关堆栈、防疫医院、职工宿舍、学校等；商埠区内的主要街道两旁林立着众多的洋行、客栈和饭店。此外，京奉铁路机务段及其职工宿舍、秦皇岛桥梁厂及货场等也设立于此。这些使得商埠区的市面更为繁荣，逐渐成为秦皇岛港的经济重心。京奉铁路北侧为地方政府管辖的街市区，该区紧邻铁路线，面积不及商埠陆域街区的五分之三。到了 1927 年，街市区渐呈四方形，长、宽均不足 0.5 千米，辟有朝阳街、菜市街、西前街、西长安街、正街、南前街等大小十余条街道，区内设有警察署、屠兽检验分厂、捐务处、商务会、邮政局、临（榆）抚（宁）乐（亭）3 县纸烟特税局、统捐征收局等公共机关及扶轮学校、高级小学校等。② 到 1928 年，秦皇岛已经与陆地相连。并成为临榆县下辖 8 个区中的第七区，被设

---

① 熊亚平：《铁路与华北乡村社会变迁（1880—1937）》，第 268 页。
② 李自典、李海滨：《京奉铁路与秦皇岛城市的崛起和发展》。

第五章　城市与乡村

为特别镇。① 由岛到镇，秦皇岛只用了30多年的时间。

津榆铁路的修筑还产生了另一个后果，这就是北戴河海滨的开发。在修筑津榆铁路时，英国工程师金达勘测路线来到北戴河金山嘴一带，见其沙软潮平，气候宜人，实为避暑胜地。于是，恣惠供职铁路之华人杨季琳等大举购地。再加上金达等人在京津一带极力渲染，所以各国传教士及形形色色的人物纷纷来海滨购地建屋。随着外国避暑人士的逐渐增多，清政府感到无力抵制，不得已在清光绪二十四年（1898年）正式辟北戴河海滨为避暑区，隶属临榆县管辖。但是，这属于一种放任自流的消极开放政策，这样使得越来越多的外籍人士及其家眷从京津和各地来海滨避暑。这些外国人为了在海滨站稳脚跟，纷纷以宗教名义各自结成团伙，购买当地土地，共同对付中国人，并彼此划分势力范围。

1916年，卸任内务总长朱启钤第一次来到北戴河海滨，他以敏锐的政治和经济眼光，看到了这里存在的问题的严重性和重要性，遂决定以自己特有的人生阅历和社会背景为依托，加强对北戴河海滨的管理和旅游开发。1918年，他开始号召在海滨避暑的中国上层人士创办地方自治公益会。同年8月，酝酿筹备并草创会章。翌年8月10日，经内务部批准，直隶省公署备案，北戴河地方自治公益会正式成立。公益会自成立至1932年5月河北省政府采纳该会的建议成立海滨自治区止，共存在了13年的时间。其间朱启钤领导公益会对海滨的开发建设主要做了以下8个方面的工作：筹集资金，筑

---

① 孙志升主编：《秦皇岛之源海港区》，中国文史出版社2007年版，第83页。

路建桥，设立医院，兴办教育，开辟莲花石公园，兴建苗圃，绿化景区，整修名胜古迹，加强海滨管理。另外，公益会还设立银行办事处和邮局，加强海上救护措施。① 公益会实际上起到了市政管理机构的作用。

### 四、铁路沿线其他城市的发展

除去石家庄、唐山和秦皇岛这 3 座城市以外，京津冀地区铁路线的延伸还带动了其他一些城市的发展，其中以张家口和廊坊最为典型。

张家口在明清两代本是一座商贸城市，曾经盛极一时。第三章第六节曾交代过张家口商贸城市地位下降的原因，是京张铁路的修筑使得张家口"重振雄风"。清光绪三十一年（1905 年）10 月，京张铁路开工。宣统元年（1909 年）7 月，全线竣工。京张铁路全长 178.5 千米，总造价 693 万两白银，平均每千米 3.8 万两，比预算节支 36.1 万两。京张铁路除枕木购自日本、机车购自英国外，其余钢轨、客货车辆分别购自汉阳铁厂和唐山机厂，工程设计施工全部由中国工程师承担。② 京张铁路被称为近代中国"最为重要的自建官办铁路干线"。③

---

① 刘少虎：《朱启钤开发北戴河海滨旅游景区的原因及启示》，《湖南商学院学报》2004 年第 4 期。
② 杨勇刚：《中国近代铁路史》，第 71 页。
③ 吴松弟主编：《中国近代经济地理》第一卷，华东师范大学出版社 2015 年版，第 315 页。

第五章　城市与乡村

京张铁路的建成通车对张家口的影响重大，它首先担负起张家口与京津和晋蒙广大地区的交通枢纽作用。京张铁路的通车为张家口吞吐内地、西北和蒙地物资增强了活力，经济贸易总量逐年增加，到宣统三年（1912年），仅蒙地输入的商品总额达到白银757000两，较宣统元年（1909年）增长了40.99%。① 其次，直接促成了张家口"新型城区"桥东区的形成，从而奠定了张家口近代城市格局的基础。光绪三十年（1904年）以前，桥西已是一派繁荣景象，桥东还是一片高低不平的荒地，除了一座小庙和几片菜地外，只有几家零星菜农，人烟稀少，极为荒凉。天津"怡和洋行"买办梁炎卿、陈祝龄得知清政府将修筑京张铁路的消息后，筹组成立了"怡安有限股份公司"，开发桥东火车站附近的荒地。京张铁路通车时，怡安公司建成住房6000余间，兴建了怡安街、宝善街、长寿街、桥东大街等商业街，并仿照北京东安市场格局，兴建了张家口东安市场。② 一些洋行、京津商贾纷纷在火车站周边抢购地皮、大兴土木，新的建筑群迅速形成。与此同时，大量外地人口流入张家口，大部分定居在桥东，在繁华街道及其背后集中着大量民居。桥东很快发展成新型的商业区和居民区。复次，京张铁路的建成通车，促进了张家口近代工业的勃发。最早出现的是隶属于京张铁路的机械修理厂，后来宝兴矿业股份有限公司、华北电灯股份有限公

---

① 张轶欣：《张家口商业兴衰与近代城市空间的演变》，《河北北方学院学报（社会科学版）》2008年第4期。

② 同上。

司、造币厂等相继出现,尤其是1919年龙烟铁矿公司的成立,奠定了张家口的工业基础。

根据1912年的统计,张家口桥东和桥西的常住人口是132621人。① 桥东形成商业、娱乐业和工业相结合的经济结构,而桥西仍然是以对蒙俄为主的商业贸易经济,桥东、桥西形成两种形态迥异的经济模式。"传统城区"与"近代城区"并存,这种结构表现出城市从传统走向近代的空间过程。

廊坊位于旧州、桐柏、采育、北旺、杨税务、韩村等村镇之间,相距均不超过15千米。京奉铁路在此设站后,廊坊成为安次、武清、永清等3县的交通中心,商贩日益增多,运输日渐旺畅。1937年前,车站附近商肆栉比,商业繁荣程度甚至超过了上述3县的县城。集散货物以粮食和棉花为大宗。粮食产自武清、安次、永清、霸县等地,由张家口、山东及京汉沿线各地商人前来贩运。棉花来自廊坊附近,多由棉农就地出售。外地运至廊坊、销售于附近乡村的煤油、布匹、杂货等,均购自天津,由京奉铁路运来。1937年前,廊坊有杂货店十四五家,布店七八家。② 但是,廊坊真正发展成为一座城市,要等到20世纪80年代了。

## 中国市制的发展

清末新政开启了地方自治的进程,近代市制被引进中国,但并

---

① 张慧芝:《天子脚下与殖民阴影:清代直隶地区的城市》,第229页。
② 熊亚平:《铁路与华北乡村社会变迁(1880—1937)》,第150—151页。

## 第五章　城市与乡村

没有完全确立城市的独立法律地位。辛亥革命后，江苏省于 1911 年 11 月召开了临时省议会，会上通过了推行地方自治的《江苏暂行市乡制》。它基本上是仿效清末《城镇乡地方自治章程》的，但有两个重要的不同之处：第一，它规定凡县治城厢地方为市，其余市镇村庄屯集等地方，人口满 5 万以上者为市，不满 5 万为乡。它用"市"这一名称统一取代了"城""镇"。第二，它规定市乡地方以后若因人口增减，市不足 4.5 万人，乡超过 5.5 万人者，经市乡提出申请，由省都督府改变之，权限属于省而与中央无关。① 自从江苏首先采用"市"作为行政区域建制的单位后，各省先后仿效，最终为全国所接受。

　　1921 年 5 月，大总统徐世昌以教令的形式公布了《市自治制》，随后又于 9 月 9 日公布了《市自治制施行细则》。"这是中国第一部由中央政府颁布的关于设置市建制的正式文件，从国家意义上开创了中国市制。"② 《市自治制》规定市为自治团体，具有法人地位。《市自治制》还规定市分为特别市和普通市两种。特别市与普通市之议决机关均为市自治会，由市居民选举之。其执行机关，在特别市有市参事会，由市长、佐理员、区董、名誉参事员组成；在普通市则有市长 1 人，总理一切。此外，设有市董，承市长之命，辅助市长，分任执行事件，但员额以 4 人为限。特别市的地位相当于县，

---

① 田穗生：《旧中国市建制设置概述》，《学术研究》1985 年第 1 期。
② 刘君德、汪宇明：《制度与创新——中国城市制度的发展与改革新论》，东南大学出版社 2000 年版，第 31 页。

和县同属于省；普通市则隶属于县。① 当时，地方行政层级虽然是省、道、县3级，但道的地位很微弱，基本上属于省政府的派出机构，故而特别市和县都隶属于省。

《市自治制》有两个显著特点：一是放宽了设市标准，人口在1万以上的城镇即可设市。二是坚持实行城乡分治，市自治团体以固有之城镇区域为其区域；市与乡有彼此利益相关事项，必须联合办理者，得依市乡之协议，呈经直接监督官署核准，设立市乡组合。② 然而，在当时的条件下，这一法规的影响很有限，仅在北京和青岛真正实行过，其时在全国范围内正式设市的城市也寥寥无几。

南京国民政府成立后，于1928年7月3日公布了《特别市组织法》和《市组织法》，分别规定特别市和普通市的组织形式。这是我国"第一部全国通行的市组织法，从法律上确定了现代市制"③。它规定，市分为特别市和普通市两种。

特别市的设置须经国民政府许可，直隶于中央政府，不入省的行政范围。特别市的设置必须符合下述条件之一：(1) 首都；(2) 人口在100万以上；或(3) 其他有特殊情况之都市。普通市的设置，由所属省政府呈请，经国民政府特许，直隶于省政府，不入县的行政范围；设置普通市的条件是人口必须满20万。④ 按照这两个组织

---

① 钱实甫：《北洋政府时期的政治制度》下册，中华书局1984年版，第329页。
② 邱红梅：《近代中国市制的变迁及其特点》，《咸宁学院学报》2007年第5期。
③ 刘君德、汪宇明：《制度与创新——中国城市制度的发展与改革新论》，第32页。
④ 田穗生：《旧中国市建制设置概述》。

## 第五章 城市与乡村

法,当时全国共设有 8 个特别市,分别是南京、上海、北平、广州、汉口、天津、哈尔滨、青岛;共设有 17 个普通市,包括杭州、苏州、长沙等。

上述两部法律施行了两年后,于 1930 年 5 月被新的《市组织法》所代替。新的《市组织法》将市分为行政院辖市与省辖市两种。院辖市设立的条件是:(1)首都;(2)人口在百万以上者;(3)在政治上经济上有特殊情形者。但虽符合上述(1)、(2)两条件,而为省政府所在地者,应为省辖市。省辖市的设置,则必须符合以下三个条件之一:(1)省会;(2)人口在 30 万以上者;(3)人口在 20 万以上,所收营业税、牌照费、土地税每年合计占该地总收入二分之一以上者。① 在行政区划的层次上,院辖市相当于省一级,省辖市相当于县一级。根据这一规定,全国设置市建制的城市大为减少,1932 年全国仅有 4 个院辖市(南京、上海、北平、青岛),9 个省辖市。

1943 年 5 月,国民政府对《市组织法》又进行了一次修正,把省辖市的设置条件降低了,规定人口在 20 万以上者即可设市,同时还取消了省会不设院辖市的规定。② 经过这次修改,院辖市和省辖市的设置才逐渐增多。到 1947 年年底,院辖市增为 12 个,分别是南京、上海、北平、天津、青岛、汉口(1949 年 5 月改称武汉)、西京(今陕西省西安市)、重庆、哈尔滨、广州、沈阳、大连。

---

① 田穗生:《旧中国市建制设置概述》。
② 曹启挺:《世界各国市制比较研究》,中央编译出版社 2012 年版,第 17 页。

为了解决市建制设置中存在的问题，国民政府内务部曾在1947年12月拟订了《直辖市自治通则（草案）》和《市自治通则（草案）》，这两个通则草案提出的改变有：第一，市分为三种：甲种市为直辖市，乙种市为省辖市，增设丙种市为县辖市。首都划为特别行政区。第二，甲种市设置须符合下述条件之一：（1）人口在50万以上者；（2）在军事、政治、经济、文化、历史上有特殊情形者，但省会所在城市除外。甲种市受内政部指挥监督。第三，乙种市设置须符合下述条件之一：（1）人口在10万以上者；（2）在军事、政治、经济、文化、历史上地位重要者。乙种市受省政府指挥。第四，丙种市设置须符合下述条件之一：（1）人口在1万以上者；（2）在军事上、经济上有重点作用者。丙种市受县政府指挥。第五，甲、乙两种市之置废及区域的划定变更，由中央政府核准，丙种市的上述事项由省政府核准，报内政部备案。第六，市之区域应分为行政区域和经济区域两种，经济区域应以市之经济势力所及之区域为范围。对经济区域内之特定经济事业，市透过其主管监督机关，间接统筹与辅导，不直接指挥。[①] 但这次市制的改动基本上没有产生什么影响，因为不久之后的政权鼎革使得这两个草案失去了试验的机会。

回顾近代中国市制的发展过程，具有极为重要的意义。这是因为"中国现代市制的形成是中国政区制度发展过程中的重大历史事件，它刷新了中国政区制度的内容，为城市建制提供了法律依据，

---

① 田穗生：《旧中国市建制设置概述》。

大大促进了中国现代城市的发展,也为当代中国市制奠定了制度基础"①。当然,对于本书研究的主题来说,也是很有价值的。

## 北京城市地位的变化

北京在京津冀城市群中占有最重要的地位,因此,在考察近代中国市制的发展过程时,首先要对北京进行最为细致的分析。清末民初,北京没有单独的城市管理机构,而是由内务部直接管理,这也是北京作为一座城市缺乏独立的法律地位的重要表现之一。再往前追溯,清代北京的城市管理机构比较多,而且分工也较复杂。

清沿明制,设顺天府管理北京附近的二十多个州县。顺天府名义上隶属于直隶省,实际上为特别区域,史称"顺直兼辖区域"。顺天府负责同内城的步军统领衙门、内外城的巡警总厅共同管理北京的地方行政,顺天府在行政过程中必须与民政部和步军统领衙门协同。"这样的结果是分工混乱、政出多门、体制不顺、管理困难。"②自清宣统元年十二月(1910年1月)《京师地方自治章程》颁行以后,北京也开始推行市自治,但效果未彰,清政权已被推翻。

1914年8月,在内务总长朱启钤的极力推动下,民国北京政府

---

① 刘君德、汪宇明:《制度与创新——中国城市制度的发展与改革新论》,第34页。

② 王亚男:《1900—1949年北京的城市规划与建设研究》,第60页。

设立京都市政公所，与隶属内务部的京师警察厅一起管理北京的内外城，形成近代市政府的雏形。京都市政公所起初由内务总长兼任督办（全衔是督办京都市政事宜），另设坐办1人。市政公所分置四处办事：第一处掌办总务，第二处掌办交通、卫生、市产、市营业，第三处掌办修建，第四处掌办工程。所辖机关有工巡捐局、传染病医院、工商业改进会、各公园事务所，并辖工程队、材料厂等。① 同年10月4日，顺天府改名为"京兆地方"，直隶中央政府。

1915年9月21日，改订后的《京师地方自治章程》公布，大总统明确京兆为特别行政区，即相当于行省的地位。该章程共8章，首先确定了自治区域，即"京师地方自治区域以内外城及外郊构成之"，"内外城地方以巡警总厅所辖地面为境界，其分区之法，即以巡警区之境界为准。外郊地方以京营所辖地面为境界，应就京营地面分区办理。巡警区域与京营地面有更改时，自治区域一并更改"②。该章程对自治机构的管辖范围、权限、职责分工等做了明确的规定，这说明北京作为"市"开始独立存在。1921年，《市自治制》颁布，定名"北京"为"京都特别市"，规定自1922年9月1日起在京都特别市施行新的自治。此后一直到1928年，北京一直采取城市双重管理体制，由京都市政公所与京师警察厅两个机构共同负责。二者彼此独立，京都市政公所负责城市规划、基础设施建设、修缮，经费筹措、卫生行政等；京师警察厅负责社会治安、捐

---

① 钱实甫：《北洋政府时期的政治制度》下册，第333—334页。
② 王亚男：《1900—1949年北京的城市规划与建设研究》，第41页。

## 第五章 城市与乡村

税征收、户政等。不过，在一些具体事务上也需互相协作。

京都市政公所建立之后，开始对城市实施改造，拆除城墙、规划市区道路，开展基础设施建设，北京城固有的封闭格局被打破，逐渐形成了各民族、各阶层混居，百业杂处的城市新形态。这里仅以香厂新市区的建设和北京电车公司的成立为例来回顾一下京都市政公所对于北京市政建设的贡献。

建设香厂新市区，主要目的有二：一是在北京建设一处包括购物、娱乐、餐饮、居住各项功能混合的新式区域；二是为其他旧城区的整治做出示范。香厂新区的建设方法较为现代，它首次运用现代规划原则进行设计，采用招租放领、建设投标等市场化的运作方式。其主要内容包括道路、建筑规划设计、基础设施及其他公共设施的建设。改造建设的新市区占地约3公顷，以万明路和香厂路为主干道，共规划了14条经纬道路。翻修了通往香厂的主要干道，以便与周边地区的往来，并安装电话、交通警察亭和路灯等必要设施。其房屋建设采用招标方式，当时修建的"平康里"乐户、仁民医院、新世界商场等建筑，式样美观，质量过硬，并且与整体环境协调。新市区还为改善卫生情况重点兴修了沟渠等排水设施以及其他公共设施。① 1918年，香厂新市区建成。建成后的香厂新市区两旁商场林立，新式建筑众多，是较为成功的具有现代意义的城市新区。

---

① 郗志群：《简论民国时期北京城市建设和社会变迁》，《北京联合大学学报（人文社会科学版）》2010年第5期。

北京电车公司于1921年5月开始筹建，由当时的京都市政公所督办张志潭与中法实业银行的代表，依据《五厘金币借款合同》，正式签订《北京电车合同》，议定股本官、商各半，共400万银元。同年6月30日，北京电车股份有限公司正式成立，开始筹建工作。经过三年多的建设，1924年12月18日正式通车。当时只有西直门至前门一条线路，途经新街口、西四、西单、天安门，全长9千米，只有10辆电车行驶。到1929年，发展到6条线路，全长39.8千米，拥有电车82辆，营业运行基本上达到了早、晚每隔9分钟，日间每隔7分钟一辆车的水平。①

1928年6月，国民政府定都南京，"北京"改为"北平"，北平特别市市政府随即成立，取消了京都市政公所、京师警察厅以及专门管理教育的京师学务局，相关职能被划并到北平特别市市政府下设的各局。北平特别市市政府的设立使市级行政职能开始完备，北平正式成为一个法律意义上独立的城市实体。但是，国都地位的丧失使得北平陷入困难境地。

传统上，北京作为一座消费都市，围绕官僚集团服务的金融业、商业、交通运输业、娱乐业盛极一时，吸引了大量外籍人口前来谋生，成为一座百万人口规模的大都市。然而，国都优势是一把双刃剑，北京在获利的同时，也积淀了不少社会问题，如城市发展路径单一，仅依托政治因素支撑，工业匮乏，繁荣的商业依赖官员消费，缺乏经济造血功能，等等。

---

① 纪良：《近代北京城市的变迁》，《北京社会科学》1990年第2期。

第五章　城市与乡村

首都资格的丢失意味着政治中心职能的消退，中央机关及大批高官南迁，昔日门庭若市的军政机关人去楼空。如原外交部、教育部就分别易为外交部档案保管处、教育部档案保管处，这似乎昭示着北平将成为陈列文物之旧都。原来全国性质的社团组织，不得不降格为北平分会，北平不再是号令全国的中心了。再加上已有的隐患暴露无遗，北平的社会经济一片凋敝，城市发展举步维艰。

尽管首都资格的丢失使得北平的地位一落千丈，但北平市的行政管理却由此进入了一个新的阶段。由于被国民政府列为直辖于中央的"特别市"，北平摆脱了过去将城市管理分成若干个条块，分属不同机构负责的传统治理模式，成为由市政府统一管理的现代城市型行政区。不过，新成立的河北省政府①却于1928年10月12日移驻北平，"出于拯救北平社会经济的需要"②，毕竟作为一个省的省会还是占有很大优势的。但这样一来，北平既是河北省政府所在地，又是行政院直辖的特别市，行政关系并不顺畅。于是，到了1930年10月15日，北平又被降为河北省省辖市，政治地位再次降低。好在北平作为河北省省辖市的时间很短，1930年12月30日北平重新成为直隶于行政院的"院辖市"。③

从北京城市的行政区域来看，是在不断扩大的。京都市政公所成立之初，所辖范围极其有限，1918年3月才包括了北京内外城全

---

①　河北省政府是1928年7月4日在天津成立的，管辖原直隶省的行政区域以及京兆地方所属各县。
②　潘鸣：《1930年北平市隶属变动考》，《民国档案》2011年第3期。
③　同上。

部，1925年9月始推及四郊各区。1928年6月28日北平特别市成立时，以原京都市政公所及警察总监旧辖城郊区域为限，划为内城六区、外城五区及四个郊区，其范围东至黄庄、西至三家店、北至立水桥、南至西红门，面积706.93平方千米，其中城区约占10%，郊区约占90%①，这个界线一直维持到1949年年初。

北京的城市地位虽然下降了，但北京的城市人口仍然在增长。据清宣统元年（1910年）的统计，当年北京总人口为271万人。入民国后，北京城市人口不断增长。1912年内外城人口为72.5万人，1927年达到87.9万人。抗日战争前的1936年，北京市域人口为153.3万人，到1948年按区划统计，北京有常住人口200.6万人。②这说明，古老的北京城魅力不减。

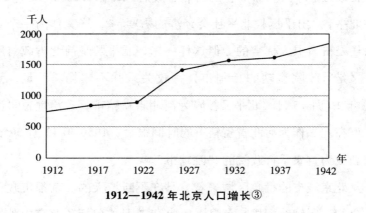

**1912—1942年北京人口增长③**

---

① 孙冬虎、王均：《民国时期北平市域的拓展计划初探》，《中国历史地理论丛》1999年第3卷。
② 北京地方志编纂委员会：《北京志·综合卷》，北京出版社2004年版，第2页。
③ 史明正：《走向近代化的北京城——城市建设与社会变革》，北京大学出版社1995年版，第17页。

第五章 城市与乡村

# 北京周边城市的地位变化

民国初建,地方行政制度沿袭清制,仍是省、府(直隶州、直隶厅)、县(散州、散厅)三级制。1913年1月9日,民国北京政府颁发《划一现行各省地方官厅组织令》《划一现行各道地方官厅组织令》和《划一现行各县地方官厅组织令》,开始存道废府(直隶州、厅)存县的地方行政制度调整。这三个法令文件的制定是因为当时各省对于同一级行政区名称各异,为同一级行政长官之权不同,而且存在道、府并存和府、县相辖等前清的弊政。这三个法令文件实际上是将地方行政划分为省、道、县三级。道虽然保留了下来,可是省级职权强大,可以直接管辖县,道更大程度上仍相当于省的派出机构。地方行政制度的调整和市制的推行,引起了城市地位的变化,有的城市地位上升,有的城市地位下降,当然也影响到了不同城市之间的相互关系。

## 一、处于下降地位的城市

京津冀地区处于下降地位的城市,大多与废府(直隶州、厅)存县的地方行政制度调整密切关联,也与城市经济实力的变动有关。受废府(直隶州、厅)存县地方行政制度调整影响最大的有永平府、正定府、河间府和宣化府,它们不但失去了原有的府城地位,而且更因附近城市的兴起和自身经济实力的衰落而降到了县城的水平。其中,永平府被撤后,改卢龙县为永平县,1914年复名卢龙县，直到今天（中间有所变动，但不大）；正定府被撤后，保留正定县，因南面15千米外的石家庄迅速崛起，正定县的行政级别一直保持到现在；河间府被撤后，保留河间县，此后虽有多次区划调整，河间县的行政级别一直没有改变，1990年撤县设市，仍为县级市；宣化府所属各县及张家口厅、独石口厅、多伦诺尔厅改置直隶省口北道，宣化降为县城，虽然后来又被设立为市，但几年后再次被撤，今天成为张家口市管辖下的一个区，即宣化区。

保定、承德也是受到民国初年地方行政制度调整影响较大的城市，但是它们的情况与前述4府有着很大差异。1913年12月，直隶省会由保定迁往天津，裁保定府设范阳道，恢复清苑县建制，结束了保定240多年的直隶省会历史。此时天津的直隶省会管辖渤海、范阳、冀南、口北4道，119个县，范阳道（保定）成为天津直隶省会的管辖之地。1914年，改范阳道为保定道，管辖原来清代的保定、正定2府及易、定、深3州，计40县。1916年，直隶总督署改督军公署嗣（后来改为直鲁豫巡阅使署，1934年军政长官驻节之处等）。1927年南京国民政府成立后，废直隶省建立河北省，撤销保定道，清苑、满城升格直属河北省，其中清苑县划分了7个区，包括保定城内、富昌屯村、西藏村等，此时保定城归属于清苑，连降为清苑县的一个区。① 这里面忽视了保定设立"自治市"的一段历史。

---

① 刘志琴：《近代区域政治中心的移转与城市功能的衍变——以清末民初的保定、天津为个案》，《河北大学学报（哲学社会科学版）》2013年第6期。

## 第五章 城市与乡村

1925年6月25日,中华民国临时执政府批准直隶省各地11个城镇实施"市自治制",其中就包括保定。据朱文通考证,"与石门、唐山同时设市的,还有保定、通州、顺德(今邢台),上述各自治市在国民党河北省政府成立后存在了一段时间"①。很多学者不认同1925年北京政府依据《市自治制》批准设立的"自治市"为一级行政单位。但是,以唐山地方历史研究见长的闫永增提出了不同的看法:"关于市政公所的性质,尽管不应视为近代意义的行政机构,其职能基本上是负责市区社会服务性事务,但它后来所推进的自治活动,含有明显的社会组织与社会管理的行政职能。唐山市政公所或类似机构的成立,为以后市政府的成立提供了经验和基础。"② 他说的虽然是唐山的情况,但也应该算是对市政公所性质的一个总体判断。他还指出:市自治区域虽然"不是市行政区域,不具有一级行政区划的意义,且它直接隶属于县政府,入县行政范围,亦未突破城乡混一的行政建制,但这恰是中国市制初创时期的典型特征,我们不能用中国市制成熟时期的市来衡量中国市制初创时期的市"③。我们极为认同他的观点。

保定的政治地位在民国时期一直比较高,民国前期一度是直系军阀的大本营,曹锟即以保定为长期居住地。1935年,河北省省会迁回保定,保定重新成为全省政治中心。1948年11月22日,中国

---

① 朱文通:《民国时期河北省设"自治市"考》,《冀东学刊》1995年第4期。
② 闫永增:《唐山设市时间应该认定为1925年》,《唐山学院学报》2015年第2期。
③ 同上。

人民解放军攻占保定。1949年8月1日，河北省人民政府成立，保定成为河北省省会和省辖市。1958年4月18日，河北省人民政府迁往天津市；1966年4月，河北省省会又从天津市迁回保定；1968年1月29日，河北省省会又徙治石家庄市。此后，保定成为河北省省辖市，一直到今天。

承德则属于另一种情况。承德府被撤后，保留了承德县，同时承德也是热河都统公署驻地。民初地方行政制度调整时，承德被划归热河特别行政区管辖。特别行政区是与省级平行的行政建置，属军政合一体制，最高长官为都统，地位略低于省行政长官。但都统管辖军民两政，是特区军民两政最高主管。[①] 1928年，国民政府明令改热河特别行政区为热河省，承德又成为热河省省会。但是，在热河省内，最早建立的市不是承德，而是赤峰，1945年8月赤峰设市，1947年废，1948年复设，在赤峰重新设市之年承德亦建为市。中华人民共和国成立后，承德仍为热河省省会。1955年，热河省撤销，承德市划归河北省[②]，自此作为河北省省辖市一直到今天。

## 二、处于上升地位的城市

京津冀地区处于上升地位的城市可分为两种，一种是历史上长时段里一直处于上升地位的城市，它们是天津、张家口；另一种是清末民初才兴起的新型城市，它们是石家庄、唐山、秦皇岛。

---

① 钱实甫：《北洋政府时期的政治制度》上册，中华书局1984年版，第267页。
② 徐纯性主编：《河北城市发展史》，第251页。

## 第五章 城市与乡村

天津是个老资格的商贸城市，在开埠前就已很有规模。1928年6月，以天津城及附近地段设置天津特别市。1930年6月，国民政府改天津特别市为天津市，隶属行政院。同年11月，天津院辖市又被降为河北省辖市，行政级别与县相同，但它是河北省省会，直到1935年。天津建市后，市县没有划界，县的建制虽还存在，但形同虚设。1934年，《天津市县勘划界域实施办法》实行，最后终于确定了天津市的行政区：东至牛栏圈，东南至吴家嘴，南沿津浦铁路支线，西至南营门，西北至黑塔寺，北沿北宁铁路。行政区面积达89平方千米，1936年城区面积达到147.83平方千米。① 天津市县划界的完成，表明城市型政区在天津正式确立。

抗日战争全面爆发后，天津很快被日军占领，伪"华北政务委员会"于1938年设立了天津特别市，但我们这本书里并不认可这个时期天津的市建置。抗日战争胜利后，天津被中国政府收回，并于1945年10月成立天津市政府。为了全面有效地管理天津，并使各方面的事业及其具体事务都有专门的部门予以掌握、处理，市政府在其宣布成立之日起建立了警察、社会、财政、教育、工务、卫生、公用、地政等8个局。② 这些组织机构的建立，将千头万绪的城市各项事务，按性质进行了比较合理的分工，把市政范围内的各个方面经管了起来，在一定程度上加强了市政府对天津城市的控制、管理。

---

① 王培利：《天津市县第一次划界简析》，《历史教学》2008年第6期。
② 罗澍伟主编：《近代天津城市史》，中国社会科学出版社1993年版，第758页。

1949年11月1日，天津被确定为中央直辖市。但到了1958年2月11日，第一届全国人民代表大会第五次会议决定改天津市为河北省辖市。4月28日，国务院批准河北省会迁往天津。1966年4月，河北省会迁回保定，1968年1月迁到石家庄市。1967年1月2日，中共中央批准将河北省的天津市升为中央直辖市，一直延续至今。

天津是北方最大的工业城市和商业中心，因而，政治地位的下降对它的影响较北京为低，这从天津城市人口的增长速度上能够清晰地看出来。天津的城市人口在清道光二十年（1840年）约为20万，咸丰十年（1860年）为30万，光绪六年（1880年）增至大约50万。到1935年，全市总人口达到349.6万，其中城市部分为151.5万。至中华人民共和国成立前，按现行行政区划范围估算，当时全市总人口约400万。① 城市人口的持续增长，表明天津的城市经济一直处于发展状态。

张家口的情况又与天津不一样。清末，张家口属于宣化府万全县管辖；入民国后，张家口被划归察哈尔特别行政区管辖，察哈尔都统公署驻张家口，但张家口仍归万全县管辖，万全县同样也不属于察哈尔特别行政区管辖。1928年，国民政府明令改察哈尔特别行政区为察哈尔省，张家口成为察哈尔省省会，万全县亦归属察哈尔省管辖，万全县政府也设在张家口。1939年年初，日军控制下的伪

---

① 仲小敏、李兆江主编：《天津地理》，北京师范大学出版社2011年版，第125页。

## 第五章　城市与乡村

"察南自治政府"批准设立张家口特别市①，在本书里不予认可。1945年，中国共产党领导下的晋察冀边区政府批准设立张家口市，不久察哈尔省建制恢复，张家口市改属察哈尔省管辖，并成为察哈尔省省会。1952年11月，察哈尔省建制撤销，张家口市划归河北省，1963年宣化市因建制撤销来属。直到今天，张家口仍为河北省省辖市。

石家庄、唐山和秦皇岛属于新兴的交通枢纽城市或工矿业城市，它们的发展速度很快，但设市的进程并不顺利。首先来看石家庄设市的过程。1925年6月25日，中华民国临时执政府批准石家庄实施"市自治制"，并将施行自治制的石家庄命名为"石家市"。石家庄改成了"石家市"，以"市"取代了"庄"，而且直接隶属直隶省，这标志着石家庄由农村向城市的转化在制度规格上迈出了实质性的一步。8月29日，北京政府批准，将"石家市""更名为石门市，以符名实"②。1926年11月29日，石门市自治会选举出了石门市市长和市董成员，组成了石门市政公所，李惠民等城市史学者因之将石家庄设市的时间点定格在1925年。本书认同他们的观点，也以1925年为石家庄市建制设立的起点。但是，只过了不到两年的时间，1928年南京国民政府明令废除"市自治制"，撤销全国所有市政公所。

---

① 徐纯性主编：《河北城市发展史》，第222页。
② 李惠民：《近代石家庄城市化研究（1901—1949）》，中华书局2010年版，第232页。

**1925年内务总长颁布的石门实行自治制令①**

1939年10月7日,伪"华北临时政府行政委员会"正式批准石门设市,市名继续采用此前的"石门"之称。对于这次设市,本书作者同样不予认可。抗日战争胜利后,国民政府接收日伪时期的真定道公署和石门市公署之后,"由于历史上不曾存在过国民政府设置的石门市政府,故无从恢复市府之说"②。于是,开始履行国民

---

① 王智主编:《百年石家庄》,河北教育出版社2001年版,第23页。
② 李惠民:《近代石家庄城市化研究(1901—1949)》,第234页。

第五章　城市与乡村

政府正式设市的补报审批手续。1946年5月,石门市政府成立,但直到1947年2月,才将有关设市申报材料上报齐全。根据这段史实,有人认定1946年5月为石家庄正式设市的时间,也不是毫无道理。

1947年11月12日,石家庄被中国人民解放军攻占。两天之后,11月14日,晋察冀边区行政委员会发布了布告,委任柯庆施为石门市市长。石门市当时隶属于晋察冀边区,城市政权名称为"晋察冀边区石门市政府"。1947年12月26日,"石门市"更名为"石家庄市"。1949年8月1日,河北省人民政府成立,石家庄市改属河北省人民政府。1968年1月29日,河北省省会迁至石家庄市。

唐山的情况与石家庄有些类似。第三章第二节曾提到过,清光绪七年（1881年）有唐山镇之设立。1925年6月25日,中华民国临时执政府明令"唐山市以唐山镇为其区域"①,即以当时唐山镇所管辖的区域内设立"自治市"。但唐山地方史专家刘秉中认为"市自治制"未在唐山得到实施,"直到1926年4月段祺瑞政府垮台,迄未执行,只是一纸空文"②。另一位唐山史专家闫永增则认为,唐山实施过市自治制,"至少从1925年到1930年有过唐山市的称谓",并进一步推论,"至少在1925—1928年唐山自治市存续期间,作为自治的推进机关,应当设有市政公所或其他类似的机构"③。闫永增的猜测可能是准确的,但尚需要档案资料的证实。

1938年1月28日,伪冀东防共自治政府明令唐山设市,并产

---

① 刘秉中:《昔日唐山》,《唐山文史资料》第15辑。
② 同上。
③ 闫永增:《唐山设市时间应该认定为1925年》。

生了市政府机构。刘秉中在他的《昔日唐山》一书中单独设立了一个小题目，即是"唐山正式建市"，本书作者对此表示不可接受。1946年4月，河北省政府委员会第132次会议通过唐山设市；5月5日，市政府成立大会召开。"这次明令建市，是由于国民党当局不承认日伪所建的市政权。"①作为主权国家的政府，怎能承认敌伪政权设立的市政府呢？那么，又如何看待1925年和1946年这两次唐山设市的历史呢？我们还是认同闫永增的说法："1946年国民政府在唐山设市，是依国民政府《市组织法》而设，是一种比较成熟的市制，是具有近代行政区划建制意义的市制。1925年北京政府在唐山设市，是依《市自治制》而设，是一种很不成熟的市制，是中国城市市制初创时期的产物，但不能因此就否认这是唐山设市之始。"②这个说法体现了中国市制的发展性特征。

1948年4月，国民政府内政部方域司编印了《中国之行政督察区》，内中记载全国设市城市有院辖市12个，省辖市55个。其中，京津冀地区的城市有北平（人口1672438人，院辖市，1928年6月设市）、天津（人口1707670人，院辖市，1928年6月设市）、唐山（人口149124人，河北省辖市，1925年设市）、石门（人口217327人，河北省辖市，1925年设市）、张家口（人口168840人，察哈尔省辖市，1945年设市）。③这个数据并不准确，我们综合各方面资

---

① 刘秉中：《昔日唐山》。
② 闫永增：《唐山设市时间应该认定为1925年》。
③ 何一民主编：《近代中国城市发展与社会变迁（1840—1949年）》，科学出版社2004年版，第199—201页，本书作者做了部分修改。

料，绘制了一张表格（见表5-1），将1949年以前京津冀城市群的设市情况完整地列出来：

表 5-1 1949 年以前京津冀城市群设市情况

| 城市 | 设市时间 | 设市前地位 | 设市状况 |
| --- | --- | --- | --- |
| 北平 | 1928年 | 首都 | 1928年设特别市，1930年6月降为省辖市，1930年年底升为院辖市 |
| 天津 | 1928年 | 省城 | 1928年设特别市，1930年改为院辖市，不久又降为省辖市，1936年复为院辖市 |
| 石门 | 1925年 | 县下 | 1925年置市政公所，1946年国民政府批准设市，同年12月改名石家庄 |
| 唐山 | 1925年 | 县下 | 1925年设"自治市"，抗战胜利后仍是省辖市 |
| 张家口 | 1945年 | 省城 | 省辖市 |
| 保定 | 1925年 | 省城 | 市 |
| 承德 | 1948年 | 省城 | |
| 秦皇岛 | 1949年 | 县下 | |
| 山海关 | 1949年 | 县城 | 1953年并入秦皇岛 |
| 宣化 | 1949年 | 县城 | 1963年撤 |

## 城乡关系的崭新特点

在两千多年的中国传统社会，城乡关系一直是相对稳定的。著名城市史专家何一民将农业时代城乡关系的特点概括为三个方面①：

---

① 何一民主编：《近代中国城市发展与社会变迁（1840—1949年）》，第415—418页。

第一，农业时代的城乡关系之间没有明显的社会分工。因为在中国传统社会自然经济占统治地位，在村镇小市场活跃着的家庭手工业和小商业只能作为自然经济的补充，从而形成了小农业与家庭手工业相结合的自然经济特征。城市中的工商业主要以满足统治阶级的消费为目的，在很大程度上仍带有那种自给自足的自然经济色彩。第二，城市与农村的关系表现为一种天然的联系性。这种天然的联系性表现在城市与农村总体结构关系上，便是城市统治和剥削农村，城乡经济关系的物质流向便自然而然地呈现"单向流动"——农村向城市流动的状态。第三，农村作为城市生活供给地的社会角色无法改变。这不仅使农村被城市统治、剥削的社会角色无法改变，生产方式超常稳定，更使广大农村和农村居民的构成主体——农业生产经营者的命运无法改变。

何一民论述关于农业时代城乡关系的三个特点中，最根本的是第一个特点，农业时代的城乡关系之间没有明显的社会分工。其他研究者也作出了类似的判断，只是表述方式更为凝练："在传统中国，城市和乡村是混为一体的，使城市成为广大农村的一个组成部分，而不是在中国这个母体上独自成为一个分开的实体。"[①] 中国传统社会里，"农村包围城市"是常态，而且城市居民的生活资料完全依靠农村供给。由于中国长期以来实行的是城乡合治的政区制度，城市不存在单独的地方政府，因而也不具有行政意义上的辖区范围。这是城市与农村成为一个连续体的人文景观：

---

[①] 薛凤旋、刘欣葵：《北京：由传统国都到中国式世界城市》，第19页。

## 第五章 城市与乡村

中国人拥有买卖土地的自由以及选择居址和生活方式的自由。大量人口每天出入城市，而这些人并不觉得自己在穿越一条社会或政治上的分界。城墙亦不是城内与城外的实际分隔，如县城内的地方官，职责上是对整个县的居民负责，而大部分的居民是散居在城外的农民。在这些农村地方，县官依靠乡绅和地方上的读书人及族长、乡长以维持大部分的县政。县官的管治，因而与乡绅、乡长、族长、地方上的读书人和长老，以及普遍被接受的孔子思想相结合。这种管治上的统一不但有效率，而且将城市和乡村连为一个行政、社会和文化的统一实体。①

但是，这种"城市和乡村连为一个行政、社会和文化的统一实体"的人文景观，因受到西方文明的冲击而发生了变化。特别是"随着铁路的延伸，西方近代工业文明不断地进行着由沿海而内地，由城市而市镇，由市镇而乡村的传播。这一过程不仅促进了市镇近代工商业的发展，影响了乡村手工业生产技术的改进，而且推动了市镇和乡村居民职业构成及其生活方式的改变，加速了华北地区的近代化"②。后来，又推行"市自治制"，从原来的省、县辖境之中划分出属于城市本身的行政辖区，城市与农村的传统关系被彻底颠覆了。

首先，原先以行政级别为标准的城市等级规模划分被以人口和

---

① 薛凤旋、刘欣葵：《北京：由传统国都到中国式世界城市》，第19页。
② 熊亚平：《铁路与华北乡村社会变迁（1880—1937）》，第286页。

经济规模为标准的城市等级规模划分所取代。京津冀地区传统城市,多以行政级别(省城、府城、县城)区分其规模。一般而言,省城规模最大,府城次之,县城最小;人口也大致依次递减,相反情况很少。石家庄、唐山等城市的兴起,打破了这种局面。这类城市一般都不是各级行政中心,但有的城市规模却超过了县城、府城或省城,成为京津冀地区的经济中心城市,石家庄人口甚至一度超过了省城保定,而其商贸中心的地位早已超过了府城正定。"经济和人口规模逐渐取代行政级别(省、府、州、县城),成为衡量城市等级规模的标准。"① 这一现象,凸显了近代京津冀地区新兴城市经济功能日益强化的特征。

其次,原先以行政功能为主的城市占主流地位转变为以工业或经济功能为主的城市占主流地位。京津冀地区传统意义上只有两类城市,即行政消费型城市和经济型城市。其中,行政消费型城市以行政为主要功能,以乡村供应为经济内容,政治意义远大于经济意义,且随着行政体系变动而呈明显的盛衰波动规律,不具有可持续发展的可能性。明清之际,伴随着国内贸易的增长和市场的开拓,经济型城市开始出现,这类城市多以工商业或工矿业为依托,开始具有不同于政治、军事功能的经济功能。② 城市功能的转变,从实质上改变了传统的城乡关系。

---

① 熊亚平:《铁路与华北乡村社会变迁(1880—1937)》,第 286 页。
② 隗瀛涛主编:《中国近代不同类型城市综合研究》,四川大学出版社 1998 年版,第 2—5 页。

第五章 城市与乡村

复次，原先单向流动的城乡经济关系（农村向城市流动）转变为双向流动的城乡经济关系。这种转变对农村经济发展的影响是深刻的，城市不再是单纯地统治和剥削农村，而是对农村经济发展产生了"反哺"作用。以石家庄为例，清末以前，石家庄周围的正定、栾城、藁城、元氏等地就是有名的棉产区。但是，棉花的外销量很小，没有形成较大的交易市场。20世纪初以后，由于国内外纺织业的需要和铁路的开通，原来仅限于本地销售的棉花，很快成为出口商品，交易日渐发达。石家庄周围各县出现了棉花交易的初级的专业市场。各初级市场的棉花大多数运到石家庄，然后由石家庄借铁路运至棉花交易的终极市场——天津。这样，石家庄在棉花交易中，处于次级（中级）市场的地位。石家庄的棉花运销量是非常可观的。据1924年车站报告：共装出棉花千余车，每车按20吨计算，共装出两万吨，合33万5000担，共值21725000元。[①] 在正常年份，石家庄的棉花主要由火车运往天津等地，大车和水路运输占据次要地位，这是铁路修筑引起城乡关系变化的最明显例子。

最后，原先"无差别统一"的城乡关系被日益扩大的城乡差异所代替，造成了城乡结构的二元化和城乡矛盾冲突的加剧。随着城市工商业和对外贸易的迅速发展，城市经济产生的强大"拉力"，吸引着大量的人口涌入城市。以天津为例，大量移民源源不断从乡村迁入天津后，由于人口迁入城市的速度和规模远远快于经济发展

---

[①] 田伯伏：《京汉铁路与石家庄城市的兴起》，《河北大学学报（哲学社会科学版）》1997年第2期。

的速度，进入城市的劳动力不能完全被工业部门吸收，造成劳动力滞留市场。这样，虽然实现了劳动力由乡村向城市的迁移，但并没有实现就业结构的根本性变化。众多移民缺少维持生存的最起码的"正当"营生，因之沦为城市中的贫民，并引发了一系列严重的"城市病"。①

"城市病"的产生还只是新型城乡关系阴暗面的表现之一，城乡矛盾冲突的加剧才是更为棘手的问题。1934年，当天津市县划界进入实质性的阶段——勘测市县的界线时，城乡矛盾冲突顿显。土城、黑牛城一带28个村的村长联名上书天津县促进市县划界委员会，愿意做天津县的有力后盾，村长们表示，天津市区自顾不暇，岂有余力经营新划入的地方？白天政府安置界桩，村民晚上破坏，以至于河北省、天津市出动警察，还是管理不住。在很长一个时期内，天津市县不断因为地界问题打得不可开交。"虽然这里面有经济上的考虑，但当时的人们受传统观念的影响很大，这个传统的观念就是害怕失去土地，成为城市里的无根漂泊者，之所以对'农转非'不感兴趣，体现了他们'保土求存'的生命意识。"②

另一个例子来自石家庄最初城市名称的博弈。近代石家庄第一次拓展建市，面临的首要问题是石家庄与休门村、栗村合并以及全市人口数量规模问题。在筹备建立石家庄的市自治过程中，唯恐达

---

① 付燕鸿：《民国时期"城市病"的主要成因与救治——以20世纪二三十年代的天津为例》，《中州学刊》2014年第5期。

② 王培利：《天津市县第一次划界简析》，《历史教学》2008年第6期。

不到建立自治市人口标准。于是在筹备之始的1923年,"集合石家庄、休门本地绅民,共同议决",达成合并意见,将施行自治制的石家庄命名为"石家市"。后来,伴随着石家庄由农村向城市化的加快发展,因市自治的政区实际上早已不再仅仅限于石家庄村的范围,市区建筑已经扩大至休门村、东北栗村和西北栗村。但其地位在合并中,没有得到实际认可,从而构成一个现实矛盾。一方面批准建立"石家市"已经包含了休门村、东北栗村和西北栗村人口,另一方面市区建筑实际扩展到了休门、栗村地域,但是,合并的新行政单位名称却丝毫没有反映出它们原有的符号。其实,"石家市"称呼出台后,一直没有得到地方四村乡绅的一致认可。以赵中立、赵文斋等为代表的休门村士绅,对四村合并之后的"石家市"称谓,颇有微词,因而牢骚不断,在研究和协商自治事宜时,屡次对市自治的市名发难。原休门村士绅因为一再反对新城市的市名沿用"石家市"的称谓,执意要求更换名称,当地资深官员不得不出面调解,结果取石家庄和休门村的各一字,改称为"石门市"。[①] 石门市作为新城市名称的产生缘由,纯系协调地方士绅争执相互妥协的产物,反映了农村城市化过程中原有聚落特有的内在矛盾。

## 【本章小结】

　　不教路上起尘埃,清道人夫日泼街。大似一番春雨后,十分得用是皮鞋。

---

[①] 李惠民:《近代石家庄城市化研究(1901—1949)》,第232页。

在古代中国，城市与乡村的界线是很清晰的，一道高高的城墙将城市与乡村区划开来。但是，中国古代的城市与乡村的人文景观有着近似之处，城里也是泥土路，下雨天走出门去也要弄得两脚泥。近代中国的城市突破了城墙的界线，不但规模变得大了起来，而且市政设施也逐步完善，"清道人夫日泼街"，反映出一种全新的城市管理模式。

慢慢的，城市与乡村的差距越来越大，它们各自有着不同的人文景观。并且，城市在地位上将乡村远远地甩在后面，城乡一体化的和谐局面不复存在，代之以城乡近乎对立的关系。在京津冀城市群的新兴城市当中，这一现象表现得尤为突出。

第六章

政治与文化

第六章　政治与文化

中华人民共和国成立后,城市建设的方针发生了根本性的改变,即把原来的消费性城市建设成为生产性城市。"一五"时期计划经济体制的确立,大大强化了城市的经济功能,在使城市性质改变的同时,也使得城市功能同构化的趋势日益明显。原本丰富多彩的城市性格被归约为城市功能的综合性与城市文化的单一性,千城一面的现象开始出现,这在北京和天津的城市发展过程中表现得尤为突出。

## 首都城市的功能定位与城市建设

1949年9月27日,中国人民政治协商会议第一届全体会议决定北平改名北京,中华人民共和国的首都定在北京。从此,北京成为首都城市。但是,在中华人民共和国成立之初,对于北京的城市性质却发生了相当大的争议,这一争议甚至影响到了今天北京的城市发展。当时的争议集中在两个方面,其一是北京要不要大力发展工业,其二是首都行政中心的选址,实际上这两个方面是联系在一起的。

### 一、"梁陈方案"与首都行政中心位置的确定

北京作为首都城市,必须要明确其城市功能。彭兴业将首都城市的功能区分为核心功能与叠加功能两类,其中作为政治中心的功

能是最重要的核心功能,也是"首都发展最重要的战略资源"①,叠加功能则主要是指文化功能和经济功能。既然作为政治中心的功能是北京这座城市最重要的核心功能,那么,将行政中心区设置在哪里,便是需要明确的首要问题。

1949年5月,北京市政府就成立了都市计划委员会,叶剑英、聂荣臻、彭真等几任市长都曾先后兼任主任,梁思成被任命为副主任。都市计划委员会提出北京是"全国的政治中心,还应是科学的、文化的、艺术的城市",并提出了"服务于人民大众、服务于生产、服务于中央人民政府"的"三个服务"的城市建设方针。从1949年到1952年,中外专家、各界人士,对北京城市发展规划和建设进行了广泛的研究、讨论,提出了许多设想,涉及首都规划和建设的许多方面。当时争论最多的是首都行政中心设置在旧城区,还是在西郊另建新的行政中心。

梁思成与陈占祥共同对北京的城市规划做了设计工作,他们二人提出在西郊三里河建设新的行政中心,旧城区则完整地保留下来。但就在这时,一场激烈的交锋到来了。1949年9月,在聂荣臻市长的主持下,北京市召开城市规划会议,梁思成、陈占祥等中国专家和苏联专家到会,苏联专家团提出了《关于改善北京市市政的建议》,主张以天安门广场为中心建设首都行政中心。在这次会议上,梁思成、陈占祥与苏联专家发生了争执。

在当时的政治环境下,梁思成、陈占祥明显地处于孤立地位。

---

① 彭兴业:《首都城市功能研究》,北京大学出版社2000年版,第75页。

## 第六章 政治与文化

但他们没有放弃,而是拿出了一个具体的方案,阐明自己的观点。1950年2月,著名的"梁陈方案",即梁思成、陈占祥《关于中央人民政府行政中心区位置的建议》完成了,梁思成自费刊印,报送有关领导。在这个方案中,他们建议"展拓城外西面郊区公主坟以东,月坛以西的适中地点,有计划地为政府行政工作开辟政府行政机关所必需足用的地址,定为首都的行政中心区域"①。这个中心区域的西面,连接日伪时期开始建设的新市区,作为行政人员的住宅和附属设施。东面经西直门、阜成门、复兴门、广安门同旧城联络,入复兴门的干道直通旧城内长安街上各重点建筑,如新华门中央人民政府、天安门广场、北京市人民政府等。新行政中心建一个新的南北中轴线,北部为政府各部机关的工作地址,南部为全国性工商企业业务办公地址。

在提出建设新行政中心的同时,梁思成、陈占祥对苏联专家提出的利用东交民巷操场空地建设办公楼提出批评,指出这将导致"欧洲十九世纪的大建筑物长线的沿街建造,迫临交通干道所产生的大错误"。"日后如因此而继续在城内沿街造楼,造成人口密度太高,交通发生问题的一系列难以纠正的错误,则这次决定将为扰乱北京市体形秩序的祸根。为一处空址眼前方便而失去这时代适当展拓计划的基础,实太可惜。……我们的结论是,如果将建设新行政中心计划误认为仅在旧城内建筑办公楼,这不是解决问题而是加增

---

① 梁思成著,林洙编:《梁》,中国青年出版社2014年版,第288页。

问题。这种片面的行动，不是发展科学的都市计划，而是阻碍。"①他们对在旧城区建设行政中心的建议，还给出了多条反驳理由，但他们的建议似乎没有得到高层的足够重视。

1950年4月1日，梁思成致信政务院总理周恩来，恳请其于百忙之中阅读《关于中央人民政府行政中心区位置的建议》并听取他的汇报。信中说："我们请求政府早日决定行政中心区的位置。行政中心区位置的决定是北京整个都市计划的先决条件，它不先决定，一切计划无由进行。……我们的建议书已有一百余份送给中央人民政府、北京市委会和北京市人民政府的各位首长。我恳求您给我一点时间，给我机会向您作一个报告，并聆指示。除建议书外，我还绘制了十几张图作较扼要的解释，届时当面陈。如将来须开会决定，我也愿得您允许我在开会时列席。总之，北京目前正在发展的建设工作都因为行政中心区位置之未决定而受到影响，所以其决定已到了不能再延缓的时候了。"② 其实，"早日决定首都行政中心区"本来就是《关于中央人民政府行政中心区位置的建议》中的一个组成部分。

在这封信发出后的第十天，梁思成与陈占祥又遇到一对强劲的对手，就是他们在都市计划委员会的同事朱兆雪、赵冬日。朱兆雪、赵冬日于4月20日，写就《对首都建设计划的意见》，再次肯定了行政中心区在旧城的计划。《意见》说："北京旧城是我国千年

---

① 梁思成著，林洙编：《梁》，第304页。
② 王军：《对"梁陈方案"的历史考察》，《中华建筑报》2001年10月9日。

## 第六章 政治与文化

保存下来的财富与艺术的宝藏,它具有无比雄壮美丽的规模与近代文明设施,具备了适合人民民主共和国首都条件的基础,自应用以建设首都的中心,这是合理而又经济的打算;是保存并发挥中华民族特有文物价值,是顺应自然发展的趋势。虽旧城内之现有人口过密,但是会因经济之发展,无业与转业人口之迁出就业而自然解;同时因人口减少,拆掉已失健康年龄与无保留价值的房屋,改建行政房屋自无问题,并且有足够的面积;同时更可使旧城免于衰落而向繁荣。至其他各区则环设在旧城四周,以与市中心取得紧密联系,并避免了不必要的交通通过城区,危害文物古都的安静。"① 梁思成和陈占祥并没有对这个《意见》提出书面反驳。事实上,这份《意见》提出的行政中心区设在旧城内的理由,他俩在《关于中央人民政府行政中心区位置的建议》中已经涉及和批驳过了。

　　就在争议进行当中,中共中央、中央军委的许多领导机关已经进驻城区,而且北京城内有数量不少的空闲房屋和市政设施、商业服务设施可供使用。从当时的实际情况出发,中共中央、北京市委确定了以北京旧城为中心、逐步扩建首都的方针。1952年春,中共北京市委认为,在全国大规模经济建设即将展开的时候,首都建设规划不能长期争论不休,要求都市计划委员会按照首都行政中心设置在旧城的意见,编制规划方案。都市计划委员会组织陈占祥、华揽洪按照这个意见,分别主持编制甲、乙两个方案。1953年春,两个方案脱稿。这年夏天,中共北京市委成立了一个规划小组,由市

---

① 王军:《对"梁陈方案"的历史考察》。

委常委、秘书长郑天翔主持，并聘请苏联专家指导工作，负责对甲、乙两个方案进行综合修改，提出总体规划。这个小组在动物园畅观楼办公，被大家称为"畅观楼小组"。11月，"畅观楼小组"提出《改建与扩建北京市规划草案的要点》，上报中共中央，提出："对于古代遗留下来的建筑物，我们必须加以区别对待。对它们采取一概否定的态度显然是不对的；同时对古建筑采取一概保留，甚至使古建筑来束缚我们的发展的观点和做法也是极其错误的。目前的主要倾向是后者。"① 至此，"梁陈方案"被彻底否定，这场争论实际上已经结束。

## 二、北京城市性质的确定与首都城市功能的综合化

与首都行政中心位置争议相伴而行的是有关北京城市性质的确定。1949年9月，受中国政府邀请前来帮助北京进行城市规划的苏联专家巴兰尼可夫提交了《关于北京市将来发展计划的问题的报告》，就北京发展方向与定位提出了具有代表性的观点。他认为，"作为首都，不仅为文化的、科学的、艺术的城市，同时也应该是一个大工业的城市"②。北京市政府建设局负责人曹言行、赵鹏飞支持苏联专家的意见，他们在1949年12月提交的《对于北京市将来发展计划的意见》中指出："依据中央变消费城市为生产城市之方针，与苏联专家提出的必须发展首都工业……首都建设应该以发展

---

① 周一兴主编：《当代北京简史》，当代中国出版社1999年版，第85页。
② 北京卷编辑部：《北京》上册，当代中国出版社2011年版，第303页。

## 第六章 政治与文化

工业为最中心的任务。""苏联专家巴兰尼可夫提出了北京市将来发展计划的问题的报告,这一报告已引起关心首都建设各方面人士的广泛讨论。结合讨论的意见,对于将北京建设为一现代的、美丽的首都……意见是完全一致的。"① 到 1954 年,中共北京市委在上报中共中央的文件中进一步强调:

> 首都是我国的政治中心、文化中心、科学艺术中心。同时还应当是也必须是一个大工业城市。如果在北京不建设大工业,而只建设中央机关和高等学校,则我们的首都只能是一个消费水平越高的消费城市,缺乏雄厚的现代产业工人的基础。显然这和首都的地位是不相称的,这也不便于中央各部门直接吸取生产经验指导全国,不便于科学研究更好地与生产结合。②

这份文件的名字是《北京市第一期城市建设计划要点》,明显地受到了苏联专家的影响。虽然这份文件最终没有报批,但将北京建设成为一个大工业城市的指导思想却被贯彻下来。而这份文件出台的时候,正值中国发展国民经济的第一个五年计划时期,大规模的工业建设在全国展开。对于"一五"时期北京工业建设的成果,有研究者做出了这样的评价:"一是生产规模迅速扩大,1957 年全市工业总产值达到 23.1 亿元,比 1952 年增长近 1.8 倍,平均每年

---

① 北京卷编辑部:《北京》上册,第 303 页。
② 薛凤旋、刘欣葵:《北京:由传统国都到中国式世界城市》,第 87 页。

增长22.7%；二是有些重要的工业部门开始起步，从无到有，使北京的工业朝着门类比较齐全的工业体系前进。"① 关于工业生产规模的扩大，这一点比较好理解，因为北京原有的工业基础很薄弱，"补课"的效果应该比较明显。但是对于第二点，不能被视为全部肯定的评价，因为工业部门比较齐全的后果是很严重的，而且对北京市后来的城市发展产生了很不利的影响。

"二五"计划时期，尤其是"大跃进"开始以后，北京的工业建设又进入了一个新阶段。1958年5月，中共北京市委向中共中央提出关于北京工业发展问题的报告，报告中说："北京市工业原来的底子很差，1957年全市工业总产值，只占全国的3.2%，不到上海的六分之一，只有天津的一半左右，特别是缺乏骨干企业。"主张"建设一批高级的、精密的、重型的、大型的工业"，"争取在十年内根本改变首都工业的落后面貌"②。1958—1960年，北京市新建工厂294万平方米，是1949年以来的最高纪录。1960年全市工业产值达到93.4亿元，市区已基本摆满工业③，可以说全国几乎所有的工业都能在北京找到。这一时期的工业建设引起了一些不良的后果，如一些有害的工厂被建在住宅区，或中心区、文教区内，造成严重的污染和交通问题。

---

① 周一兴主编：《当代北京简史》，第95—96页。
② 同上书，第144页。
③ 薛凤旋、刘欣葵：《北京：由传统国都到中国式世界城市》，第93页。

第六章 政治与文化

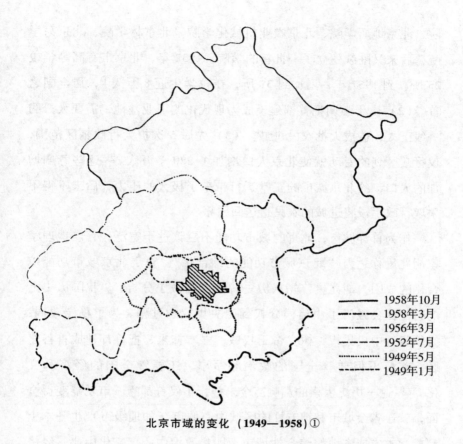

**北京市域的变化（1949—1958）**①

1949—1960 年还是北京人口迅速增长的阶段，这是因为北京被定位为首都城市后：（1）各类机关、学校、企事业单位大量设立，从全国各地调入大量干部与专业人员。从 1953 年起，在北京西北郊新建和迁移扩建了著名的八大学院，即北京矿业学院（中国矿业学院从天津迁来改称）、北京钢铁学院、北京石油学院、北京航空学

---

① 薛凤旋、刘欣葵：《北京：由传统国都到中国式世界城市》，第 125 页。

院、北京地质学院、北京农业机械化学院、北京林学院、北京医学院，后来又陆续建立了一批新的学院。1952年，北京市有高等学校25所。到1957年，增加到31所，在校学生近8万人①，居全国之首。(2)由于强调把首都建设成为现代化的工业基地，需要大量的一线工人，造成大批农民进城。(3)先后5次扩大行政辖区范围，仅行政区划的变动就使北京人口增加了280多万人。② 这些急剧增加的人口，给北京城市的正常运行带来了极大的压力，后来不得不采取行政手段将进城的农民遣送回原籍。

作为首都城市，北京的城市功能不应该过于宽泛，著名地理学家胡兆量称之为"北京城市功能的综合化"。对于北京城市功能综合化的成因，胡兆量首先从历史背景方面做了分析："我国历史上的封建社会经历了由诸侯分权到中央集权的过程。为了稳定政局，必须实行中央集权，树立帝王权威，强本抑末，把首都建成首善之区，首都不但要管全国的政治和军事，还要管全国的经济和文化。"③ 这一历史因素的影响至今未绝，不仅首都的城市功能变得全面，就连省会城市和地方性的区域中心城市（如地级市）也基本上都成为本省或本地的综合性城市，即集政治中心、文化中心、经济中心、科技中心于一身。

彭兴业认为，如果首都城市叠加功能中的某些要素发生"功能异化"，就会干扰或阻碍核心功能的发挥。④ 在1949年以后，北京

---

① 周一兴主编：《当代北京简史》，第103页。
② 彭兴业：《首都城市功能研究》，第79页。
③ 胡兆量：《北京城市功能综合化的深层原因》，《城市问题》2007年第10期。
④ 彭兴业：《首都城市功能研究》，第75页。

第六章　政治与文化

城市的叠加功能就发生了"功能异化",造成这一状况的直接原因在于体制因素。胡兆量指出,现行体制对北京城市功能综合化的影响更大:"在计划经济时期,国民经济管理大权集中在首都,与经济管理有关的机构都在首都。改革开放,实行社会主义市场经济体制,首都仍保持着对全国经济生活的调控能力。2005年北京市中央单位资产达24.6万亿元,占北京市总资产的81.6%。北京有一批总部设在首都的全国性的企业,俗称'中'字头企业。北京是全国最大的总部所在地。"① 另外,胡兆量认为:"在1950年代还有两个观念推动着城市综合化。第一是认为北京是工人阶级领导的国家的首都,从政治稳定出发,必须扩大制造业,壮大产业工人队伍;第二是认为服务行业是消费性行业,北京要从消费性城市转变为生产性城市,必须扩大制造业。在政策方面,当时比较典型的是财政政策。按照当时的财政政策,工业利润和工商税是城市财政的主要来源。北京必须走'以工养城'的道路,扩大制造业,增加财政收入,支持城市基础设施和福利性服务业。"② 在这种城市建设思想的指导下,北京被建设成为全国重要的工业城市。到1998年,在全国统一划分的164个工业门类中,北京有149个门类③,北京成为仅次于上海的工业城市,同时也承受了由此带来的诸多不便。

北京要建设成为全国政治、文化的中心,这符合首都城市功能的要求。但要将北京建成大的工业基地,确实是一个值得认真对待

---

① 胡兆量:《北京城市功能综合化的深层原因》。
② 同上。
③ 周一兴主编:《当代北京简史》,第378页。

的问题。1949年以前，北京的工业基础十分薄弱，基本上是一个纯消费城市，而且还有十几万城市失业人员，因此，北京要迅速发展工业生产及解决人民的生活问题。可要把北京建成大工业城市和重工业基地，则势必导致北京过多地发展耗能多、污染大的大型企业，最终会影响北京的健康发展，削弱首都城市的核心功能。

## "一五"计划实施与京津冀城市群格局的形成

中华人民共和国成立前，中国工业地理格局很是狭小。20世纪40年代末，全国工业的70%以上集中分布在被戏称为"上青天"（上海、青岛、天津）的临海城市，而轻工业地理分布更为集中。1949年全国500万棉纺锭中有80%集中于上海、天津、青岛，毛纺织业90%集中于上海、天津。① 这种极度不平衡的工业地理格局不仅造成了区域经济发展的不平衡，而且造成了城市地理格局的极度不平衡，东部沿海地带（包括长江下游区）分布最为集中，沿江带次之，内陆地区很少。② 因此，中华人民共和国成立后就将改变中国城市地理格局放到了发展国民经济的重要位置。

何一民将中华人民共和国成立初期的城市管理划分为三个时段：第一时段是军事管制时期，这一时期城市的经济、社会、文化等各个方面处于混乱状态，当时的城市管理内容的首要任务就是恢

---

① 胡欣：《中国经济地理（第六版）》，立信会计出版社2007年版，第337页。
② 顾朝林等：《中国城市地理》，商务印书馆2002年版，第81页。

复和稳定城市的社会秩序；第二时段是国民经济恢复时期，此一时期城市管理的中心任务是重新建立正常的社会经济秩序，稳固新生的城市政权；第三时段是"一五"计划时期，这一时期的城市管理的任务是，城市政府提供一切有利条件为城市的经济建设服务。①因为在三年恢复时期，东北地区是国家重点建设的地区，沈阳、鞍山、抚顺、本溪、哈尔滨、齐齐哈尔等城市发展很快，而关内各城市这时还处于恢复阶段。在"一五"计划时期，除东北地区继续作为重点外，石家庄与武汉、洛阳、兰州、太原、大同、西安、成都、株洲、包头等城市一道相继进入了重点建设的行列，迅速成长为国家工业化的新骨干。"一五"计划时期既是中国城市布局发生重要变化的时期，也是京津冀城市群格局基本形成的时期。

1953年开始实施的"一五"计划，确立了以重工业优先发展为主导的新中国工业化发展的主要方向，即集中主要力量进行以苏联帮助我国设计的156个建设单位为中心的、由限额以上的694个建设单位组成的工业建设，建立我国的社会主义工业化的初步基础。"一五"计划明确要求投资的分配要有助于改变原有的畸形工业布局，首先是合理地利用东北、上海以及其他城市的原有工业基础，强调以鞍钢为中心的东北重工业基地的改建。因此，在计划安排的694个限额以上建设项目中，有222项安排在东北和沿海；在156

---

① 何一民：《革新与再造：新中国建立初期城市发展与社会转型相关问题纵横论》，《福建论坛（人文社会科学版）》2012年第1期。

个重点项目的民用项目中，有将近一半的项目摆在东北。① 虽然东北是"一五"计划工业项目安排最多的地区，但京津冀城市群因为有良好的工业基础，也获得了一定数量的项目，请看表6-1②：

表 6-1  "一五"计划时期京津冀城市群重点建设项目

| 项目名称 | 建设性质 | 建设地点 | 建设期限 | 建设规模 |
| --- | --- | --- | --- | --- |
| 北京热电站 | 新建 | 北京 | 1958—1959 | 10万千瓦 |
| 北京774厂 | 改建 | 北京 | 1954—1956 | |
| 北京738厂 | 新建 | 北京 | 1955—1957 | |
| 石家庄热电站1—2期 | 新建 | 石家庄 | 1956—1959 | 4.9万千瓦 |
| 华北制药厂 | 新建 | 石家庄 | 1954—1958 | 青霉素、链霉素115吨 淀粉1.5万吨 |
| 热河钒钛矿 | 新建 | 承德 | 1956—1958 | 钛镁7000吨 钒铁1000吨 |

1954年6月，第一次城市建设会议在北京召开。会议提出，"一五"计划时期，城市建设必须集中力量，确保国家工业建设的中心项目所在的重点工业城市的建设，以保证这些重要工业建设的顺利完成。这次会议还对全国城市进行了分类排队，并对不同的城市确定了不同的建设方针，这样形成了围绕156项工程及694项重

---

① 董志凯、武力主编：《中华人民共和国经济史（1953—1957）》（上），社会科学文献出版社2011年版，第129页。

② 董志凯、武力主编：《中华人民共和国经济史（1953—1957）》（下），社会科学文献出版社2011年版，第990—995页。

第六章 政治与文化

点工业项目建设的工业城市导向的城市建设新模式。整个"一五"计划时期,全国共新建了6个城市,大规模扩建了20个城市,一般扩建了74个城市。京津冀城市群中没有新建城市,大规模扩建城市中有3个,即北京、天津、石家庄;一般扩建城市中有5个,即保定、张家口、秦皇岛、唐山、承德。① 所占比重虽然不大,却涉及京津冀城市群中的绝大多数城市。

以156项工程为中心的大规模经济建设,使中国不仅迅速建成了一批核心工业城市和重要的配套工业城市,而且还初步形成了多类型的工业城市群体,尤其是重型工业城市及综合性工业城市的成批出现,初步奠定了中国工业化和工业城市发展的基础,京津冀城市群的格局也初步形成。到1957年年底,全国综合性工业城市共有6个,北京、天津分得其中的两席;五大新兴纺织工业城市中,就有北京和石家庄;承德为新兴冶金工业城市;石家庄还成为新兴的电力工业城市和医药工业城市。② 再加上原有的唐山这座煤炭工业城市,京津冀城市群的总体工业实力仅次于长江中下游地区和东北地区。

"一五"计划时期,石家庄的工业建设与城市发展显得尤为突出。1953年,国家化工部和轻工业部决定联合建设我国最大的医药工业基地,并被列入156个重点项目之一,石家庄以其丰富的玉米

---

① "当代中国"丛书编委会编:《当代中国的城市建设》,中国社会科学出版社1990年版,第65—66页。
② 何一民、周明长:《156项工程与新中国工业城市发展(1953—1957)》,《当代中国史研究》2007年第2期。

资源、充足的水源、便利的交通和靠近北京等综合优势入选。到1958年，全国乃至亚洲最大的抗生素生产企业在石家庄建成，此后几年，与之配套的工厂和医药企业相继建成，石家庄医药工业基地的地位由此确立。

而在这一时期，一批现代化的纺织企业在石家庄开始兴建。石家庄国棉一厂（1953年4月30日兴建，1954年4月29日完工）、国棉二厂（1954年4月30日兴建，1955年9月30日完工）、国棉三厂（1955年4月1日兴建，1956年10月1日完工）、国棉四厂（1956年2月18日兴建，1957年9月30日完工）、印染厂（1957年6月6日兴建，1959年4月1日完工）、华新纺织厂（即国棉五厂，1955年兴建，1956年4月一期投产）、国棉七厂（即原先的大兴纱厂）与国棉六厂（1951年开工建设，1954年又进行扩建）共同组成了石家庄纺织工业基地。

由于这些工厂的兴建，到1957年年底，石家庄城市人口增长到40多万，市区在业人口287243人，纺织系统总人数为48010人，几乎占全市在业人口的18%。①

随着工业生产比重的提高，石家庄的高等院校也开始建立，在此之前石家庄从未有过高等学校。1956年8月，河北师范学院5个系（数学、物理、化学、地理、体育）与在北京的河北师范专科学校生物系合并，由天津迁至石家庄，定名为石家庄师范学院。同年

---

① 高灿：《棉纺织业与城市化进程："一五"计划期间——以石家庄市为例》，《云南社会主义学院学报》2014年第1期。

第六章 政治与文化

9月，石家庄速成师范专科学校建立，设有生物、体育、物理三科，一年后停办。"大跃进"开始后，又建立了铁路学院、交通学院、农学院、工业学院、化工学院和师范专科学校。到1958年年底，石家庄高等学校达到了7所，在校生5719人，教职工1227人，专任教师734人。① 尽管这个数字并不算大，之后不久又对各高等学校进行了调整与压缩，但石家庄的高等教育已初步建立起来。

城市人口的增加与城市规模的扩大，必然要加强城市建设的规划工作。石家庄的城市规划工作从1953年5月启动。《石家庄市第一期城市总体规划（1953—1957年）》获得国家批准，成为总体规划获得国家批准的首批15座城市之一。规划确定：石家庄城市性质以纺织工业为主，相应发展机械工业；人口发展不超过50万人。② 根据这个规划，石家庄市进行了相应规模的城市建设，但石家庄获得大发展还是在河北省省会迁来此以后。

1949年8月1日河北省人民政府在保定成立时，全省共有石家庄、唐山、秦皇岛和保定等4个建制市，以及邯郸、沧州、泊头、邢台、汉沽、通县、胜芳、辛集、临清、杨柳青等10个建制镇。1952—1953年是中华人民共和国成立后河北省城市发展的第一个高峰期，到1957年，全省共有建制市11个，其中石家庄、唐山、秦皇岛、保定、张家口、邯郸由省政府直辖，承德、邢台、泊头、汉

---

① 政协石家庄市委员会：《石家庄城市发展史》，中国对外翻译出版公司2001年版，第278页。

② 同上书，第268页。

沽、通州由各地区专署领导。这样，到 1957 年年底，京津冀城市群的主要城市，除沧州、廊坊尚未成为建制市外，其他的 8 座城市均已具有了不同程度的规模。

## 河北省省会的数次迁移

自 1928 年南京国民政府批准设立河北省以来，河北省省会经历了数次迁移，其频繁程度是全国绝无仅有的，并且对京津冀城市群的发展产生了不小的影响。我们用下面这个简单的图示来表示河北省省会的迁移过程：

天津（1928 年）→ 北平（1928—1930 年）→ 天津（1930—1935 年）→ 保定（1935—1958 年）→ 天津（1958—1960 年）→ 保定（1960—1968 年）→ 石家庄（1968 年至今）。

### 一、1954 年，第一次省会迁石计划搁浅

20 世纪 50 年代初，中共河北省委对省会驻地问题进行了多次研究和讨论。1952 年 9 月 19 日，河北省委向中共中央华北局发出《省会迁移到石家庄的请示》，首次公开请示将河北省省会迁移到石家庄。1954 年 1 月 27 日，河北省委又一次向中共中央及华北局递交请示，恳切提出："为适应国家工业化及有计划的建设的需要，省的领导重心必须转移到有工业的城市，加强对工业的领导。为此，经省委几次讨论研究，一致认为河北省省会有由保定市迁往石

第六章　政治与文化

家庄市的必要。保定市虽经几年来的恢复与发展，但由于建设工业的条件缺乏，将来也很少可能成为工业城市，实难适应新的领导任务。我省石家庄市，地处京汉、正太、石德三条铁路干线的交点，工业比较发达，也将是全国重要工业城市之一，且为军事要地，该市势必成为全省的经济、文化中心。"① 同时提出，省会搬迁后，保定市作为一个以文化建设为中心的城市。1954年4月27日，中央人民政府政务院批复同意河北省省会搬迁到石家庄市。

为做好省会搬迁工作，河北省委、省政府在1953年就成立了河北省省会迁移筹备委员会，开始了前期准备工作。1954年，根据石家庄城市规划，确定省政府建在桥西，并进行了部分的建设工作，如地基勘测、征地及部分的工程建设。后因国家计划委员会和中央建筑工程部提出不同意见，认为车站、仓库、市中心聚在一起，形成三位一体的矛盾，于防空不利；铁路贯穿市中心，人声嘈杂，车马拥挤；炼焦厂、化工厂等有害工厂，对卫生影响很大，等等。于是，确定变更原计划，省政府驻地由桥西改为桥东。但随着"一五"计划的实施，1955年8月，河北省委多次研究决定：为贯彻中央"厉行全面节约，反对一切浪费"，集中一切力量完成第一个五年计划的精神，河北省省会暂缓迁建石家庄。

省会搬迁工作虽然无果而终，但是对石家庄的城市建设带来了很大的影响。迁建工程停止后，已建部分建筑交给石家庄市，部分建筑由省直医院、学校使用。1955年9月至10月，河北省石家庄

---

① 冯世斌主编：《1952—1968河北省省会变迁始末》，河北人民出版社2012年版，第79页。

农业机械化学校、中医四联大楼、河北省人民医院、妇产科医院、河北剧场、石家庄电影院工程陆续开工建设。1955 年，石家庄市 100 多个建筑工程基本竣工，面积达 58 万余平方米。① 1956 年，中共河北省委党校、河北省政法干校、河北省工业干部管理学校先后从保定迁来和建立于裕华路两侧，河北医学院等院校也从保定迁至石家庄。

## 二、1958 年，河北省省会由保定迁往天津

1958 年 2 月 6 日，为适应河北和天津两个地区在经济建设中工业和农业的密切配合和发展，并且便利国家行政工作的进行，经国务院全体会议第七十次会议决议：将现在直辖市天津市改为省辖市，归河北省领导。2 月 11 日，全国人大一届二次会议通过这一决议，天津市改为河北省省辖市。4 月 18 日，河北省人大一届二次会议通过省会由保定迁往天津的决议。河北省委就省会搬迁召开了多次座谈会，成立了搬迁委员会，作出了搬迁的各项安排，指出了省会迁往天津的诸般好处："（河北省）仅依靠中央调拨和我省现有工业，不能解决生产'大跃进'的需要，有天津这样一个大工业城市作为依托大有好处，1956 年春合作化后，没有省级大城市的依靠是很困难；农业跃进，工业也要跃进，合并一处，工农业可以更好地同时并举。"② 省会搬迁不仅打上了"大跃进"的印记，而且仍然

---

① 冯世斌主编：《1952—1968 河北省省会变迁始末》，第 89 页。
② 崔金亮、高巍：《建国后河北省省会的变迁》，《党史博采》2002 年第 1 期。

## 第六章　政治与文化

突出工业建设在城市发展中的绝对地位。但是,省会搬迁给天津和保定都造成了极为深刻的影响。

首先,来看对天津市的影响。当时河北省省级单位共有53个,职工10300人,包括家属在内达到3万人。这些单位和人员在保定时,使用办公室约10万平方米,宿舍20万平方米,合计约30万平方米。① 省会迁至天津以后,各单位的办公用房就成了一个大问题。河北省委、河北省人民委员会入驻丽华大楼和国民饭店办公,各厅局分散于尖山道、营口道、马场道、睦南道和滨江道办公,其中交通厅在滨江道,商业厅、供销社在凤凰道,物价局在营口道。即便是这样分散办公,房屋紧张的状况也无法缓解。1959年3月3日,河北省人民委员会审查批准了河北省省会搬迁委员会办公室提出的《关于省级机关建房规划问题的意见》,同意在"佟楼围堤道以南、黑牛城村以北、砖码头路以东、大沽南路以西(尖山段)地区作为省级机关建房用地,并规划在1959年完成河北饭店和办公楼约75000平方公尺左右的建筑任务"。同时,河北省人民委员会、省财政厅积极向财政部打报告,请求财力支援。1959年12月22日,财政部同意"追加河北省省级机关迁移天津后所需行政基建投资400万元,列入河北省1959年支出预算"②。1960年,河北省省级机关建房任务顺利完成。同一年,总投资580万元的河北省会长途电信中心大楼也在天津建成。8年后,河北省省会迁出天津时,这些房屋、基础设施以及部分河北省属的高等院校都留给了天津市。

---

① 冯世斌主编:《1952—1968河北省省会变迁始末》,第141页。
② 同上书,第145页。

**天津利华大楼**①

天津市与河北省本来在经济上具有很强的互补性，天津市又是河北省的对外输出口岸。但天津市与河北省在经济发展水平上有很大的差距，1957年天津市工业总产值为37.94亿元，河北省是24.75亿元，天津市高出河北省65%；当年天津市进出口总值为2.5亿美元。② 当天津市与河北省合并后，天津市的实力和优势使得河北省很自然地把整个经济、社会发展的重心转向天津，以天津为中心统辖全省的发展。河北省的经济建设、文化建设都以天津为中心

---

① 1958—1966年河北省省会，当时是中共河北省委办公地。冯世斌主编：《1952—1968河北省省会变迁始末》，第142页。

② 韩立成主编：《当代河北简史》，当代中国出版社1997年版，第153页。

## 第六章　政治与文化

展开布局，辐射全省，对天津市的城市发展极为有利。

其次，来看对保定市的影响。根据中共保定市委 1955 年 2 月中旬《关于保定市城市发展方向的意见》中所作的分析，省会迁往石家庄后保定市场情况的变化为：迁走的单位共有 64 个，总人数 42114 人，占保定市总人口的 21.38%；省会迁石单位全部购买力估计为 1520 亿元，占保定市总购买力的 23.42%；在私营的成衣业、纱布业、百货业、饮食业、理发业、洗浴业、文化娱乐业等行业中，由于顾客的减少，从业人数将由 8125 人下降到 6096 人；在国营企业方面，煤建公司将减少售煤 10973 吨，粮食将减少调入 75000 吨，国营贸易的营业额将由每人每年平均 2.9 亿元降到 2.6 亿元，多余职工在 500 人左右，仅百货公司、零售公司和合作社等单位就要撤销 5 个门市部。① 虽然这些数字是针对省会迁石估计出来的，但省会迁往天津市后对保定城市经济的影响是差不多的。

### 三、1966 年，因战备再次内迁保定

1966 年，美国扩大了侵略越南的战争。同时，中苏关系恶化，战争危险加剧。为此，毛泽东提出了"备战、备荒、为人民"的重要指示。在这样的国内外形势下，河北省委决定将省会由天津迁回保定。因为天津市地处沿海，是国防第一线，一旦打起仗来，天津将有可能成为主战场，这样不利于省委、省人委更好地掌握全局，指挥作战。迁回保定，也有利于更好地面向农村，尽快把粮食生产搞上去，以便于执行"备荒"的方针。所以，省会迁回保定，不是

---

① 冯世斌主编：《1952—1968 河北省省会变迁始末》，第 100—101 页。

消极疏散，而是具有战略意义的积极措施。

1966年1月25日，河北省委决定将省委、省人委及所属机关由天津迁回保定市和京汉铁路一线。河北省委认为，这不仅是一项重要的备战措施，而且通过搬迁，要更好地解决面向基层，面向前线，实行精简，改进领导，促进省级机关进一步实现革命化这个问题。同时，通过搬迁，使省委、省人委逐步成为亦工亦农的机关，从而扎扎实实地领导好"三大革命运动"。① 这次制定的省会搬迁的原则是：大分散，小集中，省委的几个部、省人委的几个委（办）、省军区搬保定市，部分厅局搬保定周围各县，部分厅局搬到所属的基层事业单位。② 搬迁时间从4月份开始，搬迁顺序是省委、省人委、省军区等领导机关先搬，其他单位根据实际陆续搬迁。为了给省级机关腾地方，保定市的地直、市直的许多单位也相继迁移到了农村。1966年5月1日，省委、省人委及省直各机关等先后搬回保定。

河北省省会搬离天津后，到1967年1月1日天津恢复为中央直辖市，其间天津行政区划几经调整，河北省的许多县划归了天津市。在河北省与天津市分家后，天津市又从河北省的版图上划走了5个县。河北省省会搬离天津，还给天津市留下了大批有形资产如房屋、建筑和具有更高价值的无形资产如教育资源、人力资源等。

---

① "三大革命运动"是指"阶级斗争、生产斗争和科学实验"。毛泽东于1963年在浙江提出，阶级斗争、生产斗争和科学实验，是建设社会主义强大国家的三项伟大的革命运动。

② 崔金亮、高巍：《建国后河北省省会的变迁》，《党史博采》2002年第1期。

第六章　政治与文化

有形资产方面，包括1960年下半年兴建的省委、省人委、省军区、华北经济协作厅的办公楼，建筑面积112180平方米，较好的宿舍15300平方米，一般干部宿舍80000平方米，且设备良好；另外，还建了河北宾馆高级招待楼，建筑面积30000平方米。① 无形资产方面，从1958年开始河北省在天津新建了多所高等院校，如河北工学院、河北轻工业学院、河北纺织学院、河北财经学院等等。1967年，除河北大学迁往保定市，河北工学院划归河北省领导外，其余院校全部划归天津②，大批教职员工及其家属和在校学生留在了天津市。

**四、1968年，河北省省会正式迁驻石家庄**

河北省省会迁往保定市后不久，便开始了"文化大革命"。1966年5月，省人委被非法夺权，河北省地方政权进入了无政府状态。1968年1月，北京军区在北京召开河北省革命委员会筹备会议，会议认为，"石家庄市的'文化大革命'走在全省的前头，工人阶级队伍比较坚强，又是重要的交通枢纽，可以形成全省的政治、经济、文化中心"③。建议河北省省会由保定市迁至石家庄市。

1968年1月29日，中共中央、国务院、中央军委、中央文革小组批准成立河北省革命委员会。2月3日，河北省革命委员会在

---

① 冯世斌主编：《1952—1968河北省省会变迁始末》，第187页。
② 韩立成主编：《当代河北简史》，第155页。
③ 崔金亮、高巍：《建国后河北省省会的变迁》。

石家庄成立，石家庄遂成为河北省的新省会。除去政治方面的因素外，河北省省会迁石还有客观的因素：（1）省会刚从天津回迁保定才一两年，各项工作等还没有完全安定下来，容易继续搬迁；（2）到1967年年底，包括地、市委的保定两派矛盾激化，冲突四起，社会环境极其混乱，也严重影响了作为省会领导全省开展"文化大革命"的作用。[①] 因此，才有了河北省省会迁石之举。

河北省省会迁至石家庄，对石家庄市的城市发展产生了极其深远的影响。首先，河北省革命委员会成立后，随着机构的不断完善，省直各职能部门，各厅、局逐渐恢复成立，省直各单位也陆续迁至石家庄市内各区，石家庄市作为河北省政治中心的地位开始确立。其次，随着河北省政治中心地位的确立，一些文化单位也陆续迁至石家庄，其中《河北日报》社搬到省粮校原址，省河北梆子剧团、省京剧团、省歌舞剧院搬到省政法干校原址；1968年夏，毛泽东思想胜利万岁展览馆（后更名为河北省展览馆、河北省博物馆）建成，以后，又陆续建起了河北省图书馆、河北省科技馆和河北科技大厦，这标志着石家庄市作为河北省文化中心地位的确立和形成。最后，随着省会迁石，石家庄市的市区人口迅速增加，并出现了人口机械增长加快和城市人口素质不断提高的特点。从1966年至1976年年底，市区人口由64.3万人增至84.5万人，十年间净增20万人。[②] 石家庄的城市功能也由过去的简单以轻纺为中心的新兴工

---

[①] 崔金亮、高巍：《建国后河北省省会的变迁》。
[②] 政协石家庄市委员会：《石家庄城市发展史》，第296页。

第六章　政治与文化

业城市向综合性、全面性发展，并逐步迈向现代化的大都市。

中华人民共和国成立后，河北省省会的数次搬迁，对京津冀城市格局产生了重大影响。一是带来了不同城市间地位的变化，主要是保定城市地位的下降与石家庄城市地位的迅速上升，并且影响到了这两座城市周边小城镇的未来发展。二是用行政区划调整的方法来协调地区经济发展的矛盾，可能会割断原有的经济联系和市场分工格局，不利于经济中心城市的发展，天津市就是一个最明显的例子。"把这样的大区域的中心城市变为河北省的省辖市，势必抑制它的中心作用的发挥。用行政区划的归属和行政手段来管理这样的中心城市是违背经济规律和城市发展规律的。当河北省与天津市分开的时候，也不应该割断天津与河北广大腹地的天然的紧密经济联系。"① 这方面的历史教训是很深刻的。三是扭曲了应有的城市功能，导致城市功能的趋同化。最初，计划将河北省省会由保定市迁往石家庄市时，是要将保定市作为一个以文化建设为中心的城市来对待，这也符合历史上保定扮演的文化辅助城市的角色。但是，本来已经很清晰的城市功能定位，却被大规模的城市经济建设所取代，保定的特色和个性也就不复存在了。

## 京津冀城市功能的趋同化

中华人民共和国成立前夕，中国城市的经济功能弱小，消费性

---

① 韩立成主编：《当代河北简史》，第155页。

城市占主导地位。中华人民共和国成立后,一方面,快速的经济建设迫切需要沿用历史上行政中心替代经济中心的国家经济管理体制,"一五"计划时期又建立起新的计划经济体制,这就使得中国各级区域中心城市在政治职能得到强化的同时,其经济职能也获得进一步的加强。新的政治经济职能以及国家优先发展重工业和建设生产性工业城市的系列政策的共同驱动,使区域中心城市获得了强大的发展动力,迅速实现了由消费城市向生产城市的转变。① 这里所说的区域中心城市,其实就是指各级行政中心城市,也就是现在通常所说的省会城市和地级市。以行政级别来区分城市的等级规模,既是计划经济体制的产物,也是中国传统城市等级制度的延续。

中华人民共和国成立之初并没有对设市作出统一明确的规定,1955年6月才由国务院正式颁布《关于设置市、镇建制的决定》,对市、镇建制做了明确规定:(1)市是属于省、自治区、自治州领导的行政单位。聚居人口10万人以上的城镇,可以设市的建制;市的郊区不宜过大。(2)镇是属于县、自治县领导的行政单位。县级或县级以上国家机关所在地,可以设置镇的建制;不是县级或县级以上国家机关所在地,必须是聚居人口在2000人以上,有相当数量的工商业居民,并确有必要时,可设置镇的建制;少数民族地区如有相当数量的工商业居民,聚居人口虽不及2000人,确有必要时,亦可设置镇的建制。(3)工矿基地,规模较大,聚居人口较多,由省领导的,可设市的建制;工矿基地,规模较小,聚居人口不多,

---

① 何一民、周明长:《156项工程与新中国工业城市发展(1953—1957)》。

## 第六章 政治与文化

由县领导的,可设镇的建制;工矿基地,规模小,人口不多,在市的附近,且在经济建设上与市联系密切的,可划为市辖区。①

通过分析《关于设置市、镇建制的决定》可以看出,市、镇都属于行政单位,区别只在于市属于省、自治区、自治州领导,镇属于县、自治县领导,行政层级很清楚。与优先发展重工业的经济建设方针相匹配,对工矿基地设市的标准放得稍微宽泛一些。但是,相比于民国时期的《市自治制》《市组织法》两部法规(见第五章第二节),这个决定对市的含义的理解显然存在偏差,经济因素不再是设市的主要标准,"行政因素成为市镇设置的重要标准"②,中国传统的城市等级制度与计划经济体制相叠加,使当代中国的市制更多地带有行政色彩。如此一来,各个城市的发展都顺从行政领导的意志,从而造成了城市功能的趋同化,这在京津冀城市群中表现得非常明显。

中华人民共和国成立后,北京的工业建设如火如荼,而天津在工业发展上则没有受到重视。1949年,北京的工业产值只有天津的四分之一,1990年它的总产值达到780亿元,比天津还多60亿元。在1959—1989年,天津上缴利税652亿元,而所得的投资只有212亿元。同期,北京共得投资449亿元,超过天津两倍。③ 156个重点工程和整个"一五""二五"时期全国5947个大中型建设项目,没

---

① "当代中国"丛书编委会编:《当代中国的城市建设》,第45页。
② 顾朝林等:《中国城市地理》,商务印书馆2002年版,第87页。
③ 薛凤旋、刘欣葵:《北京:由传统国都到中国式世界城市》,第447—448页。

有一个建在天津;"三五"到"六五"期间,全国建成2520个大中型项目,天津只有38个,占1.5%。① 1979—1986年,天津市年均经济增长只有6.5%,远低于全国9.5%的平均水平,甚至没有完成国民经济发展的第八个五年计划。② 天津在京津冀区域内的经济地位下降了,它的工业和港口功能也未能得到充分利用。行政上的分割以及垂直控制使北京、天津这两座城市没有协调地各自发展,它们的工业结构也日趋相似。另外,在"一五"时期,天津市还承担了支援西北建设的任务。1955年,天津市抽调2810人的专业施工队伍,组成内蒙古工程公司;1956年,又抽调道路施工专业队伍500人到包头,组成包头市道路工程公司,承担包头市的给排水建设和道路建设。③ 虽然这批技术工人的数量不算多,但在当时的经济条件下,也会造成天津市自身建设力量的削弱。

同样,河北省内的各个城市也日益呈现出经济结构趋同的现象。石家庄市的情况已如前述,下面来看看其他城市的发展状况。1956年4月,保定市委、市政府制定了保定工业发展规划,提出在西郊建立新工业区,并于当年正式实施。1958年,又制定了《保定市第二个五年计划工业企业发展规划》,提出在"二五"期间,基本上把保定建成具有各种现代化工业企业的城市,形成以工业原料、机械制造、生活资料以及为农业生产服务的工业体系,使保定

---

① 仲小敏、李兆江主编:《天津地理》,第77页。
② 刘玉海、叶一剑、李博:《困境——京津冀调查实录》,第49页。
③ "当代中国"丛书编委会编:《当代中国的城市建设》,第57页。

第六章 政治与文化

市成为保定地区的经济、文化中心。为此，确定"二五"期间，保定市计划新建、扩建工业企业108个，预计投资10亿余元。① 到1962年，保定西郊工业区基本建成，聚集在这里的工业企业有保定造纸厂、保定电影胶片厂、保定第一棉纺织厂、保定人造纤维厂、保定变压器厂、保定蓄电池厂等200余家，覆盖了冶金机械、石油化工、轻纺建材、电力电子、医药食品等多种行业。

**保定直隶总督署**

本来以旅游业或港口经济为主的城市，也兴起了工业建设的高潮。承德市的工业基础在1949年是极为薄弱的，仅有十几家地方企业和二十多户私营工业，年产值不足200万元，只能生产一些简单的生产和生活日用工业品。经过四十年的大规模建设，到20世纪

---

① 政协保定市委员会编：《河北省省会在保定》，中央文献出版社2012年版，第207页。

80年代基本形成了以冶金、煤炭、电力、机械、纺织、化工、建材、医药、仪器等门类比较齐全并具有一定实力的工业体系。工业在整个国民经济中的比重由20世纪50年代初的10%左右，上升到60%以上。① 秦皇岛市的工业也经历了由小到大、由弱到强的发展过程，工业门类由新中国成立初期的4大类发展到1989年的25大类，基本形成了以建材、纺织、机械制造等为主的工业体系，且"许多产品畅销国内外市场"。②

原本已有一定工业基础的城市，更是在发展工业的道路上奋马扬鞭，唯恐落后。唐山市的工业已有相当的基础，1949年全市工业总产值为11244万元，主要工业品产量也不低：发电量20791万度、原煤334.5万吨、水泥10.2万吨、棉布918.9万米、印染布268.8万米、日用陶瓷1255万件、原盐2.7万吨。但是，唐山市仍然坚持大力发展工业的方针，到1987年，全市工业总产值达到73.04亿元，比1949年增长了近64倍，占全市工农业总产值的比重由1949年的32.69%上升到75.36%。③ 唐山市的工业门类更是齐全，煤炭、电力、机械、水泥、陶瓷、化工、钢铁等工业部门都具有相当实力。张家口市的工业总产值，1949年为2281万元，拥有宣化钢铁公司、张家口煤矿机械厂、探矿机械厂等少数工业企业。④ 经过四

---

① 徐纯性主编：《河北城市发展史》，第269页。
② 同上书，第187页。
③ 王斌、陈效远、冷宇：《唐山的昨天与今天》，中国统计出版社1988年版，第25页。
④ 徐纯性主编：《河北城市发展史》，第233页。

## 第六章 政治与文化

十年的发展,逐步形成了以机械、冶金、化工、轻工业为支柱,以毛皮和毛纺工业为特点的基础比较雄厚、门类比较齐全的工业体系。

新兴的城市尽管历史很短,但也加紧自身的工业化步伐。沧州市的前身是1947年6月设置的沧市,后被撤销。1958年9月,复置沧市,1961年6月改设沧州市。1983年11月15日,经国务院批准,沧州市设为河北省省辖市。1958年,沧州造纸厂和沧州发电厂开工建设。1971年,沧州炼油厂始建,主要生产汽油、柴油、液化气、沥青等;1974年1月,沧州化肥厂破土动工,1977年4月建成投产,年产合成氨30万吨、尿素48万吨。[1] 廊坊市的源头可追溯到1950年3月,廊坊镇成为安次县政府驻地。1969年3月,天津地区驻地由天津市迁到廊坊镇;1974年1月,天津地区改称廊坊地区。1982年3月,在廊坊镇的基础上建立了廊坊市(县级)。[2] 1988年9月13日,经国务院批准,设立廊坊市(地级),成为河北省省辖市。彼时,廊坊市已初步形成了以轻纺、食品、机械、建材、建筑、化工等几大行业为支柱的工业经济。

经过四十年的发展,京津冀城市群中各个城市产业结构趋同化的现象表露无遗。唐山、张家口和承德,以纺织、钢铁及资源加工型工业为主;北京、天津、廊坊、秦皇岛、张家口和承德,以电子、机械等资本技术密集型产业为主。张家口与承德的产业结构层次较低,但较综合;石家庄、保定主要以传统产业为主,产业结构

---

[1] 李振芳、郭金刚:《热土沧桑——沧州百年》,远方出版社2001年版,第21页。
[2] 孙铎:《回眸廊坊》,北京燕山出版社1996年版,第9页。

具有一定的相似性；天津与沧州同属沿海地区，因共同拥有化学工业而结构趋同。① 资源禀赋对京津冀工业结构趋同的影响源于计划经济体制的产物。中华人民共和国成立后，受"生产资料优先增长"理论的影响，唐山凭借丰富的煤铁等资源发展重化工业，在北京、天津也布局了钢铁、机械、化学等重化工业，并延续至今。

京津冀城市功能趋同化的根本原因，就在于政治文化的高度统一。所以，有研究者做了精彩的归纳："从20世纪50年代开始，最初的中国文化是一元的与单维的，文化格局是高度统一的，这个'统一者'就是主流文化。当时的主流文化就是政治文化，是表达了国家意志与正统意识形态的文化，这是由于，当时的中国社会是政治高度统合起来的'领域合一'的社会：一元化的政治'规约'了经济并'统领'了文化。"② 这也是本章取名为"政治与文化"的初衷所在。

【本章小结】

　　　　芳林新叶催旧叶，流水前波让后波。
　　　　节物风光不相待，桑田碧海须臾改。

集两位古代诗人的名句，说明一个很浅显的哲学道理：事物总是在不断发展变化的，而变化又有量变与质变之分。城市发展也有

---

① 刘作丽、贺灿飞：《京津冀地区工业结构趋同现象及成因探讨》，《地理与地理信息科学》2007年第5期。

② 刘悦笛：《当今中国文化：从"三分"到"五裂"》，《社会科学报》2015年11月12日。

## 第六章　政治与文化

量变与质变之分,"芳林新叶催旧叶"关注的是对传统的继承和开新,"桑田碧海须臾改"则表达出跳跃式发展的意思。1949年以后,中国的城市发展突破了以前的路径,以一种全新的理念构筑起城市发展的道路。

京津冀城市群因有首都北京在内,显得极为特殊。历史上的北京一直是一座消费城市,甚至需要动员半个中国的资源才能满足它的需求。因而,将北京改造成一座生产性城市,便成为1949年以后的主导思路,并将之推广到了全中国。天津的光芒为北京所覆盖,计划经济体制下的资源动员能力超乎想象,北京的城市建设走上了快车道,以致积累起难以治愈的"大城市"病。

第七章

## 集聚与扩散

◎承德

张家口
　　　　　　　　　　　　　遵化　　迁安
　　　　　　　　北京　　　　　　　　　　　　秦皇岛
　　　　　　　　　　三河　　　　　　　　　　　秦皇岛港
　　　　　　涿州　廊坊　　　　唐山
　　　　　高碑店
　　　　　　　　霸州　　　　　　　　　　　唐山港
　　　　　保定　　　　天津　天津港
　　　　　　　　　任丘　　　　　　渤海湾
　　　　　　　　　　河间　黄骅
　　　　定州　安国　　　　　　黄骅港
　　　　　新乐　　深州　沧州
　　　　　　　晋州
　　　　石家庄

# 第七章 集聚与扩散

集聚与扩散是城市地理学的一组基本概念。集聚作用，使城市聚落和城市群核心区得以形成；扩散作用，使城市规模得以扩大，并推动城市群空间布局的形成。集聚与扩散作为两个既具体又抽象的矛盾统一体成为城市群演进的基本力量，京津冀城市群演进过程中的集聚效应与扩散效应也是同时并存、互为作用的。

## 从各自为政到协同发展

从1949年到20世纪80年代中期，受计划经济体制和行政区划的影响，京津冀城市群的各个城市存在着城市功能同质化和各自为政、联系很弱的双重缺陷，造成大量的重复建设和资源低效配置。京津冀城市群既没有形成能够凝聚各类城市的具有竞争力的产业带，也未形成专业化的分工，影响了整个城市群的发展质量。从20世纪80年代中期开始，京津冀区域协调发展被提上了议事日程。

1986年，环渤海地区15个城市共同发起成立了环渤海地区市长联席会，"环渤海经济圈"的概念应运而生。1988年，北京与河北环北京地区的保定、廊坊、唐山、秦皇岛、张家口、承德等6地市组成环京经济协作区，建立市长、专员联席会制度。这些地区间横向联合组织促进了京津冀地区的交流与合作。但从实践进展来看，在长三角、珠三角和环渤海三大经济圈中，环渤海的一体化进程相对滞后。该区域跨越多个行政区，区域面积较大，实际上由京津冀、山东半岛和辽中南地区三个较为独立的经济区域组成。因而，尽管地理上毗邻，但由于地区分工协作和经济联系度都较低，在实践中环渤海区域一体化进程始终未能实质性地推动。

1991—1995年，由京津冀两市一省的城市科学研究会发起召开了京津冀城市协调发展研讨会。来自北京、天津、张家口、承德、唐山、秦皇岛、保定、廊坊、沧州等9个城市的数百名专家学者和各部门、各城市负责人先后5次参加了学术研讨活动，从区域协调的角度探讨各自城市的建设与发展。① 这是第一次在京津冀城市群意义上探讨京津冀区域协调发展的问题。

2001年，两院院士、清华大学教授吴良镛主持的"京津冀北城乡空间发展规划研究"提出了"京津冀一体化"发展的构想，将京津冀区域一体化看作推动环渤海区域一体化发展的重要内容。随后，"京津冀经济一体化""京津冀经济圈""京津冀都市圈""首都经济圈"等概念和相关课题的研究迅速成为学界热点。

2004年2月，国家发展和改革委员会召集京津冀发改委部门负责人在河北省廊坊市召开"京津冀地区经济发展战略研讨会"，经充分协商，达成旨在推进京津冀地区实质性合作发展的"廊坊共识"。"廊坊共识"的主要内容是：(1) 京津冀地区经济发展必须突破合作体制、机制和观念的障碍。(2) 合作原则：市场主导、政府推动；合作基础：平等互利、优势互补、统筹协调、多元发展。

---

① 毛其智：《京津冀区域协调发展的回顾与前瞻》，《北京规划建设》2004年第4期。

(3)建立京津冀发展和改革部门定期协商制度,建立京津冀省市长高层定期联席会议制度,联合设立协调机构。(4)启动京津冀区域发展总体规划和重点专项规划。(5)选择易于突破的交通、水资源保护和合理利用、生态建设和环境保护、论坛、经贸合作洽谈会及招商引资活动等领域开展合作。① "廊坊共识"不但预示着京津冀协同发展从学术界的理论探讨走向政府的实际行动,而且正式确定了"京津冀经济一体化"的发展思路。

2004年11月,国家发展和改革委员会决定正式启动京津冀都市圈区域规划的编制工作,规划范围包括北京、天津两个直辖市和河北省的石家庄、保定、唐山、秦皇岛、廊坊、沧州、张家口、承德8个地级市。但是,在2009年1月和2010年6月,珠三角和长三角规划相继获得正式批复之后,被寄予厚望的京津冀都市圈规划却未能获得批准。究其原因,主要在于三地各自规划的发展重点和产业方向趋于同质化,功能定位和产业定位难以协同。特别是,在原来拟定的规划中,河北省定位于重点发展原材料重化工、现代化农业和旅游休闲度假等产业,成为北京和天津的产业转移与配套基地,这一定位显然难以满足河北省的发展诉求。

由于京津冀都市圈规划迟迟难以推进,河北省另辟蹊径,力求在区域格局中谋划新的战略支点。为此,2010年10月,河北省政府出台《关于加快河北省环首都经济圈产业发展的实施意见》,正

---

① 杨开忠:《京津冀协同发展的探索历程与战略选择》,《北京联合大学学报(人文社会科学版)》2015年第4期。

式提出"环首都经济圈"的战略构想,地域范围是环绕北京的张家口、承德、廊坊和保定4个地级市的13个县(市、区),面积为27060平方千米①,致力于发展成为一个以新兴产业为主导的新经济圈。但与河北省投入的巨大热情和政策支持相比,北京对其的回应和支持力度不足,其根本原因在于"环首都经济圈"的发展思路难以契合北京的利益诉求。由此,"环首都经济圈"只是河北省单方的地区战略,而难以上升成为京冀双方合力推动的区域战略。

在进入国家层面的"十二五"规划时,"环首都经济圈"变成了"首都经济圈"。在很大程度上,"首都经济圈"概念是河北省积极推行"环首都经济圈"战略所催生的产物。但是,总体来看,首都经济圈的范围所指和京津冀都市圈并无实质性差异,而"京津冀都市圈"更能凸显区域概念,区域问题需要置于整体区域的系统框架才能协同解决。

中共十八大以后,实现京津冀协同发展上升为重大国家战略。2013年5月,习近平总书记在天津调研时提出,要谱写新时期社会主义现代化的京津"双城记",从而实质上明确了首都圈的"双引擎"。同年8月,习近平总书记在北戴河主持研究河北发展问题时,要求河北推动京津冀协同发展,这在实质上明确了首都圈的规划范围包括河北在内。2014年2月26日,习近平总书记在北京主持召开座谈会并发表重要讲话,明确了实现京津冀协同发展是重大国家

---

① 唐茂华:《新时期京津冀都市圈的发展动态及趋势》,《天津经济》2011年第10期。

战略，提出京津冀协同发展的基本要求，明确北京是全国政治中心、文化中心、国际交往中心和科技创新中心，要坚持和强化首都核心功能，调整疏解非首都核心功能。①

在具体操作层面，京津冀协同发展战略也进入了实施阶段。2013年9月，国务院批准国家发改委《关于编制环渤海地区发展规划纲要及首都经济圈发展规划有关问题的请示》，明确首都经济圈发展规划范围为京津冀三省市全域，规划期为2014—2020年，展望到2030年，重点是按照区域一体化发展方向，统筹解决制约三省市特别是首都可持续发展的突出问题。2014年8月，国务院成立了京津冀协同发展领导小组，由中共中央政治局常委、国务院副总理张高丽任组长，紧接着将"首都经济圈发展规划"调整为"京津冀协同发展规划"。2015年4月30日，中共中央政治局会议审议通过《京津冀协同发展规划纲要》，明确了有序疏解北京非首都功能是京津冀协同发展战略的核心，明确了京津冀协同发展战略纲要。至此，京津冀城市群的发展方向获得了国家层面的明确和支持。

## 北京城市性质的重新定位与非首都功能疏解

对于北京的城市性质，自中华人民共和国成立后就一直存在着不小的争议。改革开放以后，对于这个问题又进行了多次讨论，逐

---

① 《京津冀协同发展领导小组办公室负责人就京津冀协同发展有关问题答记者问》，《人民日报》2015年8月24日。

渐取得了比较一致的认识。

## 一、北京城市性质的重新定位

1980年4月，中共中央书记处对首都的功能作出了重要指示：首都第一是全国的政治中心，是神经中枢，是维系党心、民心的中心，不要成为经济中心；第二是中国对外的橱窗。它需要被建设为在以下四个项目中的全世界最好的城市之一：社会秩序和道德；清洁和卫生；文化、科技和教育；经济繁荣、稳定和便利。① 这一关于首都建设方针的指示精神，得到了多数市民的赞同。但在经济建设特别是工业发展方面，认识仍很不一致。

1981年11月，北京市政府决定成立北京城市规划委员会，市长焦若愚兼任委员会主任，着手编制新的首都建设总体规划方案。1982年7月，北京市人大常委会原则通过编制出来的《北京城市建设总体规划方案》，并在年底上报国务院。这个方案贯彻了中共中央的指示精神，不再提"经济中心"和"现代化工业基地"，北京被定位为"全国的政治和文化中心"。② 并且明确提出，发展北京的经济事业要充分考虑首都的特点，工业着重发展耗能低、用水省、占地少、运量小、不污染、不扰民的行业，努力向高、精、尖的方向发展。中共中央书记处和国务院经过审议，于1983年7月下达《中共中央、国务院关于〈北京城市建设总体规划方案〉的批复》。

---

① 薛凤旋、刘欣葵：《北京：由传统国都到中国式世界城市》，第96页。
② 周一兴主编：《当代北京简史》，第279页。

## 第七章 集聚与扩散

这是北京市第一个得到正式批准的总体规划,在全国城市中也是第一个。《北京城市建设总体规划方案》最重要的一点是明确了北京的城市性质,城市建设的混乱现象因之而逐步减少。

进入20世纪90年代,首都建设又出现了许多新问题、新情况,尤其是与国际政治、经济、文化交往日益频繁,北京的城市功能变得更加繁复,原有的城市规划已经不能满足形势发展的需要。1992年12月,《北京城市总体规划(1991—2010年)》完成,并于1993年10月获得国务院的正式批复,同意实施规划。这一规划确定的规划原则,与本书主体相关的有两条:一是明确北京的城市性质是国家的政治中心、文化中心,是世界著名的古都和现代国际城市;二是强调发展高新技术产业和第三产业,发展技术密集程度高、产品附加值高和能耗少、水耗少、排污少的工业,市区工业要逐步外迁。[①] 这一规划与1982年的《北京城市建设总体规划方案》相比,在城市性质的表述上增加了"世界著名的古都和现代国际城市"这一全新内容,反映出增加北京城市的国际功能这一新诉求,也更加符合北京作为首都城市的地位。

在这个文件里,还提出了"四个服务"的建设方针和"两个战略转移"的指导方针。"四个服务",是指"要为党、政、军首脑机关正常开展工作服务,要为日益扩大的国际交往服务,要为国家教育、科技和文化发展服务,要为市民的工作和生活服务"。"四个服务"的建设方针是对北京城市建设工作的科学总结,是对首都城市

---

① 北京卷编辑部:《北京》上册,第340页。

性质更全面的认识。"两个战略转移",是指城市建设重点要逐步从市区向远郊区作战略转移,市区建设要从外延扩展向调整改造转移;要大力发展远郊城镇,严格控制市区的人口规模,逐步实现人口和产业的合理布局,进一步加强与首都周围城市、地区的协调发展。①"两个战略转移"方针的提出,表明北京城市建设的重点将转向远郊区,试图化解中心城区的压力。把不适合在市中心区的工厂、仓库等迁移出去,改为发展第三产业或建设公共设施,这是北京城市规划思路上的根本性变革。

  进入 21 世纪以来,北京的城市发展又面临着新的历史机遇。为了适应首都现代化建设的需要,充分利用好城市发展的良好机遇和举办 2008 年夏季奥运会的带动作用,2002 年 5 月,北京市第九次党代会提出了修编北京城市总体规划的工作任务。2005 年 1 月,北京市政府公布了《北京城市总体规划(2004 年—2020 年)》。《北京城市总体规划(2004 年—2020 年)》延续了《北京城市总体规划(1991—2010 年)》关于北京城市性质的描述,提出了"建设世界城市"的努力目标,并将北京的城市职能细化为六个方面:(1)中央党政军领导机关所在地。(2)邦交国家使馆所在地,国际组织驻华机构主要所在地,国家最高层次对外交往活动的主要发生地。(3)国家主要文化、新闻出版、影视等机构所在地,国家大型文化和体育活动举办地,国家级高等院校及科研院所聚集地。(4)国家经济决策、管理,国家市场准入和监管机构,国家级国有企业总

---

① 北京卷编辑部:《北京》上册,第 340 页。

部,国家主要金融保险机构和相关社会团体等机构所在地,高新技术创新、研发与生产基地。(5)国际著名旅游地,古都文化旅游,国际旅游门户与服务基地。(6)重要的洲际航空门户和国际航空枢纽,国家铁路公路枢纽。①

《北京城市总体规划(2004年—2020年)》最大的亮点是提出北京要发展成为"世界城市"的目标。世界城市是城市发展的高级阶段,是国际城市的高端形态。现代意义上的世界城市是全球经济系统的中枢或世界城市网络体系中的组织结点。对全球政治经济文化具有控制力与影响力是世界城市的两个核心功能。世界城市的基本特征可以概括为三个方面:一是具有雄厚的经济实力。主要表现为经济总量大,人均GDP程度高,国际总部聚集度强;二是具有巨大的国际高端资源流量与交易。主要表现为高端人才的集聚,信息化水平,科技创新能力,金融国际竞争力和现代化、立体化的综合交通体系;三是全球影响力。世界城市的影响力既有文化和舆论的力量,也有组织和制度的力量。主要表现为城市综合创新体系、国际交往能力、文化软实力和全球化的治理结构。② 英国伦敦、美国纽约、法国巴黎和日本东京,传统上被认为是"四大世界级城市"。

2010年8月,习近平同志视察北京时指出,北京建设世界城市,要按照科学发展观的要求,立足于首都的功能定位,着眼于提

---

① 北京市人民政府:《北京城市总体规划(2004年—2020年)》,《北京规划建设》2005年第2期。

② 万安伦:《北京城市地位与功能的四次提升》,《北京联合大学学报(人文社会科学版)》2014年第3期。

高"四个服务"水平,既开放包容、善于借鉴,又发挥自身优势、突出中国特色,努力把北京打造成国际活动聚集之都、世界高端企业总部聚集之都、世界高端人才聚集之都、中国特色社会主义先进文化之都、和谐宜居之都,充分体现人文北京、科技北京、绿色北京的要求。"中国特色世界城市"由此成为北京城市发展更科学、更完整、更切近、更务实的新目标。有研究者认为,要实现这一目标,就"必须逐步形成适应首都经济需要的、以高新技术为主导,资源节约、效益和素质较高的产业结构,加快向外转移不适合首都比较优势的传统重化工业"①。这里又涉及首都经济和非首都功能疏解两个问题。

## 二、疏解北京的非首都功能

1997年年底和1998年年初,中共北京市委、北京市政府在北京市第八次党代会和第十一届人民代表大会上,正式提出了发展"首都经济"的新思路,并明确提出了首都经济的概念:它是立足首都、服务全国、走向世界的经济;是充分体现北京城市的性质和功能,充分发挥首都比较优势、充分反映社会主义市场经济规律的经济;是向结构优化、布局合理、技术密集、高度开放、资源节约、环境洁净方向发展的经济;是既保持较高增长速度,又体现较好效益的经济。②

---

① 王德利:《首都经济圈发展战略研究》,中国经济出版社2013年版,第118页。
② 葛海斌:《建国后北京城市发展的阶段性分析及战略思考》,《北京行政学院学报》2004年第6期。

## 第七章 集聚与扩散

我们认为,"首都经济"概念的提出,是对长期以来北京发展战略争论的回应,即北京是否要大力发展经济,以及发展什么样的经济。总体上看,主要有三种不同的看法:第一种看法认为北京作为首都根本不适合大力发展经济,特别是不适合发展工业经济,而是要做好政治中心、文化中心以及国际交流中心,做一个纯粹的文化古都;第二种看法认为北京应该充分利用良好的基础,发挥地区带动力量,成为全国的经济中心,乃至发展成为世界的经济中心城市,因此北京不仅要大力发展服务经济,也要大力发展工业经济;第三种看法认为北京受自然条件的制约,不可能大力发展重工业,需要发展适合首都的经济。① 应该说,前两种看法过于绝对化,走向了两个极端,北京还是要在原有基础上搞好经济发展的,这也是"首都经济"的基本含义所在。

经过几十年的建设,北京城市的经济基础已经变得相当雄厚,尤其是改革开放以来,北京的经济建设成就更是有目共睹。1978年至2012年,北京人均GDP从797美元上升到13857美元,按可比价格计算增长了11倍,实现了从低收入地区向高收入地区的成功跨越;居民消费水平从330元上升到30350元,按可比价格计算增长了23倍,居民生活率先基本实现现代化。城镇人口从479万增加到1783.7万,城市化率从55.0%上升到86.2%。② 国际化程度和在全

---

① 葛海斌:《建国后北京城市发展的阶段性分析及战略思考》。
② 杨开忠:《京津冀大战略与首都未来构想——调整疏解北京城市功能的几个基本问题》,《人民论坛》2015年1月(下)。

球城市网络中地位不断上升。但是，在北京城市经济获得大发展的同时，也产生了"城市病"，因而才有了疏解非首都功能的新路子。

疏解北京的非首都功能，与发展首都经济是不冲突的，关键是首都经济的产业结构如何设计。纵观世界上的顶级大都市，无一例外地形成了高端服务为主导的产业结构，诸如纽约的主导产业为金融、文化娱乐、总部经济等；伦敦的主导产业为金融、总部经济等；东京的主导产业为金融、总部经济、工业设计等；新加坡的主导产业为金融、现代物流等。① 根据这些城市的经验，首都经济发展的重点也要放在金融、总部经济、科技创新、文化产业等高端知识密集型产业。

另一方面，要将制造等资本密集型和劳动密集型产业向外转移，这是疏解非首都功能的重点之一，首钢搬迁是一个最好的例子。首钢的前身是石景山钢铁厂，最早是1919年民国北京政府时期创办和遗留下来的一个炼铁厂。1958年首钢建起了第一座侧吹转炉，结束了有铁无钢的历史。1964年又建起了中国第一座氧气顶吹转炉。到1978年，首钢的钢产量达到179万吨，跻身中国八大钢铁企业的行列。到1994年，首钢的钢产量达到824万吨，位居当年全国第一。② 随着首钢生产的发展，资源和环境问题显现出来。尤其是首钢地处北京上风处，粉尘很容易被吹进市区，而且北京的水资

---

① 唐茂华:《新时期京津冀都市圈的发展动态及趋势》，《天津经济》2011年第10期。

② 王汉平、沈晓宁、高原:《首钢搬迁，一次前所未有的工业迁移》，中国网，2007年11月8日，china.com.cn/book/zhuanti/qkjc/txt/2007-11/08/content_ 9198643.htm。

源本身也很紧张，这些因素都促使首钢大力发展各种节能、环保产业。2000年，首钢首次实现非钢收入超过了钢铁产业。① 但首都的特殊地位，已不适合它再继续留在北京，首钢必须搬迁。

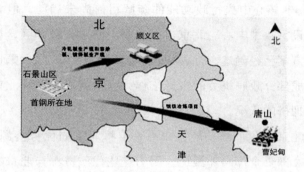

**首钢搬迁示意图**②

2005年2月18日，国家发改委正式批复《关于首钢实施搬迁、结构调整和环境治理的方案》，首钢涉钢系统搬迁至唐山市曹妃甸。同年10月，首钢与唐钢联合成立首钢京唐钢铁联合有限责任公司（简称首钢京唐公司），首钢占51%的股份，这就是新首钢的主体。2008年，首钢京唐公司投产。2010年12月30日，首钢在石景山区的涉钢产业全部停产。首钢搬迁的意义，并不单单在于疏解了北京的非首都功能，而且对京津冀城市群的协调发展产生了不可估量的影响。

疏解北京的非首都功能，还不仅限于工业企业的外迁，部分行

---

① 董志凯：《新中国六十年城市建设方针的演变》，《中国城市经济》2009年第10期。

② 黄建华：《国务院批准首钢搬迁》，《北京青年报》2005年2月8日。

政功能也要向外疏散。有研究者提出，根据首都的对外辐射半径，借鉴韩国行政中心城市——世宗市（距首尔约120千米）的经验，首都非核心中央行政功能可以通过设立行政副中心的模式进行疏解。① 首都非核心中央行政功能的疏解目前尚未启动，但北京市已经规划建设行政副中心。北京市行政副中心建在通州区，规划设计总体布局方案已经确定，行政办公区起步区已经开工，预计2017年年底前完成部分政府机关的搬迁工作，这样就可以缓解北京市中心城区过分拥挤的状况。

疏解北京的非首都功能，并不等于将北京的优势资源如高校、医院和国家部委全部向外搬迁，因为这些优质资源与北京的城市功能定位并不冲突。北京的城市功能定位是政治中心、文化中心、对外交流中心和科技创新中心，因此国家机关和高校在北京的集聚是内在需求。② 而且，诸如医院和高端服务业等资源也并不与北京的城市发展定位相冲突，不必也不需要外迁。对于疏解非首都功能问题，一定要做好细致深入的研究，绝不可盲目跟风，否则很可能会造成混乱现象。

## 滨海新区开发与海上国际门户的构筑

从秦皇岛港沿着渤海海岸线向南，在不到500海里的区域内，

---

① 崔向华：《首都经济圈规划视野中的北京城市功能疏解》，《城市规划》2015年第5期。
② 张可云、蔡之兵：《北京非首都功能的内涵、影响机理及其疏解思路》，《河北学刊》2015年第3期。

## 第七章 集聚与扩散

依次排列着秦皇岛、唐山、天津、黄骅四大港口。这一港群体系,有着环渤海出海口岸"做大做强"的优势,构成京津冀城市群的海上国际门户。同时,也存在着港口地域相近、腹地交叉、建设重复、竞争无序等问题,这是制约京津冀协调发展的一个"瓶颈"。

### 一、从天津港到滨海新区

天津开埠后,天津港由国内漕运枢纽转变为既有发达的国内航线又有通达的国际航线的综合枢纽,成为当时中国能进行大型内外贸活动的著名商港。但是,天津港是个内河港,随着海河水系径流量的减少,天津港市内港区的吞吐量也下降得很快。

1952年,位于塘沽海河口的天津新港经修复正式对外开港。新港位于距市区40千米的塘沽海河口,是日本帝国主义入侵中国时为掠夺华北资源于1939年兴建的,但直到1945年日本战败投降也未完工。1952年正式开港后,一期工程建设将4个3000吨级码头改造成8000吨级码头;1958年,新港开始了二期扩建,新建了5个万吨级泊位;1973年,成功开辟了我国第一条国际集装箱航线,成为中国内地最早开办集装箱运输的港口。改革开放以后,天津港获得了更快的发展。目前,天津港70%以上的货物吞吐量和50%左右的口岸进出口货值来自天津以外的各省区,北京经海运外贸进出口总值的90%以上经由天津港下水。② 天津港已经成为首都的海上门户,而且天津港作为中国北方第一大港、世界第四大港,年吞吐量

---

① 仲小敏、李兆江主编:《天津地理》,第29页。本书作者做了修订。

超过 5 亿吨的规模①，也是京津冀城市群对外贸易的最重要出口。天津港的形成过程，对推进滨海新区的经济社会发展和城市化演进，产生了持久而深远的影响。

天津滨海新区的设立，也与天津城市空间的扩展密不可分。新中国成立初期，天津市建成区的面积为 61 平方千米，至 20 世纪 50 年代末期，天津城市的空间结构仍属于单一市区模式，也就是在依托旧城区空间布局的基础上，集中发展市区，通过工业转移逐步向外扩展。当时天津市把第一工人文化宫附近规划为市区中心，并在市区范围内规划了 10 个地区中心，在市区边缘和近郊还规划了 12 个工业区。② 1984 年，国务院批复同意天津市在原塘沽盐场三分场兴办经济技术开发区，标志着天津经济技术开发区（"泰达"）正式诞生。1991 年，天津港保税区成立。1994 年 3 月，天津市决定在天津经济技术开发区、天津港保税区的基础上用十年左右的时间，基本建成滨海新区。经过天津市十多年的自主发展后，滨海新区在 2005 年开始被写入"十一五"规划并纳入国家发展战略，成为国家重点支持开发开放的国家级新区。

天津滨海新区位于天津市中心区的东面、海河流域下游渤海湾顶端，北与河北省唐山市丰南区为邻，南与河北省黄骅市为界。拥有海岸线 153 千米，海域面积 3000 平方千米，规划陆域面积 2270

---

① 仲小敏、李兆江主编：《天津地理》，第 320 页。
② 李文增：《立足天津定位，发挥京津冀区域经济协同发展排头兵作用》，《求知》2015 年第 9 期。

第七章 集聚与扩散

**天津行政区划**①

---

① 仲小敏、李兆江主编:《天津地理》,第29页,本书作者做了修改。

平方千米，包括天津港、开发区、保税区（含天津空港物流加工区）三个功能区；塘沽区、汉沽区、大港区三个行政区；海河下游冶金工业区（东丽区无瑕街、津南区葛沽镇）。① 2013 年 9 月，天津市宣布撤销滨海新区下辖的塘沽、汉沽、大港 3 个城区管委会，由滨海新区直管街镇。这表明，滨海新区在行政体制上已经由原来纯粹的"经济特区"转型为具有完整政权建制的市辖区。②

滨海新区有大量开发成本低廉的荒地和滩涂，具有丰富的石油、天然气、原盐、地热、海洋资源等，同时拥有雄厚的工业基础，中国最大的人工港、最具潜力的消费市场和最完善的城市配套设施。以新区为中心，方圆 500 千米范围内还分布着 11 座 100 万人口以上的大城市。滨海新区的发展潜力是巨大的。

从 2005 年天津滨海新区上升为国家战略以来，滨海新区始终保持高速发展态势。2010 年地区生产总值突破 5000 亿元，占天津地区生产总值的 55% 以上，经济规模全面超越上海浦东新区③，成为天津经济发展的主引擎。天津正逐渐形成高端化、高质化、高新化的产业结构，航空航天、石油化工装备制造、电子信息、生物医药、新能源、新材料、国航科技和轻工纺织八大优势支柱产业，占全市工业比重超过 90%，先进制造和研发转化基地初具规模，可以

---

① 孟广文、杜英杰：《天津滨海新区建设成就与发展前景》，《经济地理》2009 年第 2 期。

② 赵聚军：《中国行政区划改革研究》，天津人民出版社 2012 年版，第 225 页。

③ 唐茂华：《新时期京津冀都市圈的发展动态及趋势》，《天津经济》2011 年第 10 期。

第七章　集聚与扩散

更好地发挥在京津冀城市群的核心引领作用。

## 二、从京唐港到曹妃甸港

唐山建港经历了漫长的探索时期。早在1919年，孙中山就提出"筑北方大港于直隶湾"的计划，他所选定的建港位置就是今天的京唐港区所在地。这里面向大海有深槽，背靠陆地有滩涂，水深岸陡，不冻不淤，地处环渤海经济圈的中心地带，腹地广阔，物产丰富，货源充足，具备建北方大港的自然条件和区位优势。唐山建港却是在唐山大地震以后，唐山重建过程中开始起步的。

唐山不仅是河北省人口超过百万的大城市，也是在计划经济时期对国民经济命脉具有重要意义的重工业城市。地震前的1975年，唐山市区的建成面积达到66平方千米，市区人口119.7万人；市区辖路南、路北和东矿三个区；城市形态上体现为中心区与东矿区"两片"。唐山全境内工业企业400余家，其中包括市区的开滦煤矿、唐山钢铁公司、唐山发电厂、唐山机车车辆厂、启新水泥厂等八家重要大型工业企业，就合计占市区工业产值的53%。[①] 1976年7月28日，唐山发生了里氏7.8级的大地震，震中位置位于唐山市区内的路南区，地震破坏范围超过3万平方千米，昔日繁华的唐山变成了一座废墟，唐山大地震以后，唐山重建新市区。1976年10月，《唐山市城市总体规划》完成，城市规划面积56.6平方千米，

---

① 张纯、张洋、吕斌：《唐山大地震后重建与恢复的反思：城市规划视角的启示》，《城市发展研究》2012年第5期。

总人口 65 万人。确定新唐山包括老城区、东矿区和丰润新城区等三个城区，采取"组团分散，相对独立"的土地利用规划思想，每个组团之间相隔 25 千米，这三个城区之间共享基础设施，但空间上相对分离。① 在唐山重建的过程中，1978 年，交通部第一航务工程勘察设计院请南京大学地理系对王滩（即唐山港京唐港区）进行了动力地貌勘察。结果表明，王滩的地质条件优于上海宝山，论证了王滩可建 10 万吨级泊位的大型港口。但是，由于上海宝山方面已率先动工建设，唐山建港只能再度搁浅。

1982 年至 1984 年间，国家计委提出了京津唐地区国土开发和生产力布局要向沿海地带推进，重点开发冀东地区，并明确指出要把王滩建设成为综合性的港口工业区。1985 年 11 月，国家计委交通局、国土局、综合运输研究所等 16 个单位 33 位领导和专家参加了关于王滩建港的论证会。经过反复的现场勘查和缜密的研究论证，与会领导和专家一致认为，唐山地区建港非常必要，王滩地区是难得的建设港口良址。1986 年，河北省计委同意将王滩港口两个万吨级泊位纳入"七五"前期工作项目，建设王滩港的起步工程获得正式立项。中共唐山市委把王滩港的建设列为一号工程，重中之重。经过前期积极的准备，1988 年 10 月，河北省建委批准了《唐山市王滩港口起步工程开工报告》。正式开工前，港口筹建初期暂

---

① 张纯、张洋、吕斌：《唐山大地震后重建与恢复的反思：城市规划视角的启示》。

第七章 集聚与扩散

定的名字"王滩港"正式定名为"唐山港"。① 1992年7月18日，京唐港正式实现国内通航。同年10月，唐山港被国务院批准为国家一类口岸。

20世纪90年代初，中共中央提出环渤海经济发展战略，唐山港的建设也加快了步伐。但是，资金的不足严重制约着港口的发展。后来唐山市领导从与北京铁路局联建联营坨港铁路的建设模式中得到启发，果断决策与北京市联合建港。经过多方努力，1993年7月17日，唐山市和北京市在平等协商、互惠互利的基础上签订了联合建设港口的协议，"唐山港"则更名为"京唐港"，唐山港务局随之更名为京唐港务局。7月18日，京唐港实现国际通航，开始了通向世界的崭新旅程。京唐港区航线通达澳大利亚、巴西、俄罗斯、美国等三十多个国家（地区）、一百二十多个港口②，经济腹地除河北、北京外，直接辐射到"三北"（华北、西北、东北）地区。港口建设还带动了港城的发展，京唐港所在的海港开发区已形成煤化工、精品钢材、电力能源、仓储物流、陶瓷建材五大支柱产业③，城镇人口增长迅速。

京唐港建设虽然取得了不小的成就，但唐山市的经济布局思路变化不大，城市总体规划形成老市区、新区、古冶区三足鼎立之

---

① 李杰、赵雅洁：《唐山港京唐港区建设发展回顾与展望》，《综合运输》2009年第2期。
② 同上。
③ 张从果、甄峰、汤培源：《港口开发、产业发展与人口城市化——以曹妃甸地区为例》，《城市发展研究》2007年第5期。

势。直到 20 世纪末制定唐山发展战略时，才将上述三角布局态势扩展到由市区、海港开发区、南堡开发区"新三角"，形成了依托京津唐大三角、建设开发以市中心区和曹妃甸工业区为核心，以古冶、丰润和海港、南堡为两翼的"新三角"，从而使生产力布局形成向沿海梯次推进的城市体系新格局，结束了唐山虽然沿海但城市布局却不濒海的奇怪现象。

曹妃甸港的开发建设是进入 21 世纪以后开始的。曹妃甸地处唐山南部的渤海湾西岸，原是一座东北、西南走向的带状沙岛，为古滦河入海冲积而成，至今已有 5500 余年的历史，因岛上原有曹妃庙而得名。"面向大海有深槽，背靠陆地有滩涂"是曹妃甸最明显的特征和优势，为大型深水港口和临港工业的开发建设，提供了得天独厚的条件。2003 年，中共河北省委、河北省政府决定正式开发曹妃甸，并作为"河北省一号工程"。2005 年，国务院相继批准了包括曹妃甸矿石码头、原油码头在内的《渤海湾区域沿海港口建设规划》和首钢搬迁曹妃甸实施方案，并将曹妃甸工业区列为国家第一批发展循环经济试点产业园区。从此，曹妃甸进入全面开发建设的新阶段。同年 8 月，唐山市政府决定自 2005 年 9 月 10 日起停止使用"京唐港"港名，恢复使用"唐山港"港名。唐山港包括京唐港区和曹妃甸港区①，曹妃甸港处于天津港和京唐港的中间位置。

2006 年，曹妃甸工业区被列入国家"十一五"发展规划，曹妃

---

① 冀辛：《"唐山港"正式命名入列北方港口》，《中国海洋报》2005 年 8 月 5 日。

## 第七章 集聚与扩散

甸的发展迈上了一个新台阶。2008年5月,国务院批准了《曹妃甸循环经济示范区产业发展总体规划》,明确了对唐山港曹妃甸港区和天津港的港口分工:曹妃甸港区为中国能源、矿石等大宗原燃料的集疏港,天津港为国际航运中心、物流中心和国内北方航运中心。① 港口分工的明确,使得曹妃甸港的发展速度进一步加快。截至2014年年底,曹妃甸港区已建成并运营码头泊位67个,在建码头泊位27个。曹妃甸港通航以来,已与巴西、澳大利亚和非洲等42个国家和地区实现直航。2014年曹妃甸港完成货物吞吐量2.9亿吨、集装箱吞吐量28.4万标箱,分别增长18.3%、86.8%,增速居全国第一。② 曹妃甸港口规模不断扩大,功能逐步完善,正在向国际化综合贸易大港迈进。

2013年1月,国务院正式批准设立曹妃甸国家级经济技术开发区。与以往省级开发区升级国家级不同,这是自2010年1月国务院正式启动省级开发区升级国家级开发区以来,全国首个以新设方式设立的国家级开发区,这也意味着河北省实施举全省之力打造曹妃甸和渤海新区两大增长极以来,河北省沿海地区发展又迈出了坚实的一步。2014年7月31日,京冀两省市签署共同打造曹妃甸协同发展示范区框架协议。2015年4月,中共中央政治局会议通过的《京津冀协同发展规划纲要》中有五处提到曹妃甸,对曹妃甸提出

---

① 魏双林:《国家明确曹妃甸港区定位》,《中国冶金报》2008年5月13日。
② 李文荣、沈方:《京津冀协同发展背景下曹妃甸发展研究》,《港口经济》2015年第6期。

了明确定位,即要打造世界一流石化基地、建设国家原油战略储备库、京冀共建曹妃甸协同发展示范区、打造现代产业发展试验区、将天津滨海新区政策延伸至曹妃甸。

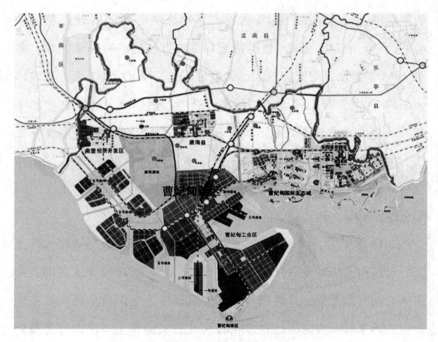

**曹妃甸新区规划图**①

以港兴城、港城互动是沿海地区发展的普遍规律。2012年7月,国务院批准设立曹妃甸区,作为唐山市的市辖区。2013年,曹妃甸区的行政区域面积为1281平方千米,人口20万人,其中第二产业从业人员51938人,第三产业从业人员20674人,地区生产总

---

① 《唐山曹妃甸新区——黄金宝地耀眼明珠》,《河北日报》2009年9月29日。

值3581059万元。① 曹妃甸的城市建设以生态化为方向，曹妃甸国际生态城是依港而兴的真正沿海港口城市，是服务于曹妃甸区的现代化未来生态城市，其开发建设应着力突出生态化和可持续发展的理念，让城市建设的每一处、每个细节都体现生态特色。

### 三、沧州渤海新区的开发

沧州渤海新区的开发是在黄骅港的基础上起步的。黄骅港位于沧州市以东90千米的渤海之滨，恰置河北、山东两省交界处，环渤海经济圈的中部。黄骅港从1985年开始选址论证，1997年开工建设，煤一期、二期工程先后于2001年和2004年竣工投产，煤炭装船量连年以超千万吨的速度剧增，发展势头迅猛。到2006年年底，港口煤炭运量已超过8000万吨。② 2007年2月9日，《黄骅港总体规划》正式获得河北省人民政府批准，黄骅港建设及其区域经济社会发展揭开了新的历史性的一页。

2007年2月9日，沧州渤海新区正式揭牌成立，下辖"一市三园"，即黄骅市和中捷产业园区、南大港产业园区、化工产业园区。2011年10月27日，国务院正式批复《河北沿海地区发展规划》，标志着渤海新区的经济发展已经正式上升为国家战略。

---

① 国家统计局农村社会经济司编：《中国县域统计年鉴（县市卷）》，中国统计出版社2014年版，第8页。

② 吴树航、刘吉利、付春祥：《做建设沿海经济社会发展强省的先行者》，《河北日报》2007年2月27日。

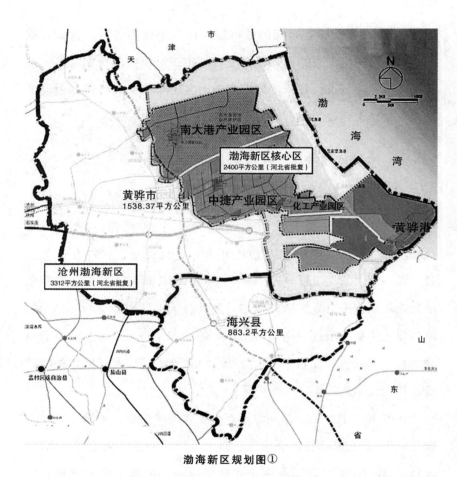

**渤海新区规划图**①

渤海新区拥有广阔和纵深的腹地，覆盖面积近 2375 平方千米，是天津滨海新区的近三倍。新区拥有 1700 多平方千米的非农用地、307 平方千米的滩涂和 1051 平方千米浅海②，是我国东部沿海地区

---

① 《燕赵都市报》2012 年 3 月 8 日。

② 张春平、任秋艳、邵青艳：《沧州渤海新区的战略定位与发展策略》，《经济论坛》2013 年第 8 期。

第七章　集聚与扩散

仅存的一块面积大、人口稀、地质条件好、开发成本低、环境容量高的黄金宝地，产业承载和城市空间具有充足的回旋余地。新区拥有 55 万人口①，形成了石油化工、管道装备、机械制造、电力能源、现代物流等五大主导产业。②

从地理位置上看，黄骅港是河北省中南部及晋陕蒙等中西部地区陆路运输距离最短的港口，运输成本最低；从交通运输上看，朔黄铁路、沧港地方铁路和津汕高速、石港高速、保港高速、京沪高铁，将使渤海新区成为河北中南部及更大区域的重要交通枢纽；从吞吐能力上看，黄骅综合港区码头起步建设就达 10 万吨，2015 年又迈入 20 万吨级大港行列，吞吐量将达到 5 亿吨，必将在北方港口群中占据重要位置。渤海新区依托黄骅港，借助便捷畅通的交通优势，煤、油及海洋产品的资源优势，深广的腹地优势，尤为突出的土地资源等等，必将通过跨越式发展脱颖而出，成为京津冀城市群的次中心城市和最具活力的地理单元。

著名城市规划专家吴良镛提出，以天津滨海新区为核心，以秦皇岛、唐山、沧州滨海地区为两翼的"大滨海新区"理应作为京津冀地区乃至华北地区发展的引擎。③ 但是，除了秦皇岛中心市区是真正的临港城市以外，唐山、沧州中心市区距离港口都有 70 千米左

---

①　曹敏然：《沧州渤海新区崛起的战略意义》，《沧州日报》2010 年 1 月 16 日。
②　刘俊娥、张雪、张志媛：《渤海新区在京津冀一体化中的战略定位与发展策略》，《沧州师范学院学报》2015 年第 2 期。
③　祝尔娟主编：《京津冀都市圈发展新论（2007）》，中国经济出版社 2008 年版，第 11 页。

右。因此,必须坚持港城联动的发展模式,推动曹妃甸区和渤海新区的城市建设,构筑京津冀城市群的海上国际门户。

## 城市行政区划调整与小城市的渐次崛起

京津冀城市群的形成过程,也是这一区域城市化水平提高的过程,集聚效应与扩散效应并存。"城市群地区城市的集聚与分散,都是城市化水平不断提高的过程。"① 当前,中国的大都市区化过程还明显处于中心城市集聚阶段,大都市区的中心城市普遍存在空间扩张的现实需要和冲动,这成了行政区划手段在当前得到广泛应用的基本内在动力。② 20世纪90年代以来,北京陆续开始撤县设区,现在的通州、昌平、怀柔、顺义、房山等城区都是从县演变而来。2015年11月,北京市行政区域内的最后两个县密云和延庆撤县设区,其行政区域与之前相同。至此,以前常说的"北京16区县"成为历史。天津市撤县设区开始的比北京市晚一些,2000年武清撤县设区,2001年宝坻撤县设区。2015年8月,静海、宁河两县撤县设区,原行政区域和政府所在地不变。2016年6月,蓟县撤销,设立蓟州区。至此,天津市行政区域内没有了县级行政区域。

2014—2016年注定是中国城市化进程中的一个节点,大规模的

---

① 姚士谋等:《中国城市群(第3版)》,中国科学技术大学出版社2006年版,第9页。

② 赵聚军:《中国行政区划改革研究》,天津人民出版社2012年版,第221页。

## 第七章 集聚与扩散

撤县设区在全国上演,京津冀城市群内的石家庄、保定、秦皇岛、张家口都有不小的动静。2014年9月,石家庄市撤销县级藁城市、县级鹿泉市和栾城县,设立石家庄市藁城区、鹿泉区和栾城区(同时撤销石家庄市桥东区),这次行政区划调整"消灭"了两个建制市。2015年4月,保定市撤销满城县、清苑县和徐水县,设立保定市满城区、清苑区和徐水区;8月,秦皇岛市撤销抚宁县,设立秦皇岛市抚宁区。2016年1月,张家口市撤销崇礼县和万全县,设立张家口市崇礼区和万全区,同时撤销宣化县,宣化县与宣化区合并。

城市行政区划的调整,最明显的变化是城区面积的扩大和城市人口的增加,但带来的结果会很不理想,"市辖区过大,建成区面积过小,致使城市本身的带动作用很有限"①。相比之下,国外城市市区偏小,且市辖区数量偏多,区内公共设施充足,便于进行城市开发建设,能够较好地实现非农产业向城市集中,并实现以社会化服务为特征的城市生活方式的扩展与强化。符合市场经济规律的城市化过程,不应以行政区划调整为动力,要使各种要素在边际收益递增规律的支配下实现自由流动。一般情况下,应该是中心城市的人口大量转移到处于增长之中的中小城市,使城市的等级—规模体系得到改善,中小城市和新开发区获得新的发展和扩张动力。

通过撤县设区方式的行政区划调整不仅"消灭"掉了不少已有的县级建制市,而且还会阻断县区域的成长,因为城市规模扩大产生的极化效应要大于扩散效应。北京、天津作为京津冀城市群的

---

① 胡欣:《中国经济地理(第六版)》,立信会计出版社2007年版,第291页。

"双核心"，不断地将资本、市场、人才吸引到自身区域内部，吸引环首都经济圈中的资源、资金、人才，却没有反哺区域经济。另一方面，环首都经济圈地区由于长期受到"服务京津"行政关系的影响，与京津之间缺乏市场的、内在的联系，使得京津的辐射能力很难带动周边区域经济的繁荣和发展。① 这也是京津冀城市群内小城市发展缓慢的一大原因吧。下面我们就来盘点一下京津冀城市群内小城市的基本情况。这些小城市都是20世纪八九十年代以"整县改市"模式设置的县级市，大致可分为三种类型：

第一种类型，属于地位下降比较明显的城市，河间市是典型。明清两代，河间都是府城。1913年废府置县，河间降为县，属直隶省渤海道，1928年直隶河北省，此后一直为县建置。1990年10月18日，河间撤县设市。河间由府城降为普通的县城，是自然地理要素与经济地理要素共同作用的结果。河间既不是沿海城市，近代以来又无铁路线通过，经济上的凋敝自不待言，所以地位与其在历史上的相比下降得比较明显。

第二种类型，属于地位变化不甚明显的城市，包括涿州市、定州市、霸州市、遵化市和深州市。除涿州市以外，其他四座城市在清代都曾为直隶州，又都在1913年被降为县。涿州市因其处于京师区域内，明代曾作为北京的文化辅助城市之一发挥过作用，故而将之归为此一类型。与历史上的地位相比，目前这五座城市的地位并无多大的变化。它们各自的设市时间分别为：涿州市，1986年9月

---

① 王德利：《首都经济圈发展战略研究》，第36页。

24 日；定州市，1986 年；霸州市，1990 年 1 月；遵化市，1992 年；深州市，1994 年 7 月 4 日。

第三种类型，属于地位上升的城市，包括迁安市、三河市、高碑店市、任丘市、新乐市、安国市、黄骅市和晋州市。这种类型的城市在明清两代均属于县城（或散州），因具有优越的经济地理要素而成长起来，如高碑店市、新乐市因处于京广铁路线上的优越区位而发展壮大，黄骅市因据有得天独厚的海港优势而崛起，迁安市、任丘市以境内丰富的矿产资源而使得经济实力大增。这 8 座城市的设市时间分别为：迁安市，1996 年 10 月；三河市，1993 年 3 月；高碑店市，1993 年 4 月 9 日；任丘市，1986 年 5 月；新乐市，1992 年 10 月 8 日；安国市，1991 年；黄骅市，1989 年；晋州市，1991 年。

**因铁路而兴的小城高碑店**

这些城市虽然城市规模比较小，但作为区域中心城市，也有自己的中心区和辐射区域。因为这些城市都是以"整县改市"模式设置的，它们的总体经济实力集合了城市建成区和所管辖农村地区两个部分。从总体上看，京津冀城市群内小城市的数量偏少，且总体经济实力不够大。表7-1是这些小城市2013年的基本情况：①

表7-1 京津冀城市群小城市基本情况

| 名称 | 行政区域（平方千米） | 户籍人口（万人） | 第二产业从业人员（人） | 第三产业从业人员（人） | 地区生产总值（万元） |
| --- | --- | --- | --- | --- | --- |
| 晋州 | 619 | 55 | 135304 | 64515 | 2291967 |
| 新乐 | 525 | 51 | 110252 | 62043 | 1721801 |
| 遵化 | 1509 | 75 | 184219 | 176838 | 5634245 |
| 迁安 | 1227 | 74 | 200341 | 161834 | 10051327 |
| 涿州 | 751 | 66 | 159139 | 116987 | 2236426 |
| 高碑店 | 618 | 57 | 112765 | 56664 | 1252733 |
| 安国 | 486 | 42 | 83326 | 52742 | 971641 |
| 定州 | 1283 | 123 | 348455 | 184243 | 2537115 |
| 任丘 | 1012 | 87 | 200191 | 138272 | 5645505 |
| 黄骅 | 1545 | 47 | 107192 | 72382 | 2522216 |
| 河间 | 1333 | 85 | 219156 | 193977 | 2516368 |
| 霸州 | 802 | 63 | 168539 | 116338 | 3462583 |
| 三河 | 634 | 60 | 156866 | 108841 | 4588213 |
| 深州 | 1245 | 57 | 122566 | 127993 | 1256335 |

---

① 根据国家统计局农村社会经济司编《中国县域统计年鉴（县市卷）》（中国统计出版社2014年版）有关数据整理。

## 第七章 集聚与扩散

**【本章小结】**

　　口岸通八方。更盐田油气，水陆琳琅。滨海日征月迈，新纪铸华章。

　　这是天津作家王茂奎在 2001 年所填的一首词的下阕，点出了天津这座港口城市的特色。滨海新区承载着天津乃至京津冀城市群未来发展的希望，它需要聚集起更多的资源，打造真正的经济增长新引擎。当我们对滨海新区寄予厚望的同时，也不能不看到渤海沿岸迅速崛起的若干个新区有着冲突和矛盾，各新区功能的同构化趋势明显，造成不必要的竞争与浪费。

　　京津冀城市群的发展壮大，靠的是市场机制，靠的是多方合作，而不是彼此竞争。天津是有几百年历史的北方大港，本应继续发挥"龙头"的作用，但面临着周边多个港口的无序竞争，恐怕也是心有余而力不足。"口岸通八方"，有些时候是会受到行政分割因素限制的。

第八章

人力与自然

## 第八章

## 人力と自然

## 第八章　人力与自然

区域自然地理条件和经济地理条件,是城市形成发展的基础和背景,不同的区域为那里的城市发展提供了不同的舞台,形成了城市分布的宏观差异。京津冀城市群中城市聚落的出现与发展也是以该区域的自然地理条件和经济地理条件为基础的,展示出人力与自然关系的复杂变化轨迹。

## 京津冀城市聚落的出现

根据城市地理学的基本原理,区域地理条件决定区域城市的产生和发展,而地理位置则在区域背景基础上对单个城市发挥影响作用。[①] 对于京津冀城市群中的每一座城市来说,都是区域地理条件和地理位置双重作用的产物。我们重点考察北京、天津两座城市聚落产生的区域背景,并粗略讨论地理位置对这两座城市聚落产生的影响,兼及其他城市聚落的产生。

### 一、北京城市聚落的位置是如何产生的

北京已有三千多年的建城史,古称"蓟"。蓟城的位置,就在北京外城的西北部,战国时代人们称之为"蓟丘",是燕国的都城。

---

① 许学强、周一星、宁越敏:《城市地理学》,高等教育出版社1997年版,第31页。

古时丘又称作墟、聚，即聚落，蓟丘是由原始聚落发展而成的古代都邑。① 为什么我们的祖先会选择在蓟这个地方居住下来呢？这主要是跟自然地理环境有关。著名历史地理学家侯仁之对此有过精彩的描写：

> 北平城，位于呈巨大三角形的华北平原的最北端。对于生活在这片平原上的人们来说，北平城凝聚着他们的深厚情感，如同始终闪耀在北方夜空中的北极星。对他们来说，这是一座辉煌的城市。如果我们对这座城市周边的地形特征进行仔细的观察，就可以看到一个重山环绕的半封闭小平原。美国地质学家贝利·维里斯曾生动地将这片三面环山、一面开敞的小平原称为"北平湾"。②

"北平湾"的形象称谓一直被人引用，是独特的自然地理环境造就了"北平湾"。它的西北面是太行山脉的东北余脉，北面和东北面是燕山山脉的西段支脉，南面是华北平原西北末端的小平原。对于北京所处的独特地理位置，梁思成在侯仁之等人的基础上作了进一步的详细描述：

> 北京的高度约为海拔50米，地质学家所研究的资料告诉我们，在它的东南面比它低下的地区，四五千年前还都是低洼的湖沼地带。所以历史学家可以推测，由中国古代的文

---

① 北京大学历史系《北京史》编辑组：《北京史（增订版）》，第28页。
② 侯仁之：《北平历史地理》，外语教学与研究出版社2014年版，第1页。

## 第八章 人力与自然

化中心的"中原"向北发展,势必沿着太行山麓这条50米等高线的地带走。因为这一条路要跨渡许多河流,每次便必须在每条河流的适当的渡口上来往。当我们的祖先到达永定河的右岸时,经验使他们找到那一带最好的渡口。这地点正是我们现在的卢沟桥所在。渡过了这个渡口之后,正北有一支西山山脉向东伸出,挡住去路,往东走了十余公里,这支山脉才消失到一片平原里。所以就在这里,西倚山麓,东向平原,一个农业的民族建立了一个最有利于发展的聚落,当然是适当而合理的。北京的位置就这样地产生了。[①]

梁思成所说的是远古时期的情形,我们的先人是沿着太行山东麓从中原文化中心地带向北迁徙的,这样在太行山麓就形成了一条古代大道。侯仁之也是这样认为的:"这条古道沿着气势雄伟的太行山—燕山山麓发展起来,与山脉平行,起自大平原的中西部——中华文明首先在那里发展起来,直至大平原的北端——中国疆域第一阶段的扩展在那里被阻挡。"[②] 在"大平原的北端"阻挡中华文明扩展的是横亘在"北平湾"北面的燕山山脉。在第一章,我们曾指出过:"从地理形势上看,由中国东北和蒙古草原进入北京平原主要经过三个山口。它们是南部的南口、北部的古北口和东部的山海关。"在蓟城时代,经过这三个山口发展出了三条主要道路,即由南口穿行燕山山脉到达今天的张家口地区,由古北口穿行燕山山

---

[①] 梁思成著,林洙编:《梁》,第259页。
[②] 侯仁之:《北平历史地理》,第25页。

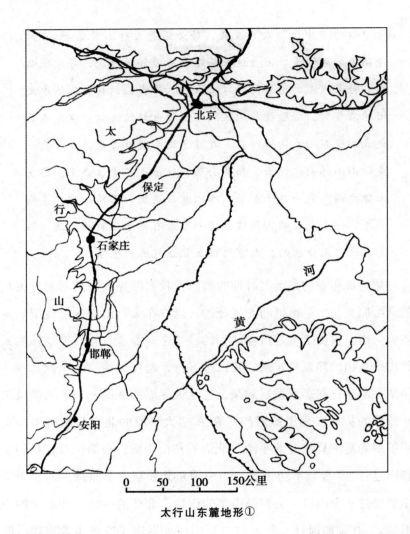

**太行山东麓地形**①

脉到达今天的承德地区,经由山海关到达东北地区。侯仁之指出,这三条主要道路中最后一条尤为重要,因为沿着这条道路出山海

---

① 侯仁之:《北京城的生命印记》,第361页。

## 第八章 人力与自然

关,可以进入辽河谷地,那里是燕国领土最远的角落。据此,他推断"蓟城的兴起,很大程度上是由于它位于太行山脚下的第一条古道旁,其后来的发展自然得益于向北方和东北方边远地区辐射的新道路。这样一来,蓟城就不再是古代大道的一个终点,而成为中原地区与边疆地区之间的交通枢纽。因为这样的地理优势,蓟城成为一个兴起的边疆封国的政治中心,也就不足为奇了"①。优越的交通区位,是蓟城兴起的自然地理条件。

侯仁之和梁思成所说的太行山东麓古代大道,基本上与现在京广铁路的北段地理位置相当。元朝定都北京后,为了从南方运输漕粮到大都来,修通了闻名于世的大运河水运系统。在近代动力机器产生以前,大运河不仅是南粮北运的生命线,也是南北交通的主要途径。"如果说太行山东麓大道使蓟城这一聚居地得以产生,那么,现在这条贯穿大平原心脏地带的新水道则给汗八里这一王朝的中心带来了政治的稳定和经济的繁荣"②。汗八里就是元朝时的大都,它处于大运河的最北端点。到19世纪末20世纪初,以天津为中心的北方铁路系统的形成,从天津往南修筑的津浦铁路,仍然是沿着大运河的线路延伸的。可见,古代的道路交通系统对于城市聚落的形成有多么重要的作用。

---

① 侯仁之:《北平历史地理》,第34页。
② 同上书,第116页。

## 二、天津城市聚落的形成

在第一章，我们曾经简单地回顾了天津城市聚落的形成过程。其实，天津平原地区的开发还是比较早的，大约开始于6000年前的新石器时代，而且经历了一个由北往南、自西向东逐步推进的过程。① 为什么会出现这种情况呢？这是因为大约距今15000年的时候，全球性的气候逐渐变暖，冰川、冰盖不断消融，海洋洋面上升，出现了地质史上的全新世海浸。现在天津平原所在的地区也全部被海水淹没，变成了渤海的一部分，这被称为"天津海浸"。大约在距今6000年的时候，海水开始向渤海退却。当时，天津北部和西部地区的地势较高，河流纵横，土质肥沃，已有群居的先民在这里进行农耕和渔猎活动，因此出现了许多原始的乡村聚落。与此同时，天津东部地区仍然处在全新世的海浸之中。直到距今3000年的时候，现在的渤海湾西岸发育出数道贝壳堤，堤上也出现了一些原始的乡村聚落。

天津平原上最早的城市聚落，出现在西汉时期。作为退海之地的天津平原，经过战国时期和秦代的开发，到西汉初年已经成为富饶之地，为人类的居住和经济活动创造了较好的条件。由于当时天津平原上河湖众多，捕鱼和煮盐业变得发达起来。为了加强管理和税收，西汉政权在此设置了无终（在今蓟州区境内）、雍奴（在今武清区境内）、泉州（在今武清区境内）、东平舒（在今静海区境

---

① 仲小敏、李兆江主编：《天津地理》，第10页。

## 第八章 人力与自然

内）等县。县城内有朝廷派驻的管理机构，周围建有城垣，城市规模都在 0.5 平方千米左右，间距在 50 千米上下①，形成了天津平原上最早的城市聚落。

但是，这些城市聚落都跟今天的天津没有直接关系，天津城市产生的环境基础是海河水系的形成。与其他河流最大的不同之处在于，海河水系形成和发展的过程中，人为因素尤其是政府行为，起了至关重要的作用。南运河的沟通标志着海河水系的最终形成，这一过程与历代政府行为有着直接的关系。这一过程开始于公元 3 世纪初，曹操为了运输粮秣军马，筑枋堰遏淇水改道东流入白沟，开凿"平虏渠"等。为了增加人工运渠的水量，沟通了多条河流，天津城市形成的区域环境从这一时期开始逐渐生成。隋炀帝杨广于大业元年（605 年）开凿大运河，开挖永济渠，沟通了海河与其他水系的航运，完善了海河水系的航运功能，形成了今天五条河系水道（大清河、南运河、子牙河、永定河、北运河）汇流并经海河注入渤海的水系结构。② 等到明成祖朱棣迁都北京，天津设卫，才揭开了天津城市发展的序幕。

### 三、其他城市聚落的出现

蓟城出现以后，尤其是成为燕国的国都后，在它周边兴起了一系列城镇。从秦、汉到五代中期，北京地区的城市体系发展得很

---

① 天津社会科学院历史研究所《天津简史》编写组：《天津简史》，第 9 页。
② 刘海岩：《生态环境与天津城市的历史变迁》，《城市》2002 年第 4 期。

快。蓟城周围形成了一个密集的城市群（中心区），在这个中心区的东北、东南、南部和西北也形成了几个城镇群，大体上相当于今天的河北省北部和天津市等行政区。由此，王玲认为，"历史上的城镇组合有着内在的自然规律，而今日的城市体系则是历史的发展和继续"①。此言不谬。

先来看蓟城这个中心区。经过秦汉时期的发展，在燕山南部的山前平原上，形成了一个以蓟城为中心，包括渔阳（治所在今天的北京市怀柔区和密云区交界处）、涿郡（今河北省涿州市）、沮阳（今河北省怀来县官厅水库南岸大古城村北）、蓟州（今天津市蓟州区）在内的城市体系。渔阳、涿郡、沮阳、蓟州这几座城市，距离蓟城在25千米至50千米之间，它们又带动了各自周围的县邑，形成古代北京的第一个辅助城市圈。②

在第一个辅助城市圈之外，还有一个第二城市圈层。第二圈城市体系包括东北部的平州（今河北省卢龙县），东南和南部的沧州（今河北省沧州市）、瀛洲（今河北省河间市）、莫州（今河北省任丘市）、清苑（今河北省保定市），以及西北部的涿鹿（今河北省涿鹿县）、蔚州（今河北省蔚县）。③ 由于得到这些辅助城市的支援，蓟城的经济实力大为增长，成为当时中国北方地区的经济中心城市，从而为建都打下了良好的基础。

---

① 王玲：《北京与周围城市关系史》，第33页。
② 同上书，第34页。
③ 同上书，第36页。

第八章　人力与自然

　　我们之所以简单回顾古代北京地区城市体系的形成过程，是为了说明城市聚落的产生，源于人力对大自然的征服。没有先民们的开拓进取，是不可能出现农村聚落并进一步发展为城市聚落的。中国古代神话传说中的许多故事，都是以人类与自然搏斗为主题的，人类的生生不息正在于不断地向未知的自然领域进取。但是，人类在征服自然的过程中，也存在对自然的过度开发甚至是掠夺的行为，而这种行为从很早的时候就开始了。

## 北京成为都城后对自然的掠夺

　　在5000年前，现在的京津地区处于温暖湿润的气候环境下。当时这里生存着一些现今见于亚热带地区的动植物。北京西郊、燕山南麓、河北省三河市附近曾发现大量的阔叶树种花粉带，这些都反映了当时气候的温暖和湿润。据天津地区孢粉研究证明，7000年前这一地区生长有今天见于淮河流域的水蕨。渤海湾西北岸蓟运河、潮白河下游的宁河、宝坻、唐山一带，在埋深3.5—12.7米地下发现喜暖湿的阔叶树种（如桤、栎等）的大量存在，估计在7500—2500年以前，当地气温较今约高2℃—3℃。① 温暖湿润的气候，必定会生长着大量的原始森林。北京平原的泥炭沼泽的孢粉分析表明，全新世这里兼有森林、草原和沼泽植被。② 但是，后来由于气

---

① 邹逸麟：《中国历史地理概述》，福建人民出版社1999年版，第2—3页。
② 同上书，第11页。

温的下降和人类活动的影响，天然植被地区逐渐缩减。特别是北京建都以后，出于大兴土木的需要，天然植被遭到了非常严重的破坏，各种自然灾害也变得频繁起来。

辽、金两代，北京地区的森林开始遭到破坏，这期间人口增加、战争频繁、帝王围猎、修建皇宫等等，都需要大量的木材。金天德三年（1151年），营建中都，在辽陪都的基础上扩建城垣，就地取材，京西地区的森林遭到了第一次"建都之灾"。①

元朝初年，大都的兴建更是消耗了北京西山的大量森林资源，而且还造成了永定河的水患。从西山砍伐来的木材，捆扎成筏，顺着永定河河道向下游漂流。由于水流速度较大，成束的木材撞击河道，使沿途山坡及两岸泥沙土壤受到严重侵蚀，永定河就变得浑浊起来，这被称为第二次"建都之灾"。元代以后，永定河因河水浑浊，得了一个"浑河"的别名，可见河水水质之糟。更可怕的是，永定河泛滥改道的次数更加频繁，因其河床改道没有定时，又得了一个"无定河"的别名。

到明成祖朱棣花费十四年时间营造北京时，西山的森林资源被砍伐殆尽，只是在皇家寺庙周围偶有残留，这被称为第三次"建都之灾"。②而靠近长城一线的林木，也因驻军借口防御敌人的需要，大加砍伐，燕山山地的森林资源遭到了大面积破坏。到明朝后期，北京周边的天然森林已大部分消失，河流因之不仅丧失水运之利，而且还要耗费巨资修筑堤防。到了清代，为防永定河水患，曾多次

---

① 张慧芝：《天子脚下与殖民阴影：清代直隶地区的城市》，第377页。
② 同上书，第378页。

## 第八章 人力与自然

筑堤修坝,但仍然未能阻止河水泛滥。

北京成为都城后,对自然的掠夺不仅仅给北京地区带来难以估量的生态灾难,也给因北京而兴的另一座城市——承德带来了巨大的生态灾难。在避暑山庄兴建以前,承德地区年平均气温比现在高2℃—3℃,地面植被以栎、椴、榆为主的落叶林为主。有人通过对滦河下游全新世泥炭田的孢粉分析表明,当时的植被中喜温的阔叶树如榆、栎数量增多,其次是鹅耳枥、槭、榛、胡桃、杨梅、花椒都有出现。除沼泽、水域及草地外,地表均为森林所覆盖,由于当时这里人烟稀少,森林破坏不明显,估计在避暑山庄修建前承德市的森林覆盖率达85%。① 可以这样推测,清朝初年,这里基本上保持着天然植被景观。

避暑山庄的兴建很快改变了当地的自然生态景观。避暑山庄和外八庙的建造过程中砍伐大量林木,使山庄内外自然生态失去平衡,自然景观变得很不协调。山庄内丛林茂密,古木参天;山庄外山林稀少,丘岭裸露。承德地区有许多奇山异峰,但大都失去了林木的衬托,这不仅造成景色失调,也带来山水为灾、水土流失的灾难性后果。

造成这种状况的原因,首先是兴建避暑山庄本身需要木材而导致的森林破坏。值得一提的是,避暑山庄内大量栽植了许多树木,这些树大多是从山庄外移植的。避暑山庄外围森林经连年砍伐和移植,加速了退化。

---

① 蒋高明:《承德市城市植被历史变迁、现状特点及经营保护方向》,《植物学通报》1994年第4期。

幽燕六百年
京津冀城市群的前世今生

1930年6月,瑞典地理学家斯文·赫定拍摄的进入热河的牌楼①

其次,就是人口增加造成的破坏。避暑山庄的兴建吸引了大量人口到附近定居,如为皇家服务的工匠、技师,等等。随着第二政治中心地位的确立,各大臣王公也在山庄附近建立了官邸,同时,各少数民族首领来承德朝见皇帝,也使流动人口大量增加。承德人口的不断增加,致使大部分土地被辟为农田。

木兰围场本为皇家猎场,天然植被保存较好。由于避暑山庄的衰退,清同治元年(1682年)朝臣蒋琦龄进《中兴十二策》,力主废"秋狝"之虚名,让旗民开垦关东口外之闲田。不久,热河都统瑞麟又进一步提出开垦围场,以济兵食的主张,由此开了放垦的先声。光绪年间朝廷继续下旨,正式开禁放垦,从此围场一带也进入

---

① 〔瑞典〕斯文·赫定:《帝王之都——热河》,赵清译,第16页。

第八章 人力与自然

了全面开垦阶段。① 围场放垦所形成的这片新的农业发展空间,吸引了四面八方的移民,致使承德地区的自然生态环境更加恶化。

张家口虽然不属于由北京成为都城直接带动起来的城市,但其发展与北京作为都城的历史有着很密切的关系。明清两代,张家口主要是一座边贸城市,边贸职能的发展也给张家口的城市环境造成了不利的影响。张慧芝曾做过研究,她认为,皮革业和交通运输业对张家口城市环境的影响最明显。张家口曾是重要的毛皮集散地,大量的毛皮在这里加工鞣制,需要充足的优质水源。城区西北部卧云山下"子母宫"一代的泉水,因为水质上乘,很适宜鞣皮。毛皮鞣制很容易造成流行性疾病,清光绪二十年(1894年)至光绪三十年(1904年),十年间就发生了三次流行性疾病,其中霍乱两次、鼠疫一次。②

张家口大境门

---

① 高俊虎:《三百年来承德地理环境演变初探》,《承德民族师专学报》1999年第2期。
② 张慧芝:《天子脚下与殖民阴影:清代直隶地区的城市》,第398页。

张家口的对外交通早期主要是靠骆驼运输，因而张家口的骆驼业也很发达。有一则小故事可以从一个侧面证明张家口骆驼业的发达：张家口东驼号南边有一个能放养几百头骆驼的空旷场地，骆驼在场地一夜之间拉的粪就有十几麻袋。看场的王老太是个小脚女人，每天早晨她都跪在地上捡粪蛋，晒干后一麻袋卖一吊铜钱，当时四吊铜钱可换一块大洋。居民们买驼粪当柴烧，王老太的生意很红火。没过几年，她就用卖驼粪的钱置办了13间大瓦房。① 骆驼需求量如此之大，张家口附近养骆驼的农户也就很多了，而骆驼对草料的需求量也不是个小数目，势必对当地的生态环境造成很大压力。

## 工业化时代人与自然关系的变化

清咸丰十年（1860年）天津开埠，将京津冀城市群带入了工业化时代。天津的现代工业，最早是洋务派于19世纪60年代建设的军事工业和民用工业，包括军工、航运、工矿、电信和铁路企业；同时，外国人也在天津投资创建了轮船驳运、羊毛打包、印刷、煤气、自来水、卷烟等轻工企业；中国的官僚、军阀和其他民间资本也在天津投资建厂。据调查，1911年前的天津民族工业有107家，1914—1928年又新设1286家。到1928年，租界之外的天津城区共有中国人开办的工厂2186家，资本总额3300余万元，其中制盐、碱、棉纱、面粉、火柴等17家大型工厂，资本额合计为2900余万

---

① 张文龙：《张家口的骆驼业》，《张家口文史资料》第21辑。

元。另外,各国租界内还有中外工厂3000余家。① 在唐山,开平煤矿、启新洋灰公司是中国早期为数不多的现代工业企业,华新纺织厂的经济实力和生产能力也不亚于天津市内的纺织企业。其他城市也建起了一些现代化的工业企业。

以往,我们对早期工业化的利弊分析注意得不够,或者说过多地注意了工业化对城市文明发展的正向影响,而忽视了工业化产生的负面影响,特别是对自然资源、自然环境产生的负面影响,这一点在历史学界表现得尤为突出。比如这样的论断:"开平矿务局的创办和发展,把近代城市文明的曙光带进了唐山,对近代唐山的各个方面都产生了深远的影响,使唐山具备了城市兴起的必要条件,唐山的交通运输、工商业、文教和医卫事业从此得到快速发展,社会面貌焕然一新。"② 尽管从唐山城市发展的历史进程来看,开平矿务局确实起到了决定性的推动作用,但也不可忽视它的某些负面影响。作为煤炭开采企业,如何做到最大限度地发挥资源效益,当是关注的重点。但在1949年以前,河北省的煤炭开采业机械化程度很低,回采率仅有20%—30%,造成资源上的极大浪费。③ 工业化时代人与自然关系的变化,也应成为历史学界和地理学界研究的方向之一。

工业化时代人与自然关系的变化,更多地表现在工业化推动了

---

① 戚如森:《近代华北经济地理格局的演变》,《史学月刊》2010年第9期。
② 郝飞:《开平矿务局与近代唐山的兴起》,《唐山学院学报》2007年第5期。
③ 孙敬之主编:《华北经济地理》,第44—45页。

城市化进程,而城市化进程的加快又对自然资源、自然环境造成极大的破坏,其中首当其冲的是水资源。梁思成曾指出过:"从元建大都以来,北京城就有了一个问题,不断地需要完满解决,到了今天同样问题也仍然存在。那就是北京城的水源问题。这问题的解决与否在有铁路和自来水以前的时代里更严重地影响着北京的经济和全市居民的健康。"[1] 但他所说的"在有铁路和自来水以前的时代里更严重"的情形是不确的,工业化时代的水资源短缺状况更加严重。

在 3000 年前被称为"蓟城"的历史时期,北京西客站附近"莲花池"仅有的一潭湖水已够当时的居民使用。到"元大都"建成后,城市面积有 50 平方千米,人口也增加到 50 万左右。人口增加,水资源成了那时城市发展的头等问题。当时的"西湖"(或称"瓮山泊")进行了清理淤泥,在卓越水利工程专家郭守敬的指导下,引昌平神山泉水修成了北京最早的人工水库,也就是如今颐和园中的"昆明湖",才解决了水资源短缺的问题。到明清两代,北京城的城市用水没有多大变化。

工业化时代的来临,北京的城市用水问题开始显现。清光绪三十四年(1908年),京师自来水公司成立,两年后正式向城内供水。京师自来水公司的成立虽然改变了传统的城市供水体系,开启了近代化的供水时代。但直到 1923 年,北京的自来水用户仅占全市总户数的 2.96%[2],依然无法解决城市供水矛盾。中华人民共和国成立后,为了保证城市用水,20 世纪 50 年代初即开始修建官厅水库。

---

[1] 梁思成著,林洙编:《梁》,第 264 页。
[2] 王亚男:《1900—1949 年北京的城市规划与建设研究》,第 47 页。

第八章 人力与自然

1958年修建的"十三陵"水库，标志着水资源成了北京各个发展阶段中的重要大事。"大跃进"期间，北京城市用水量大增，自来水供不应求，不得不继续在市区内建设两个地下水厂，并在一些大用水户内和附近打了一百多口井，发展了大量单位自备井和大批农业机井。① 地下水的开采，带来了一系列不良后果。

官厅水库和1960年9月建成的密云水库，当初建设的目的是以防洪和灌溉为主的多年调节水库，但由于北京地下水资源的匮乏，两座水库逐渐成为北京城市生活、生产的主要供水水源。后因干旱和污染等原因，官厅水库在20世纪80年代末期，已不可能为北京城市提供水源，只有密云水库成为北京市目前唯一的可作为生活饮用水的水源。1981年国务院决定将密云水库作为北京市供水专用水源，不作他用。② 为解决北京水资源短缺问题，20世纪80年代开始建设南水北调工程。2014年12月12日，中线一期工程正式通水运行，北京市的供水紧张状况得到缓解。但是，到2014年年底，北京常住人口达到2000多万，流动人口近千万，全市总面积更扩展为16800平方千米，用水紧张的局面无法得到彻底解决。

另一方面，北京还面临着水土流失、水灾隐患和地面沉降等地质灾害。由于北京城区面积不断扩大，大量近郊区农田扩建为城区，地面硬化，城市河湖淤积严重，已累积淤积230万立方米，并

---

① 北京卷编辑部：《北京》上册，第62页。
② 王耀华、翟元鑫：《北京供水水源的历史变迁》，《当代北京研究》2010年第4期。

以每年 10 万立方米左右的速度继续淤积①，严重降低了河湖的调蓄和排洪能力，水灾隐患不容忽视。而北京市地面沉降量大于 50 毫米的地区，面积已达 2800 余平方千米，中心区最大累计沉降量已近 900 余毫米②，这都是由于地下水过量开采所造成的。

天津的地面沉降情况要比北京严重得多。天津是一个资源型缺水城市，1923 年开始小规模开采地下水，开采量不大，地面沉降并不明显。20 世纪 50 年代以后，地下水的开采量越来越大，地面沉降明显加剧。70 年代以来，天津地下水资源开发利用量逐年增加，地下水位持续下降，地下水严重超采问题也日趋严重，造成了较大范围的地面沉降。其中，因地下水等因素引起的地面沉降量超过 1000 毫米的面积达 4080.48 平方千米③，并形成了市区、塘沽、汉沽、大港及海河下游等几个沉降中心。

与北京不同的是，天津是依托海河成长起来的城市，而历史上的天津除了多条河流汇集外，还遍布着大小不同的洼淀。由于泥沙淤积，海河及其上游的河床越来越高，形成"地上河"，使平原上形成了排水不良，甚至无法排水的凹地，即所谓"河间洼地"。河道处于高水位行洪时，洼地沥水排不进河内，形成了河流与洼淀交互分布，愈到海拔低的下游洼淀愈多。

天津开埠后，城市人口增长很快，需要扩大居住区，但由于技

---

① 薛凤旋、刘欣葵：《北京：由传统国都到中国式世界城市》，第 133 页。
② 同上。
③ 仲小敏、李兆江主编：《天津地理》，第 348 页。

第八章 人力与自然

术条件的限制,当时对这些洼淀毫无办法,人们只能寻找地势较高的地方居住。后来,又通过大面积填垫土地来扩大城区。民国时期,大规模的海河疏浚工程为大面积填垫土地,加快城市建设提供了很好的机遇。到 1924 年为止,海河一共进行了六次规模较大的"裁弯取直"工程,同时也开始利用疏浚、取出的淤泥、河沙填垫城区低洼土地。

大面积的填垫土地主要是在海河两岸。随着城区的扩大,洼淀逐渐减少,天津在某种程度上正是建筑在洼淀之上的城市。1958 年以后,"根治海河"工程实施,海河上游兴修大型水库,导致天津地区洼淀陆续干涸。1969 年最后一个洼淀——东淀枯竭,洼淀终于成为历史,天津水域面积也减少到仅占总面积的 8.9%。[1] 人们对自然界的改造走向了反面。其实,洼淀并非仅仅是人们无法开发利用的沼泽,它还是洪水的调节系统。夏秋季洪水泛滥时,洼淀吸纳了大量洪水,使其不四处漫流,在一定程度上缩小了洪水规模。

洼淀的消失,也使得天津的湿地面积大为减少。再加上人为地向湿地倾倒生产垃圾和废弃物,使天然湿地的水质量下降,也影响了湿地的生态功能。与 20 世纪 60 年代相比,天津地区芦苇产量减少 50% 左右,淡水鱼类减少 30 种,鸟类减少 20 种,一些珍禽如鹈鹕、白尾海雕等变得罕见或少见,野生的银鱼、紫蟹、中华绒螯蟹等几乎绝迹。[2]

---

[1] 刘海岩:《生态环境与天津城市的历史变迁》,《城市》2002 年第 4 期。
[2] 仲小敏、李兆江主编:《天津地理》,第 353 页。

和天津的情况差不多，保定市东面的白洋淀地区也遭遇了水面缩小甚至干淀的局面。白洋淀地区是明清两代北京的主要水产供应地，鱼、虾、河蟹、元鱼是皇室索取的主要物品，芦苇、莲藕、菱角等水产植物也直接供应京津。但到中华人民共和国成立后水产品产量逐年下降。20世纪50年代鱼虾平均年产量为612.5万千克，60年代为313.5万千克，70年代为111万千克，70年代比50年代下降82%。① 白洋淀水面面积的缩小，是造成水产品产量下降的主要原因，而白洋淀水面面积的缩小是工业化和城市化的直接后果。

## 城市规划产生的"阴影"

前面我们讨论的都属于城市生态环境的内容。城市生态环境包括许多方面，既包括自然生态环境，也包括社会生态环境。京津冀城市群自然生态环境的变化，主要与工业化和城市化进程有关；其社会生态环境的变化则主要与社会经济制度尤其是城市规划有着密切的关系。

中国古代的城市都是有城墙的，城墙以内或许还有大片的农田，但一道城墙就把城乡界线区划得清清楚楚。而且，中国古代的城市都是经过设计的，有着严格的等级规定，省城绝对不可以超越都城的规模，府城绝对不可以超越省城的规模，县城也绝对不可以超越府城的规模。但是，自从天津开埠，西方文明被引进以后，京

---

① 王玲：《北京与周围城市关系史》，第141页。

第八章 人力与自然

津冀城市群各个城市的等级规模开始突破行政层级的限制，逐步转向以经济体量来衡量城市的等级规模，以天津最为突出。同时，西方先进的城市规划理念也在天津的城市发展过程中得到运用，以天津租界区的开发建设为代表。

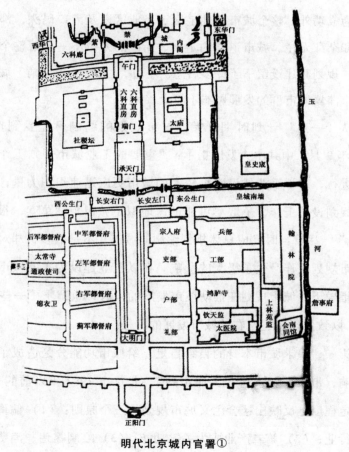

**明代北京城内官署**①

---

① 北京大学历史系《北京史》编辑组：《北京史（增订版）》，第225页。

天津是有着九国租界的城市，尽管每一个租界都做了规划设计，但由于各国租界之间、华界与租界之间长期各自为政，造成了城市整体空间某种程度的构成混乱，是政治因素影响城市空间的典型表现。除了城市的商业、金融相对集中发展，一些后开发街区规划较为成功外，整个城市的住宅区、工业区以及港口码头，都显得拥挤和杂乱无序。城市道路的走向、街区的方位不一，给整个城市的统一规划和建设留下了许多后患。不过，在1949年以前，城市规划对京津冀城市群的发展影响不算大。

从"一五"计划时期开始，城市规划的编制日益受到重视。1953年9月，中共中央发出指示："重要的工业城市规划工作必须加紧进行，对于工业建设比重较大的城市更应迅速组织力量，加强城市规划设计工作，争取尽可能迅速地拟定城市规划草案，报中央审查。"[①] 尽管当时完成总体规划编制的城市并不是很多，却对后来的城市规划工作产生了极大的影响。在以工业建设为主的城市发展思想指导下，城市规划在推动城市发展的同时，也留下了一些"阴影"，以致到现在还左右着城市发展的路径。

第一，追求城市本身的自给自足，给城市功能分区造成了不利的影响，带来了一系列"大城市病"。北京市1982年以前的规划，在一定程度上反映出社会主义城市规划的三个原则：（1）偏重于生产性行业；（2）第二产业成为关键功能；（3）限制零售、消费及服

---

[①] "当代中国"丛书编委会编：《当代中国的城市建设》，第48页。

## 第八章 人力与自然

务行业的发展。① 北京必须是一个大工业中心，城市所需要的消费品要尽可能做到自给自足，于是，城市规模急剧扩大。

另一方面，北京市快速增长的人口又过于集中。1979年，北京规划市区面积只有350平方千米，仅占全市总面积的2%，却居住着全市人口的45%，集中了建成面积的82%和能源消费的80%。② 如此狭小的地带，集中了如此众多的人口和房屋建筑，北京市的城市环境怎么会好呢？对北京城市规划的检讨从很早的时候就开始了，有学者认为存在四个方面的问题："工业建设占用了近郊大量农田，城市蔬菜供应不足；城市用地、用水日益紧张；环境污染日益严重；职工上下班通勤距离过长，城市交通拥挤。"③ 这些都是"大城市病"的表现，却又都是拜城市规划所赐。

天津市也存在同样的问题。在20世纪50年代，天津市区作为天津市域的中心，相对于郊县得到了集中发展，中心市区与郊县的发展也因此拉开了距离。到了60年代，处于近郊的杨柳青、军粮城、塘沽、汉沽等6个卫星城以及12个工业区被规划建设，但近郊与市中心的差距依然存在。④ 市区城市功能的过分集中，也造成了环境、交通等一系列问题。

第二，过分强调城市的生产功能，忽视城市住宅建设。北京市在1949年共有房屋2050万平方米，其中1350万平方米是住宅。

---

① 薛凤旋、刘欣葵：《北京：由传统国都到中国式世界城市》，第218页。
② 同上书，第333页。
③ "当代中国"丛书编委会编：《当代中国的城市建设》，第409页。
④ 仲小敏、李兆江主编：《天津地理》，第171页。

1949年以前的房屋主要是明清建筑，是四合院式的平房。楼房大多是二三层高，只占总建筑的17%。1949年一项房屋普查显示，有28万个住房单位是公营的，而私房单位却有92万个之多。只有约一半的私房单位是出租的。在城内的41万户，33万户的住房是租来的，只有2.5万户是住在自己的物业里。① 当时危房只有80多万平方米，仅占房屋总量的5%左右，其中住宅约60万—70万平方米。而到了1990年，根据北京房管部门的统计，旧城内平房总量为2142万平方米，其中危房1012万平方米，占平房总量的50%左右。②

  为什么危房数量增加了这么多呢？这是因为，当时的城市规划过于注重生产性设施的建设，对于城市住宅关注不够，再加上当时的经济条件所限，危房数量的上升就成为必然了。在20世纪50年代的经济条件下，北京市仅能集中力量完成龙须沟改造这样的小型"样板工程"，对其他房屋则只能采取"充分利用"的办法。但是，在急于进行大规模旧城改造的思想支配下，传统四合院居住区被判了"死刑"，房管部门和居民普遍忽视对原有旧建筑物的维修与保养，导致破旧危房面积不断增加。从20世纪60年代初开始，由于城市人口急剧增长，住房需求也不断加大，政府采取各种方式将大量新增人口挤入私人四合院中居住。后来由于空房也几乎没有了，政府就鼓励旧城内的单位和居民在空地上大量搭建平房或增建简易楼房，结果，传统四合院逐渐成了大杂院，危房也大幅度增加。1974

---

① 薛凤旋、刘欣葵：《北京：由传统国都到中国式世界城市》，第260页。
② 王军：《对"梁陈方案"的历史考察》。

## 第八章 人力与自然

年的一次大雨竟然引发倒塌旧城房屋 4000 多间。① 其他城市也存在类似的情形。

第三，过于强调除旧布新，对古城风貌保护得不够。1949 年北京成为中华人民共和国的首都，行政中心位置被确定在老城区的南部和西南部，大约是沿着紫禁城的边沿建设起来的。在拆建和新建的过程中，部分历史性的建筑被伤害或拆掉了，老城区一些地区的风格也改变了。最遗憾的是，环城 40 多千米、具有老北京标志性建筑及规模宏大的城墙及城门因未列入保护名单而被拆掉，北京的古都风貌大打折扣。

20 世纪 50 年代对天安门广场的改建，在突出"人民至上"主题的同时，也对原有的传统建筑格局造成了巨大破坏。先后拆除了东西三座门和中华门，彻底改变了广场的原有形状，为了建设十大建筑，又拆毁了广场左右的古代中央官署。"这些古建筑的失去不仅使后人的认识、研究失去了重要的历史见证，而且也创造了破坏古都风貌的先例，由于中央集权体制，这一先例又为全国的古城文化破坏提供了参照与表率。"② 北京的做法为全国城市建设开了先例，于是，各地的古城风貌都被破坏殆尽。

【本章小结】

为有牺牲多壮志，敢教日月换新天。喜看稻菽千重浪，遍地英雄下夕烟。

---

① 王军：《对"梁陈方案"的历史考察》。
② 傅崇兰等：《中国城市发展史》，第 749 页。

前面，我们一直在追述北京、天津等城市聚落的形成过程，而且还是从远古时代先民的足迹开始，目的就是为了深入揭示人与自然的关系。在人类的童年时代，大自然的威力是无法抗拒的，所以先民们只能匍匐在大自然面前，敬畏与恐惧之心人皆有之。

随着生产力水平的提高，人类征服自然的能力也在不断地提升。进入工业化时代以后，人类利用机器的巨大力量，开始从大自然中不加节制地索取。同时，由于人力与自然关系的逆转，"人定胜天"的思想一度占据了人们的头脑，直到今天依然没有去除掉。如何实现人与自然的和谐相处，是摆在我们面前的一个大问题。京津冀城市群的迅速崛起，更需要注意人与自然的协调。

结 语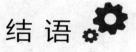

# 走向世界级的城市群

# 导论

## 摆市派的处界世向走

## 结　语　走向世界级的城市群

《中华人民共和国国民经济和社会发展第十三个五年规划纲要》提出："建设京津冀、长三角、珠三角世界级城市群。"将京津冀城市群排在首位，说明了京津冀城市群在区域经济发展中所处的重要地位。但是就目前的总体实力而言，京津冀城市群作为一个整体，其经济集聚的程度、经济活动空间分布的密度都还相当低，远不如国内的长江三角洲城市群和珠江三角洲城市群，与国际上的东京城市群、纽约城市群、伦敦城市群、巴黎城市群等更不可同日而语。因此，京津冀城市群要发展成为世界级的城市群，尚需付出更多的努力。

第一，需要科学合理地确定京津冀城市群的总体发展目标以及各个城市的功能定位。

从历史上看，京津冀城市群还是有着总体发展目标的。天津开埠前，各个城市的发展都是围绕着北京的需求这一中心目标展开的；天津开埠后，尽管北京的需求依然左右着京津冀城市群的发展方向，但各个城市的功能逐渐发生了变化，以天津为中心的腹地经济获得了快速发展。只是在1949年以后，每座城市都追求经济上的自给自足，且均以工业化为发展鹄的，使得京津冀城市群的各个城市出现了功能趋同化的现象。

根据城市地理学的基本原理，作为区域中心城市，每一个城市都有自己的中心区和辐射区域。但作为城市群的一部分，每一个城市都相当于城市群的一个功能区，每个城市必须有自己相对明确的功能和定位。只有每个城市都有自己相对明确的功能和定位，才能形成总体合力，促进城市群的有序均衡发展。

有研究者认为，京津冀城市群应分成四个有独特产业特点的区域：北京—廊坊—天津高新技术与现代服务业区，将是电子信息、通信、新型材料等高新技术的产业基地，也是金融、保险、商务咨询等现代服务业的中心；石家庄—保定—沧州现代制造业区，为北京—廊坊—天津区提供制造支持，尤其将是汽车产业零配件的供应基地，同时，也是传统的国家级制药基地；唐山—秦皇岛重工业区，在已有的良好重工业基础上，进一步完善和升级钢铁、建材、重型设备和化工业，曹妃甸港和秦皇岛港也将发挥更大的作用；张家口—承德生态保护区，作为北京主要的水源地和北向的生态屏障，将重点发展环境友好型产业，如生态农业和休闲旅游业。① 这样的判断既照顾了各个城市的发展历史及已有基础，又关照了各个城市的未来发展方向，值得做进一步深入的研究。

而文魁等人从京津冀城市群整体协调发展的原则出发，提出"作为地处东部地区的京津冀城市群，未来一段时间的发展重点，是要科学规划城市群规模和布局，增强中心城市对区域的辐射带动作用，充分发挥中小城市和小城镇在产业发展、公共服务、吸纳就业、人口聚集等方面的功能，促进产业和城镇联动发展，经济社会生态融合发展，大中小城市协调发展，在全国率先走出一条'以人

---

① 周祎旻、胡以志：《中国三大城市群崛起、挑战与展望》，《北京规划建设》2010年第5期。

为本、集约智能、绿色低碳、城乡一体、四化同步'的中国特色新型城市化道路，积极稳步地向更具国际竞争力的世界级城市群迈进"①。但是，如何"科学规划城市群规模和布局"则是很难把握的问题，需要更长期更深入的研究、探索。

第二，需要增强京津冀城市群各个城市的总体协调性，以市场机制的充分发育推动京津冀一体化。

与国外城市群的形成和发展不同，中国城市群并非是在市场力量主导下自发形成和发展的，而是受到相关区域发展政策的影响和推动，呈现梯次崛起的发展态势。② 所谓"梯次崛起"，是指三大城市群在发育时间上有先有后，珠江三角洲城市群发育得最早，长江三角洲城市群次之，而京津冀城市群发育得最晚，至今仍未发育到成熟阶段。

具体到京津冀城市群的发育生长，天津开埠后有一个市场机制起决定性作用的时期。天津近代工业和港口发展起来，需要大量的动力燃料——煤，由此引发了开平煤矿的勘探与开采；开平煤矿投产后，又因为扩大运输能力的需要，清政府才决定修建秦皇岛港。开平煤矿的开采使得产业工人及其家属开始聚集，唐山的城市雏形得以形成；秦皇岛港的建成和拓展，也推动了秦皇岛城市的形成与发展。而以天津为中心的早期铁路网的建设，更拉动了铁路沿线城

---

① 文魁、祝尔娟主编：《京津冀发展报告（2014）》，社会科学文献出版社2014年版，第5页。

② 顾海兵、张敏：《中国城市群渐次崛起》，《中国经济报告》2015年第2期。

市的兴起。我们可以将天津开埠到1949年以后计划经济体制确立之前的这段时期，视为市场机制起决定性作用的时期。

由于市场机制起决定性作用，当时各个城市之间也有着很好的总体协调性。除去北京作为政治中心和文化中心的地位而与天津"双峰并峙"之外，其他城市都是围绕着天津这个北方最大的经济中心谋求发展的。但是，计划经济体制的确立打破了这种近乎自然形成的总体协调性，各个城市各自为战的现象逐渐成为"常态"，并且伴随着大量画地为牢的政策措施的出台，市场机制逐步被政府行为所取代。在建设工业城市思想的主导下，重工业项目的布局有些混乱，以致出现了互相争夺自然资源的不良后果，城市群内部的自耗影响到了整体实力的提升。

目前，计划经济体制虽然已经被打破，但残留的计划经济思维仍然左右着政府官员的决策，通过行政区划调整来达到城市扩容的做法就是一个最明显的例子。以北京市为例，1949年时面积只有707平方千米，人口156万人；1957年面积扩大到了8860平方千米，规划城市人口在500万—600万人之间；1958年则将城市总面积扩展到17200平方千米，后来改为16800平方千米，这也就是现在北京市的市域面积。从1956年到1959年，北京市的市域面积扩大了三倍，而人口增加了一倍。① 行政区划调整产生的不良后果，表现在"大量的乡村人口未经职业和空间的转移，而只是因为所在地的行政建制发生了变化，在一夜之间就变成了市镇人口"②。这样

---

① 薛凤旋、刘欣葵：《北京：由传统国都到中国式世界城市》，第125、219页。
② 周一星、史育龙：《建立中国城市的实体地域概念》，《地理学报》1995年第4期。

## 结　语　走向世界级的城市群

的城市化是虚假的城市化，更掩盖了城市的真实发展水平，不利于城市群的正常生长。

到我们完成这部书稿时为止，北京市、天津市已经没有了郊区县，全部改成了区。而京津冀城市群中属于河北省的其他八个城市，也有石家庄、保定、秦皇岛、张家口等四个城市通过撤县设区达到了扩容的目的。社会公众对行政区划调整的期待程度仍然很高，各市政府也在积极谋划撤县设区，意图通过行政区划调整方式实现城市总体实力提升的氛围十分浓厚。其实，这种做法和这样的舆论导向还是各个城市自我封闭的思维方式在作怪，为什么不能鼓励邻近的小城市自我发展，非要将它们纳入一个大盘子里呢？

要让市场机制在资源配置中起决定性作用，就要严格限制政府的行为边界。严格限制政府的行为边界，意思是说政府的手不能伸得太长，不能干预具体的经济活动，而应以维护良好的法律与制度环境为主，保护各市场主体和各社会主体享受公平的待遇。拿京津冀城市群面临的出海口来说，从北往南依次排列着秦皇岛港、唐山港、天津港、黄骅港，但这些港口的状况是协作不足，竞争有余。其背后的成因就在于港口建设与定位并非基于市场的考量和选择，而是地方政府为谋得本地利益最大化的产物，这样又如何能够使它们合作共赢、携手发展呢？狭小的渤海湾，怎能容得下这么多重量级的港口和船舶呢？

第三，需要限制开发区建设，这也是市场机制起决定性作用的必然要求。

京津冀城市群的各个城市开发区建设布局零乱，不仅整体协调性不足，而且偏离了开发区建设的本意。主要表现在两个方面：（1）以发展高新技术为主的科技园区不断扩大规模，土地利用效益不高的倾向比较严重，一些专业园区出现了进行房地产开发的倾向；（2）以发展工业为主的开发区遍地开花，京津塘地区共有44个市级以上各类开发区，其中北京有27个开发区，天津有13个开发区，廊坊有4个开发区。① 为了争夺客户，这些开发区竞相在土地使用、税费、市场准入和环境保护等方面降低门槛，在竞争中造成资源的流失和优势的相互抵消，开发区成为一个个装着良莠不齐的企业的麻袋。开发区规划中产业分布的指向性和集中性非常不明显，各类企业分布在众多的开发区中，而没有形成相关产业集群，各类开发区整体规模都不大，低水平无序竞争的现象严重。

开发区体制是在中国探索市场经济发展道路的过程中，带有实验性质的特殊产物②，不宜也不应长期存在。改革开放之初，为了吸引国外和中国港澳台地区的资金、技术以及人才，设立开发区并给予特殊优惠政策是必要的。经过近四十年的发展，资金短缺的瓶颈已不复存在，技术和人才储备也有了相当基础，再允许大量的开发区存在，势必会影响市场主体间的公平竞争，从而造成各市场主体在享受国民待遇方面的差异。让市场机制在资源配置中起决定性作用，就是要让各市场主体享受到公平的待遇。因此，开发区体制

---

① 肖金成、李娟、马燕坤：《京津冀城市群的功能定位与合作》，《经济研究参考》2015年第2期。

② 赵聚军：《中国行政区划改革研究》，天津人民出版社2012年版，第229页。

## 结　语　走向世界级的城市群

应予结束，这不仅是京津冀城市群所面临的问题，而且是全国性的问题。

第四，需要加强法治约束，加大京津冀城市群协同发展的立法强度，从法律制度上保证京津冀城市群的健康成长。

对于京津冀城市群发展过程中存在的行政阻隔问题，学术界和政府官员都提出了设立京津冀区域协调机构的解决方案。设立京津冀区域协调机构并非万全之策，如果没有完善的法律制度做支撑和约束，这类机构不一定能够起到应有的作用，甚至会出现"人走政息"的后果。因而，加强立法约束，才是解决问题的根本之道。有研究者提出，要"把制定和监督执行区域协同发展的法律法规作为协调管理机构的经常性工作，做到有法必依，换届不换法"[①]。京津冀区域协调机构不宜过多干预行政事务，专以制定和监督执行区域协同发展的法律法规为经常性工作，是一个很好的制度设计方案。

与长江三角洲城市群、珠江三角洲城市群相比，京津冀城市群还有一个独特的地方，这就是需要承担北京非首都功能的疏解作用。为了解决首都人口与产业过度集中的问题，很多国家都制定了相应的法律，如东京在1956年制定了《首都圈整备法》，首尔在1982年颁布了《首都圈整备规划法》，通过强制措施推动产业和人口向外疏解。通过立法手段来保证北京非首都功能的疏解，也应是今后努力的重点之一。

---

[①] 程恩富、王新建：《京津冀协调发展：演进、现状与对策》，《管理学刊》2015年第1期。

## 幽燕六百年
### 京津冀城市群的前世今生

京津冀城市群以北京、天津为"双核心",河北省的省会石家庄便处在很尴尬的地位。石家庄介于京津两市辐射区的边缘,既有接受京津两市辐射的优势,又有自身的腹地,容易产生极化效应,有要素集聚和规模扩大的潜力,有可能在短期内发展成为京津冀城市群的第三极。而且,河北省表示"支持石家庄提升省会功能,发展壮大服务经济,增强辐射带动能力,努力建成功能齐备的省会城市和京津冀城市群'第三极'"①。究竟如何界定石家庄在京津冀城市群的地位与作用,不是简单地发个文件或做几篇文章就能解决的,还需要通过区域协调规划立法进行清晰的界定,做到有法可依。

从地理位置看,京津冀城市群地处中国东北、华北、西北、华东四大经济区的交汇处,是中国北方通向全世界最直接、最便捷的海上要冲,还是中国经济由东向西扩展、由南向北推移的重要纽带。由于这一地区西连俄蒙,东通日韩,具有城市群发展的得天独厚的腹地基础和通往世界的海上通道,成长为世界级的城市群毫无疑义,只看我们怎么去做了。

---

① 《中共河北省委关于制定河北省国民经济和社会发展第十三个五年规划的建议》,《河北日报》2015年11月16日。

附录

参考文献

附 录 参考文献

## 一、史志及地方文献

(明·嘉靖)《山海关志》。

(明·嘉靖)《河间府志》。

(明·万历)《真定府志》。

(清·康熙)《清苑县志》。

(清·乾隆)《万全县志》。

(清·乾隆)《天津县志》。

(清·同治)《续天津县志》。

(清·光绪)《重修天津府志》。

(清·光绪)《通州志》。

(清·光绪)《获鹿县志》。

(清·光绪)《丰润县志》。

(民国)《滦县志》。

(民国)《天津县新志》。

保定市教育局史志办公室:《保定教育史料类编》,河北人民出版社 1990 年版。

北京地方志编纂委员会:《北京志·综合卷》,北京出版社 2004 年版。

河北省地名办公室:《河北政区沿革志》,河北科学技术出版社 1985 年版。

河北省政协文史资料委员会编:《河北文史集萃(教育卷)》,河北人民出版社 1991 年版。

孙毓棠:《中国近代工业史资料》第一辑,中华书局 1962 年版。

《唐山文史资料》第 15 辑。

## 二、研究著作及工具书

白寿彝：《中国交通史》，武汉大学出版社 2012 年版。

北京大学历史系《北京史》编辑组：《北京史（增订版）》，北京出版社 1999 年版。

北京卷编辑部：《北京》，当代中国出版社 2011 年版。

编写组：《中国历代政区沿革》，河北教育出版社 1996 年版。

曹启挺：《世界各国市制比较研究》，中央编译出版社 2012 年版。

成晓军、梁世和：《保定》，旅游教育出版社 2002 年版。

"当代中国"丛书编委会编：《当代中国的城市建设》，中国社会科学出版社 1990 年版。

戴均良主编：《中国古今地名大词典》，上海辞书出版社 2005 年版。

戴逸：《清史》，中国大百科全书出版社 2010 年版。

董志凯、武力主编：《中华人民共和国经济史（1953—1957）》，社会科学文献出版社 2011 年版。

方创琳等：《中国城市群可持续发展理论与实践》，科学出版社 2010 年版。

冯世斌主编：《1952—1968 河北省省会变迁始末》，河北人民出版社 2012 年版。

傅崇兰等：《中国城市发展史》，社会科学文献出版社 2009 年版。

顾朝林：《中国城镇体系——历史、现状、展望》，商务印书馆 1996 年版。

顾朝林等：《中国城市地理》，商务印书馆 2002 年版。

顾诚：《隐匿的疆土——卫所制度与明帝国》，光明日报出版社 2012 年版。

郭凤岐：《天津的城市发展》，天津古籍出版社 2004 年版。

郭蕴静：《天津古代城市发展史》，天津古籍出版社 1989 年版。

国家统计局农村社会经济司编：《中国县域统计年鉴（县市卷）》，中国统计出版社 2014 年版。

韩大成：《明代城市研究（修订本）》，中华书局 2009 年版。

## 附　录　参考文献

韩立成主编：《当代河北简史》，当代中国出版社1997年版。

何一民主编：《近代中国城市发展与社会变迁（1840—1949年）》，科学出版社2004年版。

侯仁之：《北平历史地理》，外语教学与研究出版社2014年版。

胡欣：《中国经济地理（第六版）》，立信会计出版社2007年版。

交通部秦皇岛港务局铁路运输公司铁路史编委会编：《秦皇岛港铁路运输发展史（1891—1992年）》，海洋出版社1993年版。

李国平、陈红霞等：《协调发展与区域治理：京津冀地区的实践》，北京大学出版社2012年版。

李洪发：《古代永平府地区移民问题研究》，河北大学出版社2014年版。

李惠民：《近代石家庄城市化研究（1901—1949）》，中华书局2010年版。

李景瑞主编：《承德古代史》，民族出版社2009年版。

李振芳、郭金刚：《热土沧桑——沧州百年》，远方出版社2001年版。

《历史文化名城保定》编委会：《历史文化名城保定》，书目文献出版社1989年版。

梁思成著，林洙编：《梁》，中国青年出版社2014年版。

刘君德、汪宇明：《制度与创新——中国城市制度的发展与改革新论》，东南大学出版社2000年版。

刘志琴：《近代保定城市功能变革研究》，人民出版社2015年版。

罗澍伟：《沽上春秋》，天津教育出版社1994年版。

罗澍伟编著：《百年中国看天津》，天津人民出版社2005年版。

罗澍伟主编：《近代天津城市史》，中国社会科学出版社1993年版。

〔美〕巴菲尔德：《危险的边疆：游牧帝国与中国》，袁剑译，江苏人民出版社2011年版。

孟森：《明史讲义》，中华书局2009年版。

孟森：《清史讲义》，中华书局2009年版。

彭兴业:《首都城市功能研究》,北京大学出版社 2000 年版。

钱实甫:《北洋政府时期的政治制度》,中华书局 1984 年版。

〔瑞典〕斯文·赫定:《帝王之都——热河》,赵清译,中央编译出版社 2011 年版。

孙铎:《回眸廊坊》,北京燕山出版社 1996 年版。

孙桂平主编:《河北省城市空间结构演变研究》,河北科学技术出版社 2006 年版。

孙敬之主编:《华北经济地理》,科学出版社 1957 年版。

孙志升主编:《秦皇岛之源海港区》,中国文史出版社 2007 年版。

天津社会科学院历史研究所《天津简史》编写组:《天津简史》,天津人民出版社 1987 年版。

王斌、陈效远、冷宇:《唐山的昨天与今天》,中国统计出版社 1988 年版。

王德利:《首都经济圈发展战略研究》,中国经济出版社 2013 年版。

王亮主编:《张家口历史文化读本》,中国文史出版社 2008 年版。

王玲:《北京与周围城市关系史》,北京燕山出版社 1988 年版。

王庆普主编:《秦皇岛港口史话》,河北人民出版社 1998 年版。

王亚男:《1900—1949 年北京的城市规划与建设研究》,东南大学出版社 2008 年版。

魏心镇、朱云成:《唐山经济地理》,商务印书馆 1959 年版。

文魁、祝尔娟主编:《京津冀发展报告 (2014)》,社会科学文献出版社 2014 年版。

吴松弟主编:《中国近代经济地理》第一卷,华东师范大学出版社 2015 年版。

熊亚平:《铁路与华北乡村社会变迁 (1880—1937)》,人民出版社 2011 年版。

徐纯性主编:《河北城市发展史》,河北教育出版社 1991 年版。

徐永志:《开埠通商与津冀社会变迁》,中央民族大学出版社 2000 年版。

许学强、周一星、宁越敏:《城市地理学》,高等教育出版社 1997 年版。

薛凤旋、刘欣葵:《北京:由传统国都到中国式世界城市》,社会科学文献出版社 2014 年版。
严重敏主编:《中国城市词典》,四川辞书出版社 1992 年版。
杨伯震:《中华万里疆域:中国省区地理新编》,人民教育出版社 2010 年版。
杨润平、杨申茂、颜诚:《京师北门宣府镇》,科学出版社 2012 年版。
杨勇刚:《中国近代铁路史》,上海书店出版社 1997 年版。
姚士谋等:《中国城市群(第 3 版)》,中国科学技术大学出版社 2006 年版。
尹钧科主编:《北京建置沿革史》,人民出版社 2008 年版。
袁熹:《北京近百年生活变迁(1840—1949)》,同心出版社 2007 年版。
苑书义、任恒俊、董丛林:《艰难的转轨历程——近代华北经济与社会发展研究》,人民出版社 1997 年版。
苑书义、孙宝存、郭文书主编:《河北经济史》,人民出版社 2003 年版。
张承安:《城市发展史》,武汉大学出版社 1985 年版。
张华腾:《北洋集团崛起研究(1895—1911)》,中华书局 2009 年版。
张慧芝:《天子脚下与殖民阴影:清代直隶地区的城市》,上海三联书店 2013 年版。
赵聚军:《中国行政区划改革研究》,天津人民出版社 2012 年版。
正定县政协文史委:《千年正定城》,人民日报出版社 2014 年版。
政协保定市委员会编:《河北省省会在保定》,中央文献出版社 2012 年版。
政协石家庄市委员会:《石家庄城市发展史》,中国对外翻译出版公司 2001 年版。
仲小敏、李兆江主编:《天津地理》,北京师范大学出版社 2011 年版。
周一兴主编:《当代北京简史》,当代中国出版社 1999 年版。
祝尔娟主编:《京津冀都市圈发展新论(2007)》,中国经济出版社 2008 年版。
邹逸麟:《中国历史地理概述》,福建人民出版社 1999 年版。

# 后记

# 后　记

对于一个像我这样自小在农村长大的孩子来说，城市意味着一种全新的生活方式。而在童年的记忆里，父辈们虽然以务农为生，但也尝试着到城里做工，那时是以集体经济的名义进城的。可是，父辈们的进城梦遭遇了重大的挫折，每一轮经济扩张之后便是"整顿""提高"，基建规模的压缩多以驱逐最新进城做工的农民为开端。暮年的父亲每每对我回忆起那个时代的往事，依然充满了无奈与怅惘。

等进入大学读书，农村问题自然也就成了我关注和思考的一个重点。二十多年来，我一直没有放弃对农村问题的研究与思考。在中国独有的社会经济环境里，农村问题又与城市化进程紧密地联系在一起。于是，城市化问题和城乡关系逐渐取代单纯的农村问题占据了我的学术兴趣的一大部分。近年来我对中国社会工作发展史及实务进展的研究，更使我对城市化问题有了新的观察角度。当京津冀协同发展上升为国家战略以后，我立即想到了应该对京津冀城市群的演进过程进行一番细致的梳理，以求推进这方面的基础研究，深化对京津冀城市群形成和发展本质规律的认识。

带着这种朴素而朦胧的想法，我马上与我的大学同学魏占杰进行了沟通、交流，他很支持我的想法，并愿意承担其中的一部分工作。他的专业方向是中国近现代经济史和金融理论，恰好能够弥补我在这两个领域的欠缺，我们的合作很适宜作京津冀城市群发展史这样多学科的研究。经过数度讨论和争执，我们终于就研究方法、写作思路以及预设结论达成了一致认识,然后开始规划全书的结构布局,进入实质性的操作阶段。

全书从 1420 年写起,贯穿六百年的历史,以八对概念(帝都与卫所、边疆与中心、沿海与内陆、传统与西化、城市与乡村、政治与文化、集聚与扩散、人力与自然)揭示京津冀城市群的变迁过程。努力以学术著作写作的严谨保证全书的质量,以通俗读物的可读性保证全书的语言风格,做到学术性与通俗性的统一。全书的写作,力争达到诠释如下四个原则的目的:(1)揭示京津冀城市功能的变化;(2)揭示京津冀城市群地理格局的变化;(3)揭示京津冀城市群各城市间的交互影响;(4)揭示人与自然环境的关系。

英国历史学家阿诺德·汤因比在自由欧洲电台跟播音员 G. R. 厄本做对话节目时,借用物理学的概念提出两种不同的历史书写方式:"速度历史"和"质量历史"。前者是指能够分辨历史规模和规律的,后者是指能够对史料进行细节整理和分解的。汤因比认为,理想化的历史书写应该既是"速度的"又是"质量的",但这两种方法被同一个人采纳是很难的。对照汤因比的要求,我们的书写只做到了"质量历史"的地步,对"速度历史"的把握明显不足。如果以后有机会,我们会努力改进,提升历史书写的质量。

本书能够出版,首先要感谢北京大学出版社社会科学编辑部主任耿协峰先生和责任编辑董郑芳女士,是他们的大力推荐和辛勤工作使本书得以顺利面世;其次,要感谢所有支持和帮助过我们的人,是你们的热情付出和无私奉献给了我们前进的动力;最后,更要感谢我们这个时代,正是因为时代的需要,才给我们提供了研究

## 后 记

京津冀城市群发展史的机会。

由于我们研究视野和研究方法的不足，书里可能会有某些缺陷，既可能是观点上的，也可能是表述方面的，盼大家能够给我们指出来，求得共同提高和进步。

彭秀良

2016 年 8 月 16 日

于石家庄